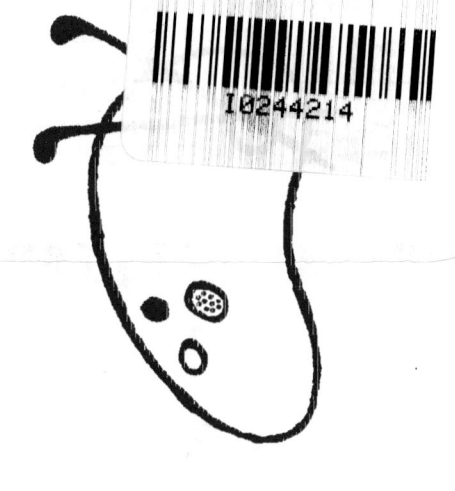

Début d'une série de documents en couleur

Contraste insuffisant
NF Z 43-120-14

Illisibilité partielle

VALABLE POUR TOUT OU PARTIE
DU DOCUMENT REPRODUIT

ERNEST CAPENDU

LE
ROI DES GABIERS
LA CONSPIRATION DES ŒUFS ROUGES

III

C. G

PARIS
LIBRAIRIE MONDAINE
CHARLES GAUSSE, ÉDITEUR
9, rue de Verneuil, 9

A LA MÊME LIBRAIRIE

LES VIERGES FIN DE SIÈCLE, par Jean Bruno, 1 fort volume de 310 pages environ, in-18 Jésus, couverture illustrée : 2 francs

NOUVELLE COLLECTION A 1 FRANC LE VOLUME

CAPENDU (Ernest)
Marcof le Malouin	1 vol.
Le Marquis de Loc-Ronan	1 —
Le Chat du bord	1 —
Blancs et Bleus	1 —
Mary Morgan	1 —
Vœu de haine	1 —
L'Hôtel de Nierres	1 —
Le Roi des Gabiers	2 —
Le Tambour de la 32e demi-brigade	2 —
Bibi-Tapin	4 —
Arthur Baudinet	2 —

CHINCHOLLE (Charles)
Le Joueur d'orgue	2 vol.
Paula, roman parisien	1 —
La Grande Paresseuse	1 —

MONTÉPIN (Xavier de)
Piveine	1 vol.
Mignonne	1 —

DAUDET (E.)
Tartufe au village	1 vol.
L'Envers et l'Endroit	1 —

FOUDRAS (Marquis de)
Suzanne d'Estonville	2 vol.
Lord Algernon	2 —
Madame de Miremont	1 —

LANDELLE (Gustave de la)
Les Géants de la mer	1 vol.

NOIR (Louis)
La Banque Jolyn	1 vol.
Le Médecin Juif	1 —
Le Colporteur juif	1 —
Le Roi des chemins	1 —
Le Ravin maudit	1 —
Le Coupeur de têtes	2 —
Le Lion du Soudan	2 —

PIGAULT-LEBRUN
Le Citateur	1 vol.

COLLECTION SPÉCIALE, LITTÉRATURE, ROMANS

D'HERVILLY (Ernest)
Aventures d'un petit Garçon préhistorique, illustré par Frédéric Régamey, 1 vol. .... 7 fr.

MONTET (Joseph)
Hors des Murs, illustré par Frédéric Régamey, 1 vol. .... 3 »

BERTHET (Elie)
Mme Arnaud, directrice des Postes, 1 vol. .... 3 fr.

FOUDRAS (Marquis de)
Les Gentilshommes chasseurs, 1 vol. .... 3 »
L'Abbé Tayaut, 1 vol. .... 3 »

BIBLIOTHÈQUE DES BONS ROMANS ILLUSTRÉS

AIMARD (Gustave)
Les Maîtres espions, complet	9 »
Le Loup-Garou	1 80
Pris au piège	1 80
Les Fouetteurs de femmes	1 80
La Revanche	1 80
Une Poignée de coquins	1 80

BERTHET (Elie)
Mademoiselle de la Fougeraie	» 60
Paul Duvert	» 60
M. de Blaggy et les Rupert	» 60
Les Trois Spectres, complet	3 60

CAPENDU (Ernest)
La Mère l'Étape	1 80
L'Hôtel de Nierres	3 »
Le Roi des Gabiers	3 »
Le Tambour de la 32e demi-brigade	3 »
Bibi-Tapin	3 50
Mademoiselle La Reine	1 80
Siège de Paris, complet	5 »

CHARDALL
Trois Amours d'Anne d'Autriche	1 20
Capitaine Dix	1 20

DUPLESSIS (Paul)
Les Buccaniers	3 »
Les Étapes d'un volontaire	3 »
Les Mormons	2 40

NOIR (Louis)
Jean Casse-Tête	3 »
Le Trésor d'Ouzda	3 »
Mort et ressuscité	1 50
Le Corsaire noir	2 40
Les Mystères de la Savane	1 50
Le Pacte de sang	1 »
Le Roi des Chemins, complet	5 »
Le Roi des Chemins	1 50
Le Trou de l'enfer	2 »
La Ville fantôme	1 50
Les Goëlands de l'Ircise, complet	2 »

Imprimerie Paul Schmidt, Paris-Montrouge (Seine).

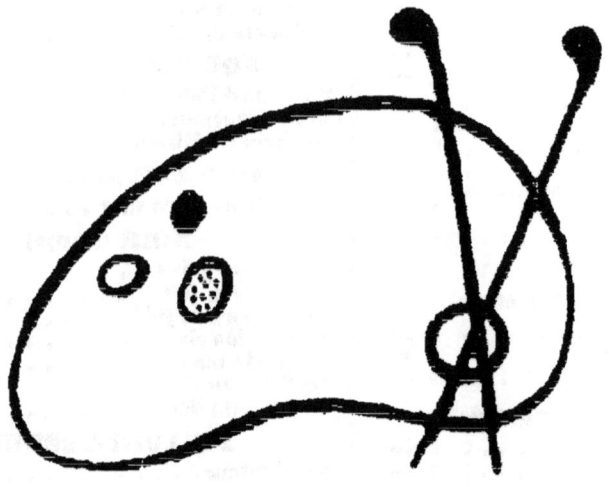

Fin d'une série de documents
en couleur

LE
ROI DES GABIERS

III

LA CONSPIRATION DES ŒUFS ROUGES

DU MÊME AUTEUR

A LA MÊME LIBRAIRIE

L'Hôtel de Niordes . . . . 3 vol.

Le Tambour de la 32ᵉ demi-brigade . . . . . 3 vol.

Bibi Tapin . . . . 4 vol.

Les Rascals . . . . 1 vol.

Le Mat de fortune . . . . 1 vol.

LE
ROI DES GABIERS

PAR

ERNEST CAPENDU

III

LA CONSPIRATION DES ŒUFS ROUGES

LIBRAIRIE MONDAINE

Ancienne Maison d'Édition DEGORCE-CADOT

GAUSSE, ÉDITEUR

9, rue de Verneuil, 9

PARIS

LE ROI DES GABIERS

TROISIÈME PARTIE

LA CONSPIRATION DES ŒUFS ROUGES

I

LA ROMAINE

Voltaire avait comparé les Parisiens aux Athéniens, et quand la Révolution éclata, toutes les têtes étaient farcies de romans grecs, à commencer par l'*Alcibiade* de Crébillon fils.

Après le 9 thermidor, les femmes s'habillaient en Grecques ou en Romaines, et il y avait, entre les sectatrices de cette mode, deux partis opposés pour l'adoption de l'un de ces costumes.

Les Athéniennes avaient les cheveux courts, *à la victime*, cerclés de trois couronnes en galon de laine rouge. Sur une chemise étroite de percale, se drapait une robe à l'antique, décolletée, au corsage sans manches, serré sous les seins par un étroit ruban de laine rouge, que fermait une petite boucle en or uni. Les jambes nues, le pied était chaussé d'un cothurne retenu par un galon de laine rouge qui se croisait au-dessus du cou-de-pied.

Les Romaines avaient les robes plus amples et plus richement drapées, en tissu de pourpre et brodé de palmes d'or.

Le jardin du Palais-Égalité était la promenade favorite de ces coquettes palmées; et une femme, qui venait d'arriver, attirait sur elle tous les regards.

Ce costume de patricienne était porté avec une allure fière et une démarche imposante.

Les flots des cheveux noirs étaient attachés à la nuque par des étoiles diamantées et parsemées; les épaules, blanches et arrondies mollement, se découvraient sur la coupure basse du corsage de la tunique romaine ornée de palmes brodées en or.

Une ceinture garnie de camées entourait la taille fine.

Les bras disparaissaient sous la quantité des bracelets, et une jambe de Diane était découverte, jusqu'au-dessus du genou, par l'attache de la jupe. Un pied mignon s'appuyait à l'aise sur la semelle de cette sandale, dont les rubans de velours rouge tournaient autour des chevilles. Des bagues étaient passées dans les doigts.

Près d'elle s'avançait un homme de taille élevée, élégant dans son ensemble, la tête haute avec des regards vifs et vêtu à la mode adoptée par la *Jeunesse dorée*.

La Romaine et son cavalier firent le tour du jardin sans paraître se préoccuper de l'attention qu'ils provoquaient, et le muscadin ne s'arrêta que près du bassin pour offrir un siège à sa compagne. La Romaine prit place à l'ombre, sous le feuillage d'un magnifique marronnier. Il attira, à lui, une seconde chaise et se prélassa sous les regards avides des curieux. Une particularité dans son costume était, pour ornement du gilet, des boutons de corail rouge taillés en œuf. Il se mit à jouer avec cette garniture en paraissant la compter, et, au second coup, un jeune promeneur, s'avançant sur ses pointes, salua en envoyant sa tête en avant et en jetant son claque sous son bras.

Celui qui était assis fit un petit signe amical au nouvel arrivant. Celui-ci prit une chaise, s'assit de l'autre côté de la Romaine et commença avec elle une conversation en apparence des plus intéressantes. L'autre se remit à compter ses boutons. Alors s'approcha un second muscadin, puis, après celui-là, un troisième, puis un quatrième, puis un cinquième; enfin la belle Romaine se trouva bientôt le point central d'un cercle d'adorateurs empressés autour d'elle. Le premier muscadin n'avait point encore prononcé une parole, tandis que les survenants échangeaient force compliments avec sa séduisante compagne. Continuant son jeu, il comptait ses boutons.

Tout à coup une main se posa par derrière sur son bras et arrêta la manœuvre familière. Le muscadin tourna la tête: un grand jeune homme, mis avec une recherche inouïe, était debout derrière lui. Le muscadin cessa de caresser ses boutons et se renversa nonchalamment en arrière sur son siège, tandis que le jeune homme, croisant ses bras sur le dossier de la chaise, approchait ses lèvres de l'oreille de l'homme assis. A ce double mouvement, la conversation de la Romaine et de ses interlocuteurs fut subitement rapide, bruyante et animée par les exclamations et les bons mots. C'était un brouhaha de paroles, un concert de rires à faire retourner les passants.

— Bonjour, Georges! dit le premier muscadin à voix basse à celui qui était appuyé sur sa chaise.

— Bonjour, Camparini? répondit l'autre.

— Des nouvelles?

— Bonnes!

— Les œufs rouges?

— Se répandent à profusion.

— Nous aurons une insurrection?

— Quand nous voudrons.

— Sérieuse?

— Gigantesque! J'ai jeté l'argent à pleines mains.

— Tu as bien fait.

— Mais je n'ai plus un sou.
— Ce soir tu toucheras dix mille livres en or.
— Bravo ! Maintenant, il me faut un chef connu, avoué et avouable !
— Nous l'aurons ! Fouché accepte !
— Parfait ! Quand se fera-t-il connaître ?
— Le jour de l'action.
— Mais s'il manquait de parole !
— Bah ! fit Camparini, j'ai un moyen pour le forcer. D'ailleurs, qu'importe ? Est-ce pour moi que je veux un chef ? Non, n'est-ce pas ? C'est pour les autres, pour la masse, les imbéciles, les idiots, les moutons à tondre !
— C'est juste.
— La politique va donc bien. Passons aux affaires de famille, reprit Camparini du ton le plus dégagé. Jacquet ?
— Introuvable ! insaisissable ! répondit Georges.
— Diable !
— Cela te contrarie ?
— Beaucoup ! Enfin, on le trouvera. De Sommes ?
— Il est à Paris, ainsi que tu l'avais dit.
— Avec Pick et Roquefort ?
— Oui. Tu savais tout !
— Il croit que j'ignore sa présence ?
— Il en est persuadé !
— Très bien ! Il faut qu'il reste dans cette douce conviction. Il n'est pas dangereux : il ne peut rien faire. Il a toujours la nièce du conseiller avec lui ?
— Toujours.
— Et il veut l'épouser ?
— Oui.
— Eh bien ! qu'il l'épouse. Je n'y vois nul obstacle. Et l'autre nièce ?
— Elle est avec les deux marins.
— Bon ! Ils cherchent Bamboula. C'est leur affaire. Qu'ils dévident ensemble leur écheveau ; je n'ai rien à y voir. Seulement, il me faut les renseignements que je t'ai demandés.
— Tu les auras ce soir !

— Ah! ah! les deux bourgeois?...
— Seront à la dévotion. Il n'y a aucun mérite à duper de pareils sots. Cela est trop facile.
— Ils ont reçu la lettre, les œufs?
— Oui, et ils ont tout pris pour argent comptant.
— Parfait. Je tirerai d'eux tout ce que j'ai à tirer. Il y a plus à faire qu'on ne pense avec ces deux natures stupides. Il nous faut des boucs émissaires pour le cas où la conspiration raterait; ils sont parfaitement ce qu'il faut qu'ils soient. Qui les amènera ce soir?
— Moi. C'est convenu avec eux; je viens de leur parler.
— Ils sont donc ici?
— Ils y étaient il n'y a qu'un instant, se promenant leurs œufs à la main.
— On les a vus? dit vivement Camparini.
— Parbleu! il eût fallu être aveugle.
— Très bien! parfait! Ils sont charmants!
Et le terrible personnage laissa éclater un rire sourd et guttural, semblable à celui de Méphistophélès.
— Et la rue aux Fèves? reprit-il après un silence.
— Tout marche à souhait de ce côté! répondit Georges.
— Brutus, Scævola et Léonidas?
— Accomplissent admirablement leur devoir.
— Je les récompenserai. Maintenant, reste la grande affaire à finir!
— Ah! fit Georges avec un soupir, de ce côté, pas de nouvelles?
— Cependant l'enfant doit exister!
— Il était encore à Brest il y a trois ans, mais depuis... plus aucune trace.
— Comment a-t-il disparu?
— Un soir avec un pêcheur qui servait de pilote du port. Et le pêcheur a disparu également.
— S'ils avaient péri! fit Camparini, en fronçant les sourcils.
— C'est possible, mais rien n'est là pour l'affirmer

— L'enfant et Jacquet ! Savoir où ils sont, ce qu'ils font, cela est de la dernière importance ; Jacquet peut être un ami puissant ou un ennemi dangereux : il a donné dernièrement à Bamboula les preuves de ses forces. Il faut ou qu'il soit à nous, ou qu'il ne soit pas ! Point de milieu ! Tu entends ?... Quant à l'enfant, il s'agit des millions des Nierres, ne l'oublie pas !

Georges fit un signe affirmatif.

— J'ai des yeux ouverts dans toutes les principales villes de France ! dit-il.

— Cela ne suffit pas ! Il en faut à l'étranger.

— Il y en aura !

— Bien. Ce soir, tu présideras la réunion. Je ne viendrai qu'à minuit.

— Où vas-tu donc ?

— Chez la citoyenne Tallien.

— Prends garde !

Camparini haussa les épaules.

— A quoi ? fit-il dédaigneusement. Ne suis-je pas au mieux avec tout ce monde-là ?

En ce moment, Camparini, dont les yeux parcouraient le jardin, fit un geste ironique en souriant finement.

— Tiens ! fit-il en désignant du regard un homme vêtu en carmagnole, qui passait de l'autre côté du bassin ; voici Requefort déguisé. Il vient de la rue de Beaujolais, où il a laissé Pick et Bamboula ! Et ces gens-là veulent lutter avec moi ! Misère !

Et l'étrange personnage, pliant son médium sur son pouce, fit claquer son ongle avec un geste de souverain mépris.

— Ah ! cher, fit tout à coup la Romaine en se penchant vers Camparini, regarde donc ces gens qui viennent, là, de ce côté !

Camparini tourna brusquement la tête. Ses regards se fixèrent vers le côté indiqué du jardin, et ses sourcils se froncèrent soudainement.

Puis l'expression du visage changea, et de sa main nerveuse, Camparini étreignit les doigts de Georges.

— Tu n'as pu savoir encore où était l'enfant? lu dit-il à voix basse.

— Non, répondit Georges.

— Eh bien! je le saurai peut-être, moi! j'ai une idée!

Ceux que la belle Romaine avait désignés au muscadin s'avançaient alors vers le groupe des causeurs.

II

IL ÉTAIT TROIS MATELOTS

Ces trois hommes avaient attiré, depuis leur apparition sous les arcades, les regards étonnés de la foule des promeneurs qui se fixaient sur ces vêtements, sur ces allures et ces démarches particulières aux matelots.

Ces trois promeneurs étaient le Maucot, La Rochelle et Petit-Pierre.

Ils s'avançaient au milieu de la foule qui se pressait sur leur passage, avec un aplomb imperturbable, bousculant les hommes, regardant les femmes et échangeant, à voix haute, toutes les impressions que produisait sur eux la vue de toutes les merveilles entassées dans le Palais-Egalité.

— Eh donc! caramba! troun de l'air! bagasse! fit le Provençal en arrêtant net ses deux compagnons et en leur désignant une citoyenne élégante qui, portant la jupe de sa robe relevée sous le bras gauche, découvrait entièrement son pied et la naissance de sa jambe. Caramba! relève-moi, vous autres, cette citoyenne qui prend un ris dans son jupon! En v'là une corvette un peu proprement grééе et astiquée à qui qu'on appuierait volontiers une chasse !

— Et cet olibrius, fit La Rochelle en montrant du doigt un masculin tout surchargé de chaînes, de breloques et de lorgnons ; ouvre un peu l'œil sur ce terrien espalmé en Iroquois, avec toutes ses suspentes de basses vergues sur la carène.

— Et cet autre qui nous relève avec son hublot sur l'œil ! cria Petit-Pierre en désignant un lorgneur, il a le gabarit de l'estatue qui est collée sur le taille-lames du *Sans-Pareil*.

— Dis donc, vous autres, reprit le Mancot en regardant le jardin, c'est le *Cours des terriens*, ça ?

— Eh ! oui ; c'est le jardin Égalité !

— Pour lors, où qu'est Mahurec ?

— C'est donc ici qu'il t'a dit ?

— Oui.

— Eh bien ! il n'y est pas !

— Quel quart qui pique ?

— Le dernier quart de jour !

— C'est pourtant bien cela !

Quatre heures sonnaient à l'horloge du palais.

— Il y est peut-être, reprit La Rochelle ; mais dans ce fouillis de terriens qui s'abattent de tous les bords, est-ce qu'on peut tant seulement démêler sa vareuse !

— Faut le héler ! dit Petit-Pierre.

— C'est ça ; hèle, garçon !

Et les matelots, s'arrêtant près du bassin et retournant de leurs deux mains la bouche, hurlèrent de tous les côtés du jardin :

— Ohé ! Mahurec, ohé !

Tous les promeneurs se retournèrent à ces cris formidables, mais les dignes matelots n'en continuèrent pas moins leur hèlement.

— Qu'est-ce que c'est que ces énergumènes ? disait-on autour d'eux.

Mais chacun cependant se tenait à une distance respectueuse du groupe, dont la formidable apparence intimidait les plus déterminés.

Camparini suivit des yeux les matelots depuis le moment où la Romaine les lui avait fait remarquer. Souriant doucement en se pinçant les lèvres, comme s'il eût caressé une pensée intérieure, il clignait ses paupières en jouant avec ses chaînes de montres. Faisant un signe à Georges, il se leva, prit le bras du jeune homme et marcha, en se promenant, vers les trois matelots.

— Eh! eh! fit-il d'une voix aimable, voici de braves citoyens auxquels le cours d'Ajot pourrait bien être plus familier que les jardins du Palais-Egalité.

— Eh donc! qué? fit le Maucot en se retournant brusquement.

— Eh bien! garçon, continua Camparini avec son sourire le plus engageant, tu viens donc te *patiner* sur la terre ferme?

— Caramba! dit le Provençal, en voilà un *terrien* qui est moins bête que les autres! Ça va bien, vieux?

Et le matelot tendit familièrement la main au muscadin.

Les deux hommes s'étreignirent les doigts, et Camparini, dans l'énergie de ses nerfs, serra violemment la main du matelot qui rendit une pression douloureuse pour le roi du Bagne.

— Eh donc! dit le Maucot. Tu es homme de mer!

— Je l'ai été, répondit Camparini.

— Matelot?

— Oui, citoyen.

— Pour lors, qué! j'avais bien raison de dire que tu étais moins bête que les autres! Eh! garçon, entends-tu? Un matelot!

— Heureux de rencontrer de bons amis, ajouta Camparini. Et depuis quand êtes-vous tous trois à Paris?

— D'ici ce matin, répondit La Rochelle.

— Et vous venez?...

— De Brest.

— En droite ligne?

— Sans bourlinguer en route!

1.

— Ah! ah! c'est bien, cela! Et que venez-vous faire ici? manger vos parts de prise?

Les gabiers se regardèrent. La dissimulation n'était pas dans ces natures naïves, et il fut facile de deviner qu'ils étaient embarrassés pour répondre à la question.

Le Maucot se grattait le nez.

— Histoire de courir une bordée de longueur! dit-il enfin.

— Très bien! très bien! fit Camparini, qui parut ne pas vouloir insister. Et où avez-vous croché votre hamac?

— Nulle part! répondit Petit-Pierre.

— Nous montons un quart en attendant un ami qui doit nous conduire dans sa case.

— Et cet ami se nomme?...

— Mahurec donc!

— Mahurec? répéta Camparini.

— Eh! oui! le *Roi des gabiers*.

— Mais... fit le muscadin en paraissant chercher dans sa mémoire, j'ai connu jadis, il y a une dizaine d'années, sous la ci-devant monarchie, un gabier qui se nommait ainsi et qui était dévoué aux deux officiers les citoyens d'Herbois et Renneville.

— C'est cela! s'écria Petit-Pierre.

— Troun de Diou! il connaît Mahurec! dit le Maucot avec admiration.

— Et j'avoue que je serais heureux de revoir encore ce digne matelot.

— Eh bien, l'ancien, dit La Rochelle, monte un quart avec nous et tu vas le voir dans nos eaux.

— Je ne puis en ce moment, mais si vous voulez, tous trois, être de vrais matelots, vous viendrez demain matin déjeuner avec moi, vous amènerez Mahurec.

— Ça va! s'écria le Provençal en frappant dans la main du muscadin.

— C'est dit, alors?

— Compris comme une consigne.

— Demain matin à neuf heures, rue de la Loi, là à côté, n° 43 : le citoyen Bazile.

— C'est amarré dans la boussole, dit Petit-Pierre.

— Alors, mes amis, à demain et ayez la carène vide : la soute aux rations sera pleine.

Et Camparini, adressant un dernier geste amical aux trois matelots, revint, avec Georges, vers la belle Romaine.

— Qu'est-ce que ces hommes ? Pourquoi les attirer chez toi ? qu'en veux-tu faire ? demanda rapidement Georges.

— Je veux savoir ce qu'est devenu le petit-fils du conseiller de Niorres ! répondit Camparini.

— Eh bien, ces hommes le savent-ils donc ?

— Non ; mais si mes données sont exactes, ils pourront me renseigner et me mettre sur la voie. D'ailleurs, par eux, j'arriverai à Mahurec, tu l'as entendu, et par Mahurec, j'arriverai à Jacquet qu'aucun de vous n'a pu jusqu'ici découvrir, et qui cependant doit être à Paris, puisque Renneville et d'Herbois y sont !

— Très bien, je comprends !

Quelques instants après, Camparini, *donnant le poing à la belle Romaine*, quitta le jardin au milieu d'un cortège qui les suivait.

— Caramba ! fit le Provençal, eh donc ! en voilà un matelot ? Que oui, nous ferons connaissance avec sa cambuse ; à en juger par le relèvement de la coque, l'aménagement de la cassine doit être un peu proprement astiqué !

— Et cette manière d'odalisque qui se pomote de conserve avec lui ! s'écria La Rochelle ; plus calfatée qu'une négresse de *Puerta-España*, quoi !

— Tonnerre ! ajouta Petit-Pierre, si c'est elle qui préside la gamelle, elle peut fourrer ses doigts dans le fricot.

Et les trois amis, ne tarissant pas sur leur heureuse rencontre, vantèrent à qui mieux mieux, dans leur pittoresque langage, les charmes de la Romaine et l'amabilité du muscadin.

Au moment où Camparini s'éloignait, deux hommes, l'un costumé en soldat, l'autre en mendiant, se glissèrent au dernier rang de cette foule amassée.

Le soldat portait de grandes moustaches qui lui couvraient tout le bas du visage et il avait, sur le front, une cicatrice récente qui descendait sur la joue.

Le mendiant, couvert de haillons, le dos surmonté d'une bosse gigantesque, avait les cheveux roux rabattus sur le front, le nez rouge surchargé de bourgeons, et le menton et les joues disparaissait sous une longue barbe grise.

Ces deux hommes, qui n'attiraient pas les regards, avaient assisté de loin à la scène qui avait eu lieu entre Camparini et les matelots, sans en perdre un mot. Quand le muscadin s'éloigna, les deux hommes se reculèrent, et ils se détachèrent du groupe des curieux du jardin.

Le soldat fit un pas pour s'élancer à la suite de Camparini, mais le mendiant le retint par la basque de son habit.

— Est-ce lui ? dit-il à voix basse.

— Je le crois ! répondit le soldat.

— Mais tu n'en es pas sûr ?

— Non ; cependant, je le saurai.

— Ecoute, Pâquerette, fit le mendiant en baissant encore la voix, si tu ne te trompes pas cette fois, si tes renseignements sont exacts, tu auras ce soir même cinq cents livres en or !

— Où te retrouverai-je ? dit le soldat.

— A la Cité !

Le soldat quitta le mendiant, s'éclipsa derrière les rangs de la foule et disparut dans la direction qu'avaient prise Camparini, la Romaine et les muscadins. Le mendiant le suivit de l'œil, puis, tournant sur lui-même :

— C'est le même homme que celui qui présidait les *Œufs rouges !* murmura-t-il.

Le mouvement accompli par le mendiant l'avait placé en face d'un nouveau personnage qui, longeant la grille, fendait en ligne droite le flot des promeneurs.

— Mahurec ! fit le mendiant en arrêtant l'homme au passage.

Le nouveau venu se retourna brusquement.

— Jacq... fit-il.

Le mendiant avait porté vivement un doigt sur ses lèvres.

— Un homme vient d'accoster ces trois matelots, dit le mendiant d'une voix rapide. Il les a invités à déjeuner ; tu dois les accompagner ; c'est pour demain ; mais avant, il faudra que je te revoie cette nuit, au club des *Œufs rouges*.

Et le mendiant, sans laisser à son interlocuteur le temps de lui répondre, s'éloigna aussitôt et se perdit dans la foule.

— Tonnerre ! murmura Mahurec, encore des micmacs sans jamais savoir sur quel fond qu'on navigue ! Minute ! assez courir de bordées inutiles : passe à la barre, matelot, et oriente grand large !

Le gabier fit un pas en avant ; les trois autres matelots, qui se tenaient toujours à la même place, poussèrent un hourra joyeux. Ils venaient de reconnaître Mahurec. Six mains ouvertes se tendirent à la fois vers le vieux gabier, trois exclamations énergiquement accentuées le saluèrent amicalement.

— *Brasse-moi*, vieux ! hurlait le Provençal avec son accent marseillais. Eh donc, qué ! ça me fait un branlebas dans l'estomac de rallier un ami !

Tous les regards curieux attachés sur le groupe formé par les quatre matelots semblaient impatienter Mahurec, et, répondant par une énergique pression à l'accueil expressif qui lui était fait, il fit un signe aux trois hommes pour les engager à modérer leur joie bruyante.

— Un tour mort sur sa langue ! dit-il. Tous ces terriens ont le pertuis de l'entendement ouvert comme la gueule d'une caronade. Veille au grain !

— Qué ? fit le Provençal.

— File beaupré sous poupe ! reprit Mahurec, cours un bord dans mon sillage !

Et tournant brusquement sur ses talons, le gabier se mit à traverser le jardin. Le Maucot, Petit-Pierre et La Rochelle le suivirent sans hésiter, en hommes ayant un profond respect pour la consigne donnée. Mahurec gagna les arcades en se glissant au milieu de la foule et en tournant de temps en temps la tête pour s'assurer que ses compagnons étaient bien sur ses traces. Descendant la galerie de droite, il atteignit l'entrée des galeries de bois et déboucha dans la rue ci-devant Montpensier. Le Maucot, La Rochelle et Petit-Pierre étaient toujours près de lui, emboîtant ses pas avec la rigidité de soldats prussiens.

Mahurec traversa la rue de la Loi.

Au moment où ce volume paraît, cette rue étroite et tortueuse qui communiquait de la rue de Richelieu à la rue Saint-Honoré, est abattue et n'existe plus. Depuis 1830, elle portait le nom de rue Jeannisson.

Au centre de cette rue, qui s'appelait alors les Boucheries-Honoré, s'ouvrait, en 1795, un cabaret d'apparence borgne, dont la réputation était connue des ouvriers du quartier ; il avait des cabinets particuliers garnis, pour tout luxe, d'une table en bois blanc, de deux bancs plus ou moins en équilibre sur leurs pieds et d'un rideau de calicot à carreaux blancs et rouges garnissant les vitres de la fenêtre à guillotine. C'était dans l'un de ces cabinets que Mahurec avait conduit ses trois amis.

En homme expert en pareilles matières, le gabier avait examiné minutieusement, avant de faire son choix, toutes les pièces vacantes, et il s'était décidé en faveur de l'une d'elles, située entre la maison voisine et l'escalier, éclairée sur la rue et adossée à une salle commune. La salle était vide, et les gros murs formant les trois autres côtés du cabinet ne permettaient à aucune oreille indiscrète d'entendre la conversation échangée à l'intérieur.

Mahurec fit apporter un copieux dîner, quatre bonnes bouteilles, et signifia au garçon d'avoir à décamper et de ne revenir que lorsqu'on l'appellerait. Le gabier agissait, parlait, commandait avec un aplomb, une sûreté, une gravité attestant une résolution fermement arrêtée et un plan parfaitement combiné d'avance.

— Or donc, commença-t-il lorsqu'il se vit seul avec ses trois compagnons, au premier signal du gabier, vous vous êtes pomoyés jusqu'à Paris. Vous êtes de vrais matelots, merci !

— Qué ! fit le Maucot, en voilà une farce ! Tu nous fais signe de l'œil que t'as besoin de trois vrais amis : nous larguons l'amarre et nous nous affalons dans le coche ! C'est pas malin, ça ! Après ?

— Quoi que tu nous veux, vieux ? demanda La Rochelle.

— Rien pour moi, répondit Mahurec. Tout pour ceux que j'aime !

— Qui ça ? demanda Petit-Pierre.

— Mes commandants !

— Quels commandants ?

— Eh ! mes anciens lieutenants, quoi ? Quand t'ouvriras le bec comme un marsouin que croche l'hameçon : t'as donc la boussole avariée, Maucot ? Mes lieutenants que je te dis ! Est-ce qu'il y a sur un bord un mousse qui ne sait pas que Mahurec est dévoué, carcasse et tout, à ses lieutenants qui sont à cette heure ses commandants.

— Lés amis du feu bailli de Suffren ? dit le Provençal en portant la main à son bonnet de laine.

— Eh oui !

— Les citoyens d'Herbois et de Renneville.

— Le marquis d'Herbois et le vicomte de Renneville ! dit brusquement Mahurec. Je ne veux pas qu'on les appelle autrement ; si la République n'est pas contente, elle viendra me larguer la chose, tonnerre !

— Eh bien ? firent les trois hommes.

— Or donc, reprit Mahurec, vous connaissez le citoyen Bonchemin ?

— Bonchemin ! s'écria le Maucot. Celui qui m'a repêché ?

— Celui qui a sauvé mon vieux père ! ajouta Petit-Pierre.

— Si je le connais ! s'écria La Rochelle.

— Et le Bienvenu ? reprit Mahurec.

— Le corsaire des Antilles ?

— Le chercheur d'Anglais.

— Celui qui nous a tous sauvés à la Pointe-à-Pitre ?

— Troun de Diou ! s'écria le Provençal. Bonchemin et le Bienvenu ! Une fière paire de matelots !

— Eh bien ! dit Mahurec, c'est mes commandants !

— Hein ! firent les trois hommes.

— Oui, Bonchemin qui t'a repêché, Maucot, Bonchemin, qui a sauvé ton vieux père, Petit-Pierre, c'est le vicomte de Renneville, et celui qui vous a sauvés tous à la Pointe-à-Pitre, le Bienvenu, c'est le marquis d'Herbois ! Voilà la vérité larguée en grand.

Les trois hommes se regardaient encore avec étonnement.

— Et c'est rapport à eux que tu nous as hélés ! demanda le Provençal.

— Oui, répondit Mahurec. Ils sont dans la vase ! Ils coulent ! En ralingue ? en berne ! Tout le tremblement d'un coup de vent carabiné ! J'ai tiré le coup de détresse ! En avant le sauvetage ! Armez les canotiers ! Ça va-t-il ?

— Ça va ! répondirent les trois hommes d'une même voix en tendant, par un même mouvement, leurs mains calleuses vers Mahurec.

— Vrais matelots ! fit celui-ci, dont un sourire éclaira la physionomie.

— Notre peau est à Bonchemin et à le Bienvenu ! dit le Provençal. Eh donc qué ! on n'avale qu'une fois sa gaffe, et mieux vaut que ce soit pour eux que pour d'autres !

— Largue-nous la chose, gabier, reprit La Rochelle,

et s'il y a à se patiner pour les déhaler d'une mauvaise passe, on se patinera!

— Tope-là! cria Mahurec. C'est dit! En avant les matelots! Les commandants sont sauvés! Attention à la manœuvre! Chacun à son poste! Voilà le paré-à-virer!

— C'est dit! ajouta La Rochelle. A toi, z'à moi la paille de fer.

— Et le premier coinchard qui zizimasse, fit le Maucot, je le mets en ralingue comme un vieux raflot!

— Donne la consigne, Mahurec, et on la suivra! ajouta Petit-Pierre.

III

LA RUE DE L'ÉCHELLE

A huit heures et demie, la nuit est complète à cette époque de l'année où l'on était en germinal, à la fin de mars. Le jardin du Palais-Egalité, éclairé seulement par le reflet des boutiques placées sous les arcades, était sombre autour du bassin formant, comme aujourd'hui, son point central. Ce bassin était celui qui avait joué un si grand rôle durant les premières années de la Révolution, alors que Camille Desmoulins arborait une feuille d'arbre comme signe de ralliement, et que chaque parti précipitait ses adversaires vaincus dans les eaux claires de la *baignoire nationale*.

Ce soir-là, les alentours du bassin avaient été abandonnés par la foule des promeneurs qui, quelques heures plus tôt, envahissaient les allées ; le centre du jardin était silencieux et presque désert. Quelques-uns de ces rêveurs solitaires s'écartaient des couples d'amoureux qui se promenaient à l'écart.

Il y avait tous les types dans cette enceinte du Palais-Égalité.

Au moment où huit heures et demie sonnaient à l'horloge de la grande cour, deux hommes s'avancèrent, longeant la grille du parterre du nord : ils marchaient en silence, hésitant à chaque pas, et fouillant du regard les allées à droite et à gauche.

Faisant le tour entier du bassin, leur recherche et leur attente n'eurent aucun résultat et ils s'arrêtèrent avec une expression d'inquiétude.

— C'est pourtant bien ici que nous étions ce tantôt, Gorain ! dit l'un d'eux.

— C'était devant cet arbre, Gervais ? répondit l'autre.

— Et le munitionnaire a dit à huit heures et demie...

— Attends donc, compère !... Il me semble le voir, là-bas... mais oui ! mais oui !...

— Notre collègue ?

— Oui ; as-tu ton œuf pour qu'il te reconnaisse ?

— Voilà !

Les deux amis prirent aussitôt leurs œufs rouges et les tinrent dans leurs mains ouvertes.

Une ombre se prolongeait au loin en se rapprochant. Un personnage de haute taille se dressa devant les deux bourgeois.

Il présenta, entre ses doigts, un œuf rouge.

— Voilà ! dirent-ils ensemble en montrant leurs œufs de même couleur.

— Venez ! répondit le nouveau venu.

— Il est donc l'heure ? demanda Gorain.

— Oui.

— Et nous allons ?... ajouta Gervais.

— A la réunion.

— Est-ce loin ?

— Vous le verrez.

— Hum ! fit Gorain à l'oreille de son compagnon. Il n'est pas causeur !

— Eh bien ? fit l'homme en se retournant et en voyant Gorain et Gervais demeurés immobiles et hésitants.

Les deux amis se consultaient du regard.

— Libre à vous de demeurer, reprit l'interlocuteur en ayant l'air de s'éloigner, on fera l'affaire sans vous.

Gervais courut vers lui.

— Permets ! permets ! citoyen, dit-il vivement ; nous voulons bien te suivre, mais cependant nous désirons savoir où tu nous conduiras.

— A la réunion, je vous l'ai dit.

— Quelle réunion ? demanda Gorain, dont tous les instincts de prudence se réveillaient.

— Celle des œufs rouges.

— Pour les affaires de la République ?

— Précisément.

— Et... ajouta Gervais, il y aura à gagner, hein ?

— Pour tous ceux qui viendront ce soir, certes !

— Alors, allons-y !

Leur conducteur leur fit traverser le jardin en se dirigeant vers la cour des Fontaines.

— Il faut prendre garde de nous montrer trop embarrassés, dit Gervais, on nous prendrait pour des imbéciles !

— Oui ! oui ! ajouta Gorain ; d'ailleurs, puisqu'il un œuf rouge, c'est qu'il en est !

— Munitionnaires ! ah ! compère, nous marchons vers la fortune !

— Il me semble que les sables du jardin sont des grains d'or !...

— Et dire que si tout ce qui m'est arrivé n'avait pas eu lieu, nous n'en serions pas là ! hein, compère ? Si cet excellent citoyen Sommes n'avait pas été la cause de tous mes maux, il n'aurait pas cherché à faire aujourd'hui notre fortune !

— Ah çà ! reprit Gorain, c'est donc bien décidément lui qui a été la cause de ton absence ?

— Sans doute.

— Comment cela ?

— Oh ! c'est très curieux ! dit Gervais. Figure-toi qu'un soir j'étais dans mon arrière-boutique, avec ma femme, en train d'examiner les beaux habits brodés d'or qui nous restaient et dont la République une et indivisible paralysait la vente, lorsque tout à coup...

— Ouf ! fit brusquement Gorain en trébuchant.

— Quoi donc ? s'écria Gervais, qui faillit tomber à son tour.

Les deux amis venaient d'éprouver un choc violent. Ils avaient traversé, tout en causant et en suivant leur guide, la cour des Fontaines et la rue Saint-Honoré, et ils s'engageaient dans les sombres détours de l'étroite rue de l'Echelle, lorsqu'un homme, courant à toutes jambes, s'était précipité vers eux et avait failli les renverser. L'homme, sans s'arrêter, passa comme une flèche et disparut dans les ténèbres. Celui qui était en avant avait continué sa marche sans s'occuper de ce léger incident, et il s'était arrêté à quelque distance, à l'endroit juste où avait disparu le coureur.

— J'ai l'épaule endolorie ! dit Gorain en se frottant le haut du bras.

— Cet écervelé a manqué de nous renverser, ajouta Gervais.

— Venez donc ! dit vivement l'autre en les appelant du geste.

Gorain et Gervais s'avançaient clopin-clopant. Le guide passa derrière eux, et, les poussant brusquement en avant :

— Là ! fit-il.

De la main il désignait une allée noire, étroite, profonde, située au bas d'une maison haute et sombre, qui occupait le commencement du second tiers de la rue. Gorain et Gervais hésitèrent encore.

— Entrez donc ! reprit-il rudement.

Et, les poussant énergiquement, il les contraignit à pénétrer dans l'allée.

— Vos œufs; tenez vos œufs! ajouta-t-il.

Gorain et Gervais, ahuris, obéirent machinalement.

A cette époque, l'éclairage public était loin d'être répandu et perfectionné comme il l'est de nos jours. Bon nombre de rues n'avaient pas une seule lanterne, et la rue de l'Echelle était de celles-là. Aussi, suivant l'expression populaire, y faisait-il noir comme dans un four.

A ce moment où Gorain et Gervais étaient poussés, ils disparaissaient dans l'allée béante, et deux hommes, se glissant le long des murailles et se dissimulant dans les ténèbres, atteignirent à la hauteur de la porte demeurée ouverte. Tous deux s'arrêtèrent, et l'un, portant ses doigts à sa bouche, fit entendre un sifflement peu bruyant mais singulièrement modulé.

A ce signal, deux autres hommes, occupant l'autre côté de la rue que les ombres de la nuit dissimulaient, se détachèrent du pied de la muraille et ils vinrent rejoindre les deux premiers. Tous quatre se blottirent dans l'embrasure d'une porte située en face de l'allée.

— En voilà une chasse! dit l'un deux à voix basse. Il courait toutes voiles dehors, qué! Mais caramba! on est aussi fin voilier que le premier terrien venu.

— Il est entré là après avoir abordé les deux autres, ajouta une voix ferme.

— Bon!

— Pour lors, attention à la manœuvre, continua la voix qui paraissait avoir le ton du commandement; s'il est entré, il sortira! C'est là où il faudra le pincer. La Rochelle va se pomoyer avec moi dans la cassine; toi, Maucot et Petit-Pierre, vous monterez un quart de longueur en ouvrant l'œil aux bossoirs. Attention! Quand l'olibrius sortira, avant partout!

aborde-le, croche-le ; mets le grappin dessus, garçon !

— Ça y sera ! fit le Provençal.
— Vous avez un bout de grelin ?
— Oui.
— Amarre-le à quatre amarres, fais-y un tour mort sur la langue et enlève.
— Compris !
— Maintenant, La Rochelle, mon fiston, en avant les œufs rouges ! Tu vas voir les amis de la rue aux Fèves. — Et le gabier, entraînant l'un des trois matelots tandis que les deux autres demeuraient blottis dans leur cachette, traversa la rue et ils gagnèrent l'allée étroite et sombre.

— Tonnerre ! murmura Mahurec en poussant son compagnon devant lui, je crois que le nettoyage va se faire en grand ! Eh hop !

IV

AVANT LE BAL

— N'oubliez pas pour ce soir la commande que je vous fais ! avait dit madame Tallien à la gracieuse demoiselle de boutique du *Fidèle-Berger*.

Ce soir-là, effectivement, la jolie compagne du thermidorien, alors dans tout l'éclat de sa puissance, réunissait chez elle l'élite de la nation. A sept heures, Rose, avec son active intelligence, avait veillé à l'envoi des confiseries choisies par sa belle cliente ; puis, certaine qu'elle n'avait rien oublié, elle quitta le magasin et elle remonta dans le logement de Léonore.

La nièce du conseiller était seule dans la chambre; Charles et Henri se tenaient dans une pièce voisine, causant ensemble, tandis que le premier présidait à sa toilette, pour se rendre à la soirée de la citoyenne Tallien.

Les deux jeunes gens étaient plus tristes, plus péniblement soucieux, plus douloureusement rêveurs que l'après-midi même du jour où nous les avons trouvés à Paris. La perte de Blanche était pour eux un horrible malheur: Henri avait retrouvé celle qu'il aimait, lui; il voyait à chaque heure cette Léonore dont il avait été si cruellement séparé depuis de longues années; mais, après l'éclat de bonheur qu'avait causé le premier moment de leur réunion, Henri et Léonore avaient frémi en voyant la douleur poignante et muette qui se reflétait sur le visage pâle et glacé du marquis d'Herbois.

Depuis ce moment, Henri et Léonore, avec une délicatesse extrême, évitèrent entre eux tout échange de paroles, même de regards, qui pût déceler l'amour que tous les deux éprouvaient l'un pour l'autre. La plus stricte réserve procéda à leurs relations, et Léonore devint à la fois la sœur d'Henri et celle de Charles. Le marquis, comprenant tout ce qui se passait dans l'âme de ses amis, ne se sentait pas le courage de les supplier d'oublier ses douleurs, et il avait une profonde reconnaissance pour cette réserve qui du moins n'augmentait pas ses chagrins. Depuis son retour en France, Charles avait changé. Aux Antilles, dans sa lutte énergique, il avait pensé voir luire un rayon d'espérance, quand Victor Hugues lui assurait son retour dans la mère-patrie. Il avait près de lui Léonore, il croyait Henri et Blanche libres tous deux et l'attendant à Brest.

En apprenant que son ami et celle qu'il aimait de tout son amour vivaient encore, Charles avait senti une joie immense inonder son âme. Cette joie avait encore été augmentée par l'empressement que Victor

Hugues avait mis à cette facilité de son retour. Durant la traversée, Charles avait laissé courir dans les champs de l'espérance son imagination qui traversait l'espace. Des projets assurés de bonheur, basés tous sur une prompte réunion, avaient été échangés entre lui et Léonore. Mais leur arrivée à Brest avait été le commencement de ces douleurs nouvelles. Henri était là, dans la ville, toujours protégé par les forces dont il disposait, par Jacquet, qui s'était fait une puissance occulte, mais formidable; Henri avait échappé à ses ennemis, sans pouvoir sauver Blanche dont il ignorait la situation.

Ce coup affreux avait frappé Charles à l'instant où il croyait à la réalisation de tous ses rêves. En présence de cette fatale nouvelle, une émotion violente écrasa son espoir et une douleur désespérante envahit tout son être.

Sa seule et unique pensée était de tuer celui qui avait enlevé Blanche.

Henri l'aidait de son énergie, Léonore ne se marierait qu'en présence de sa sœur, Jacquet promettait toute son intelligence et Mahurec jurait de retrouver ce Bamboula, pour le contraindre à le conduire à sa victime.

Tous partirent pour Paris.

Charles devait être accueilli dans la haute société.

A son arrrivée, son titre d'envoyé de Victor Hugues lui avait ouvert toutes les portes, et tout d'abord il avait cru que cette situation lui permettrait de reconquérir Blanche; mais les jours s'étaient écoulés, et aucune chance favorable n'avait lui à ses yeux. Ce soir-là il s'apprêtait à se rendre chez la citoyenne Tallien, pour obéir aux instances de Léonore, et obtenir des protectrices puissantes à la pauvre orpheline du teinturier Bernard.

Charles portait aux Antilles, alors qu'il courait dans les eaux du Mexique en attaquant les bâtiments anglais, un costume pittoresque qu'il adopta pour cette soirée où il devait être bien reçu; il s'orna du sabre d'honneur que lui avait donné Victor Hugues.

Henri, assis en face de son ami, le contemplait d'un regard triste.

— Dans quelques instants, Jacquet va venir te prendre, dit-il en faisant allusion aux paroles échangées le matin entre eux et l'ex-agent de M. Lenoir.

— Pourquoi veut-il que je le conduise chez Tallien? demanda Charles.

— Je l'ignore, mais s'il veut aller chez Tallien, c'est que nos intérêts exigent qu'il y aille.

Charles regarda Henri.

— Crois-tu cet homme si absolument dévoué à nous? dit-il en secouant la tête.

— Certes, je le crois, répondit nettement Henri.

Charles fit un signe de doute.

— Oh! reprit M. de Renneville avec une extrême vivacité, puis-je douter de Jacquet après ce qu'il a fait pour moi? Ne s'est-il pas dévoué corps et âme pour mon salut et pour celui de Léonore et de Blanche? Douter serait de l'ingratitude.

— Je ne crois plus à rien ! dit Charles.

Henri se leva et lui saisit les mains.

— Pas même à mon amitié? demanda-t-il.

— Si, je crois en toi, dit Charles, en toi et en Léonore! Mais, que veux-tu? le malheur rend injuste! A peine crois-je en moi, pourquoi croirais-je en d'autres qui me sont étrangers? Jacquet n'est pas un homme, c'est la ruse incarnée; c'est l'esprit d'intrigues développé au delà de toute supposition. Il ne suit que la route du mystère. Depuis que nous sommes à Paris, je ne comprends absolument rien à ses démarches. Ses paroles sont toujours obscures. Jamais une explication nette et franche n'est sortie de ses lèvres...

— J'ai en lui une confiance absolue? interrompit Henri.

— Cependant tu ignores toi-même ce qu'il veut faire. Que signifient ces œufs rouges dans lesquels nous avons trouvé le plan de cet infernal complot? Pourquoi nous les remettre? Qu'en devons-nous faire?

— Jacquet nous le dira.

— Ah ! fit Charles, que n'ai-je ici avec moi l'équipage de mon corsaire, mes braves Caraïbes ! Avec eux je fouillerais Paris sabre au poing, et avant deux fois vingt-quatre heures, j'aurais retrouvé et délivré Blanche.

— Cette ressource extrême de la violence à main armée, il faut la garder pour la dernière, dit Henri en s'approchant de son ami. Comme toi, j'ai pensé à l'employer, car si tu n'as pas ici ton équipage corsaire, j'ai, moi, les enfants du Bon chemin ! Ils valent bien tes sauvages, va ! Et si je leur demande de se faire tuer pour moi, pas un seul n'hésitera !

— Combien sont-ils ? demanda Charles.

— Cinquante-deux.

— Cinquante-deux ! répéta M. d'Herbois. Eh bien ! il faut...

— T'apprêter à m'accompagner, citoyen le Bienvenu ! interrompit une voix sonore.

Les deux jeunes gens se retournèrent.

Jacquet, en costume d'élégant muscadin à la mode, franchissait le seuil de la chambre.

— Eh bien ! s'écria Henri en se précipitant vers lui.

— Eh bien ! répondit froidement Jacquet, tout marche décidément de mieux en mieux.

— Vous espérez ?

— Beaucoup !

— Il faut attendre, cependant ? dit Charles.

— Peu de temps. Cinq jours au plus ! Nous sommes aujourd'hui le 7 germinal ; le 12 il y aura émeute, nous triompherons de tous vos ennemis !

— Nous arracherons Blanche des mains du citoyen Sommes ! s'écria Charles.

— Ce jour-là, elle vous sera rendue, je vous le promets.

— Mais...

— N'insistez pas ! ne me demandez rien ! Contentez-vous de ce que je vous affirme. Tout mon plan est arrêté.

— Mais cette conspiration des œufs rouges ? dit Henri.

— C'est elle qui éclaircira tout.

— Vous la connaissez ?

— Parfaitement.

— Mais, alors, il faut empêcher qu'elle éclate.

— Étouffer celle-là serait en faire naître dix autres.

— Cependant...

— Encore une fois n'insistez pas ! Laissez-moi agir. Jusque-là veillez sur vous et sur mademoiselle Léonore. Que de nouveaux obstacles ne surgissent pas ! c'est tout ce que je demande, car un incident inattendu pourrait peut-être tout compromettre.

— Le citoyen le Bienvenu, envoyé de Victor Hugues, n'a rien à redouter, dit Henri. Quant à moi, je ne quitterai pas cette maison, ainsi que cela est convenu, et Léonore n'y séjournera pas seule une minute.

— Bien ! c'est tout ce qu'il faut, reprit Jacquet de sa voix brève et incisive. Maintenant, citoyen le Bienvenu, venez me présenter à la citoyenne Tallien. Il est de la dernière importance que je sois chez elle ce soir ?

— Et Mahurec ? dit Charles. Qu'est-il donc devenu ?

— Mahurec, reprit Jacquet, je l'ai laissé tantôt au Palais-Égalité en compagnie de trois matelots qu'il avait rencontrés.

— Le gabier m'inquiète, dit Charles. J'ai peur que son dévouement pour nous ne l'entraîne à commettre quelque imprudence.

— Bah ! fit Jacquet, il est homme à se tirer du plus mauvais pas. Mahurec a pour lui un argument irrésistible ; ses poings ! Mais, partons, citoyen, il est tard !

Puis, s'approchant des deux jeunes gens auxquels il prit les mains :

— Mes amis, continua-t-il avec un accent ému qui contrastait avec le ton ordinaire de ses paroles, et qui dénotait que, sous son apparence froide et rigide, sous son scepticisme affecté, Jacquet cachait un cœur chaud et généreux, capable d'éprouver les meilleurs sentiments, mes amis, ayez en moi la confiance que je mérite. Je vous aime : je veux vous voir heureux, je veux que vous me deviez votre bonheur, et mon intérêt personnel s'allie même au triomphe de votre cause. Donc, ayez foi en moi. Espérez, car j'espère ! Le 12 germinal, en écrasant l'anarchie en France, écrasera du même coup les ennemis qui s'acharnent après vous. Le 12 germinal verra la délivrance de Blanche et sa réunion à vous. Cela, je vous le jure ! Seulement, je vous le répète encore : d'ici à cette époque, veillez sur vous et sur Léonore. Ne commettez pas la moindre imprudence. Empêchez vos amis d'en commettre, et obéissez-moi, enfin, sans réserve. La partie que nous jouons est terrible : notre gain est assuré, mais cependant une faute, une seule, pourrait nous perdre tous, car en ce moment, et sans que vous puissiez le comprendre, votre cause est la cause de la France!

V

LE COMMISSIONNAIRE

Une heure après, Rose, Léonore et Henri étaient réunis dans la chambre voisine. Henri, assis devant un bureau, écrivait. Léonore était placée dans un fauteuil : Rose était à ses pieds, sur un petit tabouret bas.

— Pauvre petite ! disait mademoiselle de Niorres en caressant la magnifique chevelure de la jeune fille. Pauvre petite ! que pourrions-nous faire pour toi !

— N'avez-vous pas trop fait déjà ? répondit Rose en joignant ses mains et en appuyant sa tête sur les genoux de mademoiselle de Niorres.

— Hélas ! ton avenir m'effraye autant que le nôtre. Que deviendras-tu si la persécution revenait encore s'abattre sur nous.

— Je vous suivrais, sans me plaindre, trop heureuse d'être près de vous si je pouvais vous être une consolation dans vos chagrins ; sinon je travaillerais et chaque jour je prierais Dieu pour vous.

— Dieu entend-il encore ses créatures dans un pays où on a renversé ses autels ?

— Dieu ne repousserait pas les cœurs qui s'élèveraient vers lui. Espérez donc, madame, et surtout cessez de vous préoccuper du sort qui m'attend. Que peuvent être mes malheurs à venir auprès de mes malheurs passés !

Mademoiselle de Niorres se pencha vers Rose et la baisa tendrement sur le front. Henri avait cessé d'écrire.

— Rose a raison, dit-il en se tournant vers Léonore; espérez ! J'ai toute confiance en Jacquet, et Jacquet m'a affirmé que nos malheurs touchaient à leur terme. Jusque-là ne craignez rien pour vous-même, car je ne vous quitterai pas un seul instant

— Pauvre Blanche ! murmura Léonore.

Puis, se laissant glisser à genoux sur le parquet de la chambre, en repoussant doucement Rose qu'elle entraîna avec elle :

— Prions pour Blanche, mon enfant ! dit-elle d'une voix émue.

Henri se leva et sa tête s'inclina, tandis que la prière prononcée à voix haute s'élevait saintement vers le Dieu de miséricorde. En cet instant, il était alors neuf heures et la nuit était noire ; un coup sourd retentit au dehors, semblable à celui que produirait un choc violent contre les volets fermés d'une boutique, ou un marteau de porte résonnant sur son appui ferré.

— On frappe au magasin! dit Rose en tressaillant et en se relevant subitement.

La pauvre petite quittait la pièce pour obéir au devoir.

— Non! non! dit vivement Henri. La boutique est fermée : tu n'as pas à descendre. Ce ne peut être un acheteur qui heurte à cette heure.

Un second coup résonna dans le silence. Henri s'était approché de la fenêtre.

— C'est à la porte de la maison! dit-il.

— Serait-ce Charles qui reviendrait déjà? ajouta Léonore?

— Ce n'est pas probable.

— Qui pourrait venir maintenant? M. Jacquet?

— Il est avec Charles.

— Mahuree?

— Il ne frapperait pas. Lui et nos amis connaissent le ressort secret qui fait ouvrir la porte.

— Ah! on ouvre! dit Rose qui écoutait.

Tous trois prêtèrent l'oreille ; au milieu du silence un éclat de voix monta confusément du dehors ; puis on entendit le battant se refermer.

— C'était un envoi pour le magasin! dit Henri en revenant dans la chambre.

Il n'achevait pas, qu'un petit coup sec fut frappé contre la porte et résonna dans un bruit qui fit tressaillir les écouteurs.

— C'est ici! dit Léonore.

Henri la regarda et sembla hésiter à ouvrir. Un second coup retentit encore, aussi discrètement heurté que le premier.

— Il ne faut pas ouvrir! dit Léonore en se précipitant vers Henri.

— Cependant, répondit celui-ci, si celui qui vient était porteur d'importantes nouvelles...

— N'importe! n'ouvrez pas!

— Mais la rue est tranquille, mais personne ne veille au dehors...

Un troisième coup résonna, un peu plus vigoureusement accentué que les deux précédents.

— Laissez-moi ouvrir ! reprit Henri.

— Non ! non ! dit encore Léonore.

— Eh bien, je vais ouvrir, moi ! fit Rose en s'élançant ; ne craignez rien, je connais toutes les formules Attendez ici !

Et avant qu'on eût eu le temps de s'opposer à son action, la jeune fille prit un flambeau, passa prestement dans la pièce voisine en refermant la porte dont elle venait de franchir le seuil ; elle communiquait avec le carré.

Léonore tenait les mains d'Henri. Il se rapprocha précipitamment de la porte fermée en entraînant sa compagne.

Rose appuyant sur le bouton fit tourner le pêne dans sa gâche. La porte tourna lentement sur ses gonds et dans l'ombre du carré un homme de taille moyenne, portant une veste, un gilet, et un pantalon en vieux velours de laine se présenta en saluant comme un commissionnaire. Et évidemment, c'en était un.

— Que veux-tu, citoyen ? demanda la jeune fille.

— Parler au citoyen ! répondit le commissionnaire.

Rose secoua doucement la tête, comme si cette réponse ne la satisfaisait pas. Elle se tenait, sa lumière à la main, sur le seuil même de la porte, en défendant ainsi l'accès de la pièce par l'obstacle de son propre corps. Le commissionnaire, sans bouger de place, sans essayer de forcer l'entrée, paraissait la contempler avec une attention scrupuleuse.

— Que veux-tu ? dit-elle encore.

— Entrer dans la bonne voie, répondit l'autre.

— En venant d'où ?

— Du mauvais sentier.

— Et tu vas ?...

— Au bien !

— Avec qui !

— Avec celui de la rue de la Chiourme.

— Son nom ? dit un accent sonore.

— Bonchemin ! répondit sans hésiter le commissionnaire.

Rose s'était retournée vivement : Henri était derrière elle. En entendant les réponses précises du nouveau venu, il avait écarté Léonore, ouvert la porte et s'était avancé.

— Va, mon enfant, dit-il à Rose ; laisse-nous.

Puis, s'adressant au commissionnaire, tandis que Rose, obéissante, regagnait la chambre :

— Entre, ajouta-t-il.

Le commissionnaire entra ; Henri passa derrière lui et referma la porte.

— Qui t'envoie ? demanda-t-il.

— Papillon et Pâquerette, répondit le commissionnaire. Henri le considéra avec attention.

— Je ne te connais pas, dit-il.

— Non, répondit l'autre, mais je te connais, moi ; j'étais à Paris tandis que tu étais à Brest. Pâquerette et les autres m'ont dit ce que tu avais fait pour eux, et je suis devenu l'un des tiens. Tous me connaissent et savent qui je suis ; aussi m'ont-ils tendu la main sans hésiter ; la preuve c'est que, comme ce soir il s'agissait d'une démarche importante, ils n'ont pas hésité à me la confier. Les signes convenus, les mots de passe, ils m'ont confié tout, ainsi que tu as pu le voir ; sans eux, comment les aurais-je devinés ? Enfin ils m'ont chargé pour toi de ce message.

Le commissionnaire tendit à son interlocuteur un pli cacheté qu'il tira de la poche de sa veste. Henri l'avait écouté attentivement sans cesser de l'examiner avec plus d'attention encore que la première fois.

— Pourquoi l'un d'eux n'est-il pas venu ? demanda-t-il en prenant la lettre.

— Parce qu'ils ne pouvaient quitter leur poste. Lis ce papier, il t'expliquera tout.

Rose, en quittant la pièce, avait posé la lumière qu'elle portait sur une petite table. Henri s'approcha, et décachetant la missive il commença à en prendre connaissance Mais à peine l'eût-il parcourue du regard, qu'il poussa un cri sourd, puis il recommença sa lecture avec une avidité fiévreuse.

— Où sont-ils ? où les as-tu laissés ? dit-il enfin en revenant au commissionnaire.

— Papillon est rue Cassette ; Pâquerette, rue Mézières ; Dent-de-Loup, rue Honoré-Chevalier, et la Baleine rue du Pot-de-Fer. Ils cernent le pâté de maisons en question.

— C'est bien cela ! dit Henri.

D'un pas rapide il parcourut la pièce comme un homme hésitant sur un parti violent qu'il aurait à prendre. Puis s'arrêtant brusquement devant le commissionnaire qui attendait impassible.

— Va, dit-il, je te suis.

L'autre ne bougea pas.

— Pâquerette m'a fait jurer de ne pas te quitter, répondit-il, de veiller sur toi ; j'ai promis : laisse-moi t'accompagner !

— Soit ! Attends alors.

Et Henri, secouant de ses doigts la lettre que lui avait remise le commissionnaire, repassa dans la pièce où l'attendait Léonore.

Henri s'était précipité vers la cheminée, et prenant une paire de petits pistolets déposés sur le marbre, il les glissa dans sa poche. Puis il décrocha un poignard, le passa à sa ceinture et saisit son chapeau.

— Henri ! s'écria Léonore qui n'avait pas eu le temps de prononcer une parole, tant la triple action du vicomte avait été rapide : Henri ! que faites-vous !

— Je vais sortir ! répondit le vicomte.

— Sortir, vous ?

— Sans doute ; il le faut.

— Mais c'est impossible !

— Il le faut, vous dis-je !

— Henri ! quitter cet asile, c'est vouloir courir au devant du danger !

Le vicomte tendit à Léonore la lettre ouverte.

— Lisez ! dit-il.

Léonore parcourut rapidement la missive.

— Oh ! dit-elle.

— Vous voyez, fit rapidement Henri, il faut que je sorte sans perdre un instant. Ce Camparini n'est-il pas la cause principale de tous nos maux! De Sommes n'est que son complice. En le tenant, lui, nous brisons du même coup le nœud de l'intrigue, et Blanche nous est rendue! Pâquerette, Papillon, Dent-de-Loup et la Baleine le cernent! Il faut que je m'en mêle pour s'emparer de lui.

— Mais n'allez pas seul ; attendez Charles !

— Il rentrera trop tard !

— Mahurec !

— Il n'est pas ici !

— Faites prévenir l'un d'eux.

— Ce serait perdre des minutes qui valent des siècles.

« Qui sait si pareille occasion se retrouvera jamais ?

— Mais...

— Léonore ! dois-je donc laisser agir les autres sans que je fasse rien ?

— Mais les dangers qui vous entourent ?

— Quels dangers ? On s'occupe à peine de moi. Suis-je un homme politique ? Non, n'est-ce pas, et les hommes politiques sont les seuls menacés. D'ailleurs la nuit est noire et je suis armé.

— Si cette lettre était un piège ? si l'on voulait vous attirer...

— Cela n'est pas possible. Comme vous j'ai eu cette pensée ; mais je l'ai repoussée. Celui qui m'apporte cette missive n'a pu être renseigné comme il l'est que par nos meilleurs amis. Ensuite, cette lettre porte elle-même les preuves de sa sincérité.

Henri approcha le papier de la lumière.

— Regardez ! continua-t-il. Sa forme est régulière ; il y a un signe là, dans l'angle gauche, un autre au bas du même côté ; les chiffres convenus commencent chaque ligne... Ces preuves sont matérielles, elles sont irrécusables ; je ne puis douter !

— Mon Dieu ! mon Dieu ! fit Léonore, partagée entre la crainte de voir celui qu'elle aimait s'exposer en péril, et celle tout aussi vive de s'opposer, en résistant, à la délivrance de sa sœur; mon Dieu! Henri, vous allez me laisser seule ici?

En disant cela, Léonore n'avait pas peur pour elle, mais c'était Henri qu'elle voulait retenir, dans la crainte qu'il ne fût assailli. Mais lui, lui saisissant les mains:

— Je vous laisse en sûreté, dit-il; le péril ne peut venir ici. D'ailleurs, songez-y, Léonore, Charles souffre, Charles va mourir s'il ne revoit votre sœur. Blanche est aux mains de ses bourreaux; dois-je hésiter quand je puis la sauver?

— Que la volonté du Seigneur tout-puissant soit faite! dit Léonore en joignant les mains et en levant les yeux vers le ciel. Allez, Henri, je ne vous retiens plus. Seulement si vous mouriez, je mourrais!

Le vicomte se courba et appuya ses lèvres sur les deux petites mains qu'il tenait dans les siennes, puis il s'élança brusquement au dehors.

— Viens! dit-il au commissionnaire en le poussant vers les marches de l'escalier.

Tous deux disparurent; quelques secondes après, la porte du logement se referma sur eux. Léonore et Rose étaient derrière les vitres de la croisée.

La jeune fille éteignant la lumière, on ne pouvait les voir toutes deux de la rue.

Elles étaient là pantelantes et prêtes à suivre de leurs regards Henri et le commissionnaire. Au moment où la porte se refermait, les deux hommes se dessinèrent vaguement dans les ténèbres.

— C'est lui! dit Léonore.
— Oh! fit Rose, comme il marche vite!
— Je ne le vois plus...
— Ni moi!

Effectivement, Henri et son compagnon venaient de disparaître dans les ténèbres, courant dans la direction de la rue de la Monnaie. Léonore et Rose demeurèrent immobiles à la même place, fouillant toujours du regard les ténèbres qui envahissaient la rue. Tout à coup Rose frissonna ; sa main saisit celle de Léonore et la pressa avec force.

— Quoi ? fit Léonore avec terreur.

— Là !... dit Rose.

La jeune fille désignait du doigt une ombre qui se dessinait dans les ténèbres. Léonore se pencha pour mieux voir.

— Un homme ! dit Rose ; un homme qui était en face, caché dans l'embrasure de cette porte, qui vient de s'élancer dans la même direction que le vicomte.

— Oh ! mon Dieu ! fit Léonore ; c'est vrai !

— Il épiait sa sortie.

— Serait-ce un piège ?

Léonore et Rose se regardèrent en frémissant. Une horrible pensée venait au même instant d'assaillir leur cerveau.

— Il faut courir !... s'écria Rose.

— Où ? Comment le prévenir ? dit Léonore avec un accent de désespoir indescriptible.

L'homme désigné avait disparu et la chaussée était redevenue calme et silencieuse. Les deux curieuses demeurèrent quelques instants sans échanger une parole. Peu à peu cette tranquillité intérieure apaisa le tumulte de leur âme.

— Peut-être, dit Rose, me serai-je trompée.

— Peut-être cet homme n'avait-il pas de mauvaise intention, fit Léonore.

— Espérons, ma sœur !

— Prions, mon enfant !

Et Léonore, prenant la main de Rose, la ramena dans sa chambre. Un christ en ivoire était appendu à la muraille ; des branches de buis l'entouraient et un bénitier était accroché au bas de la croix. Léonore s'agenouilla devant l'image du Rédempteur ; Rose se posa près d'elle. Puis toutes deux prièrent en silence comme elles avaient prié déjà devant Henri. Une demi-heure s'écoula dans cette prière et elles se relevèrent. Fortifiées par la prière, confiantes en la miséricorde de ce Dieu qu'elles venaient d'implorer, elles attendirent. Dix heures sonnèrent. Léonore avait repris place dans le fauteuil et Rose était assise à ses pieds. Aucune parole ne sortait de leur bouche; mais les regards qu'elles échangeaient équivalaient aux discours les plus éloquents. Ces âmes, douées des qualités les plus exquises, étaient bien faites pour se comprendre.

Tout à coup, au milieu du silence qui régnait au dedans et au dehors, une sourde clameur éclata au rez-de-chaussée de la maison. Léonore et Rose prêtèrent l'oreille avec inquiétude.

— Qu'est-ce donc? dit Léonore.

— Qu'y a-t-il au magasin? ajouta Rose en se dressant vivement.

La clameur augmentait d'intensité et de confusion. On entendait des bruits de pas précipités, des chocs, des cris étouffés, des accents effrayés.

— Qu'est-ce donc? répéta Léonore en courant vers la fenêtre.

Au même instant une lueur sinistre éclaira la chambre.

— Le feu! s'écria Léonore saisie soudain par un accès de terreur folle.

C'est que depuis cet incendie de l'hôtel de Niorres qui avait fait condamner ces deux innocents que les deux sœurs aimaient et ce second qui précéda la catastrophe de Gouesnou où tous ceux qui étaient sur le toit croyaient périr, la vue des flammes causait à Léonore une impression telle, qu'en présence des lueurs de cet élément destructeur, elle sentait toutes ses forces l'abandonner et sa raison se noyer dans son cerveau que le sang envahissait. Une expression d'angoisse se peignit sur sa physionomie et elle se retourna vers Rose.

— Le feu! répéta-t-elle en désignant du doigt la fenêtre donnant sur la rue.

Rose se précipita, mais les cris retentirent plus sonores et plus alarmés du rez-de-chaussée, et une autre clameur éclata dans la rue.

— Le feu! le feu! répétait Léonore, dont les yeux étaient fixes et les membres agités par un tremblement convulsif qui ne lui permettait pas de faire un pas.

Des coups redoublés retentirent à la porte de l'appartement.

— Le feu ! sauvez-vous ! cria une voix. Le feu vient de prendre dans le laboratoire, mais l'escalier est libre. Sauvez-vous ! Il est temps encore.

Léonore ne bougeait pas.

— Venez ! venez ! fit Rose en la saisissant par le bras.

Léonore se laissa entraîner. Rose ouvrit la porte et la poussa sur le palier. L'escalier était encombré de ceux qui venaient apporter du secours ; la rue était envahie par les voisins réveillés aux cris d'alarme.

Rose et Léonore furent séparées sans pouvoir se rejoindre. Léonore à demi-affolée, avait saisi une main qui s'était tendue vers elle, et se laissait entraîner au dehors.

— Ma sœur ! cria Rose en la voyant disparaître au milieu des flots du peuple qui se ruaient vers la maison.

— Ce n'est rien ! dit une voix douce aux oreilles de la jeune fille. Le feu a pris, par imprudence sans doute, dans le laboratoire, nous nous en sommes aperçus à temps. Il n'y a plus de danger.

Rose se retourna ; la maîtresse du *Fidèle-Berger* était devant elle.

— Ma sœur ! répéta-t-elle d'une voix frémissante.

Mais elle n'aperçut plus Léonore.

L'incendie, par la rapide proportion qu'il avait prise tout d'abord, pouvait devenir foudroyant, mais il fut comprimé par des seaux d'eau.

En cet instant, un homme, poussant, pressant, bousculant tout ce qui s'opposait à son passage, fendit les rangs serrés et atteignit le seuil de la maison.

Rose, pour dominer les têtes, se dressait sur le bout de ses pieds et appelait à voix haute ; mais elle ne voyait pas celle qu'elle cherchait de ses regards anxieux et aucune voix ne répondait à ses appels.

VI

UN BAL CHEZ MADAME TALLIEN

Ce soir-là, les salons de madame Tallien étaient envahis par les nombreux invités. A neuf heures, on dansait, on jouait, on causait. Madame Tallien allait, venait, s'occupait de tout son monde, adressant un compliment à celui-ci, un sourire à celui-là, avec un tact, un goût, un à-propos décelant la femme de la meilleure condition. Sa charmante compagne, madame Beauharnais, était entourée d'un cercle empressé d'adorateurs, et son inimitable grâce charmait tous ceux qui avaient l'heureuse faveur d'approcher de l'angle du salon qu'elle occupait.

Plus loin un groupe de jeunes généraux formait comme un îlot autour duquel circulaient les flots des danseurs. Des membres de la Convention péroraient et discutaient, remplissant le boudoir de leurs véhémentes interpellations.

La citoyenne Tallien, venant de quitter la citoyenne Beauharnais, se glissait au milieu des groupes et atteignait celui formé par les officiers généraux.

Il y avait là Lefebvre, l'ancien garde-française, qui avait mis seize ans pour passer sergent, et quatre ans pour devenir général; Augereau, le nouveau général en chef de l'armée des Pyrénées; Hoche, général en chef de l'armée de l'Ouest, qui avait été appelé à Paris l'avant-veille pour conférer avec Barras.

A ces jeunes et brillants officiers venait de s'adjoindre un nouveau général ; c'était un homme de taille moyenne, maigre de corps, à la tête forte, au teint très brun, aux longs cheveux coupés en *oreilles de chien...*

— Eh bien ! général Bonaparte, dit madame Tallien en lui adressant son plus gracieux sourire, que m'a-t-on dit ? Vous avez failli, en traversant les halles, être arrêté par le peuple en furie ?

— Cela est vrai, citoyenne, répondit le général. Et tenez ! vous voyez Junot, mon aide de camp, qui pourrait vous raconter l'événement en détail beaucoup mieux que je ne saurais le faire moi-même.

Et il désigna un jeune colonel qui dansait avec l'une des plus jolies femmes du bal.

— Qu'est-il donc arrivé ? demanda un autre général.

— Presque rien, reprit Bonaparte en souriant ; la populace, ameutée par la famine et me voyant passer à cheval avec mon aide de camp et deux chasseurs, m'a pris probablement pour l'un des puissants du jour, et dans cet ameutement, on me criait : *Du pain !* Ce cri-là me faisait mal à entendre, et, bien que je sois pauvre, je voulais les secourir en leur jetant ma bourse, mais, en ce moment, la scène passa rapidement au comique.

— Au comique ? demanda madame Tallien.

— Dans tous ceux et dans toutes celles, citoyenne, qui m'assaillaient de leurs injures, il y avait au premier rang une femme énorme de graisse, et dont la vue ne pouvait inspirer la pitié à un cœur sensible. Cette mégère, qui avait toute l'apparence d'une ogresse, vociférait plus haut que les autres, et, me désignant du poing :

— Ce sont tous ceux-là, criait-elle, qui affament le pauvre peuple !

A cette récrimination, je ne pus retenir un sourire.

— Eh ! citoyens ! dis-je, en désignant sa corpulence

et ma maigreur, qui de nous deux doit manger tout et affamer l'autre ?

Tous ceux qui étaient là se mirent à rire et on me livra passage.

— C'est incroyable l'influence que peut avoir un mot prononcé à propos ! dit madame Tallien.

— Devant qui le dites-vous, ma belle citoyenne ! s'écria une voix sonore et admirablement timbrée.

— Talma ! dit-elle en tendant la main à l'artiste qui arrivait et dont la réputation commençait à devenir célèbre.

Il salua, et, se penchant à l'oreille de la belle maîtresse du logis :

— Et notre protégé ? dit-il.

— J'allais m'adresser au général ! répondit la femme du Thermidorien à la mode.

Et faisant un signe à Talma, elle s'approcha du groupe de ces jeunes héros.

VI

LE PRÉSENT ET LE PASSÉ

— Général, reprit la citoyenne Tallien en posant sa petite main sur le bras de Bonaparte, il faut que je mette votre obligeance à l'épreuve. Vous êtes lié avec Barras : obtenez de lui une grâce en mon nom.

— Quelle grâce? demanda-t-il.

— Celle d'un pauvre homme qu'en ma qualité de femme je dois protéger ; car il a consacré sa vie et ses soins à embellir ses clientes.

— Qui donc?

— Léonard.

— Quel Léonard?

— Le coiffeur.

— Celui de la femme Capet? dit une voix rude.

— Celui de la reine! répondit nettement Bonaparte.

— Oui, c'est de lui qu'il s'agit, se hâta de continuer la citoyenne Tallien. Ce pauvre homme qui a émigré est rentré en France. En ce moment, il se cache à Paris, ne sachant que devenir ; et un coup de plume de Barras, en le rayant de la liste des émigrés et des suspects, lui rendrait la tranquillité et la vie, et il reprendrait son travail.

— C'est un artiste, dit Talma en riant.

— Et ce n'est point un homme politique, ajouta Bonaparte en riant aussi ; je parlerai à Barras.

— Merci! répondit madame Tallien.

Et, saluant gracieusement, elle continua sa promenade dans son salon.

Un léger silence suivit cette conversation avec la maîtresse du logis. Puis Talma, qui venait de regarder alternativement et attentivement tous ceux qui l'entouraient, laissa éclater un rire sonore.

— Qu'as-tu donc? interrogea l'un des généraux.

— Ce que j'ai, répondit Talma en riant toujours : parbleu! c'est que la demande de la belle citoyenne, que le nom prononcé par elle, m'ont remis en mémoire le temps passé. En dix minutes, je viens de reculer de dix années!

Et tous les regards étaient fixés sur l'artiste qui reprit :

— Eh! ce nom de Léonard ne vous rappelle-t-il donc rien, citoyen? Quoi! vous avez oublié la culbute qu'il exécuta devant nous, et la capote de son cabriolet qui s'abattit sur lui comme une cloche?

— Ah! fit Murat en riant, je me souviens!

— Pardieu ! dit Augereau, c'était le jour où je déchirai ta soutane et où tu mis si bravement flamberge au vent. Cordieu ! je t'avais deviné. Hein ! dis que j'ai mal fait de te pousser dans la carrière militaire ?

— Attendez donc ! ajouta Ney, mais j'y étais aussi, moi ! N'allions-nous pas prendre le carrabas avec Tallien ?

— Eh oui ! dit Lannes. J'étais encore sous le coup de l'aventure de ce pauvre Bernard.

— Qui diable aurait dit alors que nous serions tous un jour ce que nous sommes aujourd'hui, fit Talma en secouant la tête. Singulière chose que la vie humaine !

— Et ce malheureux Léonard qui sollicite notre pitié aujourd'hui, et qui alors nous traitait du haut de sa grandeur.

— Mais Fouché était avec vous ! dit Augereau. Où donc est-il, ce soir ?

— Là ; il cause avec Tallien et Barras dans le boudoir, répondit Brune.

— Eh ! mais Tallien y était aussi !

— Léonard nous avait même raconté ce jour-là une lugubre histoire.

— Qui s'est déroulée plus lugubrement encore devant la cour criminelle, ajouta Soult.

— Quelle histoire ? demanda Talma.

— Celle de ces deux jeunes gens accusés d'une horrible série de crimes.

— Je les crois innocents, moi, dit Augereau en regardant Brune et Lannes.

Ceux-ci firent un signe affirmatif.

— Comment s'appelaient donc ces deux jeunes gens ? demanda alors Talma.

— D'Herbois et de Renneville, répondit Ney.

— C'est cela !

— Que sont-ils devenus ?

— Je ne sais ce qu'est devenu le premier, répondit Brune ! mais quant au second, il vivait encore l'année dernière.

— Tu l'as vu ?

— Oui.

— A Brest ?

— Et nous avons même contribué à lui sauver la vie, ajouta Augereau, à lui et aux deux demoiselles de Nierres.

— Comment ? dirent à la fois Talma, Ney, Soult et Lefebvre.

Le général Bonaparte, lui, écoutait, mais ne prenait aucune part active à la conversation.

— Raconte cette histoire, général, dit Augereau à Brune, elle est intéressante.

— Volontiers ! dit Brune tandis que ses auditeurs se pressaient autour de lui.

Le bal était alors dans toute son animation. Les danses ne cessaient point, et la joie la plus vive, l'entrain le plus agréable régnaient dans toutes les parties du salon. Brune avait commencé son récit, et on l'écoutait avec une attention extrême et un intérêt visible. Quelques invités curieux s'étaient rapprochés des jeunes généraux et prêtaient à l'orateur une oreille attentive.

Mais, à demi-caché sous la tenture retombée d'une fenêtre, se tenait un homme qui, le front pâle, les sourcils froncés, les traits contractés, semblait entendre avec une avidité extrême les paroles que prononçait Brune. Près de lui, il y en avait un autre vêtu comme les plus élégants danseurs de la citoyenne Tallien, et qui, lui aussi, écoutait tout aussi anxieusement le récit commencé.

Lorsque Brune eut achevé, un concert de félicitations et de malédictions s'éleva de toutes parts : félicitations adressées à l'orateur, à Augereau, à Lannes qui avaient pris une part active dans ces événements ; malédictions envoyées sur le système politique renversé, sur les ennemis des victimes !

— Ils sont sauvés ! tout cela est bien, dit Lannes ; mais je voudrais savoir, moi, ce qu'est devenue à cette heure la *Jolie Mignonne*.

— Elle est à Paris, dit Lefebvre. Ma femme en a entendu parler aujourd'hui.

— Par qui donc?

— Par Malhuree, un vieux gabier qui serait digne d'être amiral. Il venait, au nom de notre ancienne amitié, demander la protection de la citoyenne générale pour la petite fille de Bernard. Et comme ma femme et moi avons vu mourir la pauvre citoyenne Bernard, elle a promis tout ce qu'on a voulu.

— Ah! ah! vous êtes au courant de toutes ces choses, citoyens? dit une voix nette et finement accentuée.

Chacun se retourna.

— Fouché! dit-on, tandis que des mains se tendaient vers le célèbre personnage, qui, après sa causerie avec Tallien et ses collègues, avait quitté le boulevard et s'était doucement glissé au milieu des groupes, sans qu'un regard s'aperçût de sa présence, et il avait entendu une partie de la conversation.

Fouché, et celui qui se tenait sous les rideaux, échangèrent un regard rapide.

Et en ce moment, un domestique annonça :

— Le citoyen et la citoyenne Camparini!

Fouché ne parut pas avoir entendu ce nom, qui parvint cependant jusqu'à lui.

Un mouvement se fit dans le premier salon par l'entrée d'une nouvelle danseuse, belle de l'éclat d'une beauté remarquable et de la splendeur d'une toilette d'une richesse merveilleusement éblouissante.

La citoyenne Tallien attendit le salut de la nouvelle arrivée et la conduisit gracieusement à un siège vacant qui fut immédiatement entouré par une foule empressée d'adorateurs. Camparini, le front haut, le jarret tendu, l'air dégagé, Camparini, aussi à l'aise au milieu de cette société, alors l'élite de la nation, qu'il l'était au milieu de ses infâmes sujets. Camparini, ce génie du mal, cet esprit réellement supérieur, cette intelligence hors ligne qui employait au crime tout ce dont la nature l'avait doué pour faire le bien, Camparini, prisant dans une tabatière d'or garnie de diamants, caressant sa cravate, renversant en arrière le revers de son habit de soie rayé de bleu et blanc, Camparini s'avançait dans les salons, saluant à droite et à gauche, souriant à tous en homme convaincu de sa haute supériorité.

Au moment où Camparini passait auprès de lui, Fouché s'était à demi retourné. Le compagnon de la belle Romaine portait encore un gilet garni de boutons de corail affectant chacun la forme d'un œuf. Fouché, soit hasard, soit préméditation, avait une garniture de boutons exactement semblable. Il porta lentement l'index sur le troisième bouton de son gilet. Camparini sourit aussitôt, en passant, et il imita le même geste ; Fouché se retourna vers la fenêtre derrière la draperie où s'étaient tenus les deux hommes qui avaient prêté une attention si vive au récit du général Brune. Il n'en restait plus qu'un. Le muscadin, au costume le plus élégant, celui qui avait échangé un regard d'intelligence avec Fouché, avait disparu. Celui qui était là se dégea vivement, tourna le groupe des officiers généraux et s'approcha de Fouché qui le prit par le bras, et, l'entraînant rapidement sans lui dire un mot, il le fit se croiser avec Camparini.

— Citoyen, dit Fouché en faisant avancer son compagnon, j'ai l'honneur de te présenter un ami dont je réponds.

Fouché appuya sur le dernier mot et porta en même temps la main sur le premier bouton de son gilet.

— Le citoyen le Bienvenu ! continua-t-il en achevant sa présentation.

Charles fit un salut sec de la tête ; Camparini rendit le salut. En reconnaissant l'un des deux hommes dont il avait causé la perte, en se retrouvant ainsi en présence de ce marquis d'Herbois qu'il avait accablé jadis du poids des malheurs les plus horribles, Camrini, l'ex-Saint-Jean, l'ex-valet de chambre du conseiller de Niorres, devait ressentir au fond de l'âme un choc terrible et violent. Cependant il demeura calme, impassible, le sourire sur les lèvres, l'air enjoué et même empressé. Fouché le considérait d'un œil scrutateur. Charles, sans savoir exactement de son compagnon tous les détails du rôle horrible qu'avait joué dans les événements de sa vie celui en présence duquel il était. Charles devait avoir cependant quelques doutes sur la personnalité de Camparini, car le sang lui était monté subitement au visage. Le roi du bagne remarqua cette rougeur et le coup d'œil de Fouché.

— Citoyen, dit-il, je suis d'autant plus heureux du hasard qui me fait rencontrer le citoyen le Bienvenu, que j'ai précisément une confidence à lui faire, car je le connais depuis longtemps.

Camparini appuya sur le dernier mot. Fouché se redressa comme un homme qui, l'épée à la main en face d'un adversaire qu'il est certain de vaincre, se sent touché tout à coup par une botte inattendue. Cependant son visage n'exprima aucun étonnement.

— Vous avez à causer, dit-il d'une voix ferme, je vous laisse, heureux de vous avoir mis en rapport l'un avec l'autre.

Et, saluant lestement, il s'enfonça dans la foule et quitta le salon pour passer dans le boudoir. Le muscadin qui avait disparu au moment de l'entrée de Camparini, était alors dans le boudoir. Fouché passa devant lui en lui adressant un signe rapide. L'autre le suivit aussitôt, et tous deux gagnèrent la salle à manger où l'on présidait aux apprêts du souper.

— Est-ce lui? dit vivement Fouché à l'oreille de son compagnon en l'arrêtant dans un angle de la pièce.

— C'est lui, foi de Jacquet! répondit l'autre.
— Le chef de la conspiration des œufs rouges?
— Oui!
— Celui de la rue des Arcis?
— J'en réponds!
— Qu'était-il avant?
— Je l'ignore.
— Il faut le savoir.
— Je le saurai demain.
— Tu n'as pas un soupçon?

Jacquet hésita.

— Dans vingt-quatre heures, je parlerai!

— Très bien ! Tes hommes !
— Sont apostés !
— On peut l'enlever cette nuit ?
— En un clin d'œil ; tout est prêt !
— Eh bien ! il faut le laisser libre.
— Bon ! fit Jacquet sans sourciller et comme s'il trouvait tout simple ce changement de tactique.

Fouché se frottait les mains.

— Il faut le laisser libre ! répéta-t-il. Sang-dieu ! l'arrêter ! quelle sottise !... ah ! ah ! j'apprendrai au Comité tout ce qu'on peut tirer d'une conspiration !... Bravo ! je suis content de toi ! Morbleu ! M. Lenoir était un sot de n'avoir pas su te deviner. Il faut aller ce soir à la réunion des œufs rouges ! Ah ! ah ! cette fois j'y consens et je me laisse mettre à la tête de la conspiration. Camparini est fort, mais...

Fouché n'acheva pas; un pâle sourire éclaira son intelligente physionomie qui rayonnait d'une joie vive.

— Pars ! ajouta-t-il; que Camparini ne puisse te reconnaître : dans un quart d'heure, je serai rue de l'Echelle.

Et Fouché, pirouettant sur ses talons, rentra dans le salon pendant que Jacquet disparaissait par une autre porte. Camparini avait entraîné Charles en passant familièrement son bras sous le sien.

— Monsieur le marquis, lui dit-il à voix basse, je suis enchanté d'avoir le plaisir de vous rencontrer, je vous le répète.

Charles s'arrêta brusquement et fit un effort pour se dégager.

— Vous vous trompez ! dit-il.
— Nullement, cher monsieur d'Herbois, poursuivit Camparini; je sais parfaitement à qui je parle, et la preuve, c'est que vous avez pour ennemi implacable un certain ci-devant comte de Sommes, que je connais également fort bien. Or, ce de Sommes qui est votre ennemi est aussi le mien, et je veux tout simplement vous proposer une association entre nous, afin de triompher de sa haine et dans le but surtout

de remettre entre vos mains mademoiselle Blanche de Niorres, qui est en ce moment la victime de cet infâme bourreau. Vous voyez que je suis parfaitement au courant de vos affaires?

Charles parut étonné.

VIII

LE CLUB DES ŒUFS ROUGES

Depuis une heure que le Mancot et Petit-Pierre se tenaient en embuscade, à l'abri sous l'ombre protectrice de la porte qu'ils avaient choisie pour lieu d'asile, ils avaient vu défiler bon nombre d'individus s'avançant silencieusement, glissant mystérieusement le long des murailles, s'efforçant de se dissimuler dans les ténèbres et tous disparaissant dans cette allée sombre dont l'ouverture béante ressemblait à celle d'un escalier de cave. Ils avaient vu entrer beaucoup de ces promeneurs étranges, mais ils n'en avaient vu ressortir aucun. L'allée semblait tout engloutir sans rien rendre. Vers dix heures, les mystérieux visiteurs du lieu inconnu devinrent de plus en plus rares. A peine se succédaient-ils de loin en loin, seul à seul à de longs intervalles.

Bientôt un temps plus prolongé s'écoula sans qu'il se montrât aucune ombre dans tout le parcours de la rue.

— Hum! fit le Maucot à l'oreille de son compagnon, attention, matelot! ouvre l'œil. Si on ne s'affale plus, on va se déhaler!

— Veille! veille! répondit Petit-Pierre.

— T'as le bout de grelin?

— Et le morceau de chanvre pour lui faire un nœud plat sur la langue!

— Attention!... dès qu'il mettra le gabarit en vue, je le croche et tu l'amarres!

— Silence, vieux!... je relève un point... là... à tribord!

Effectivement, un pas léger venait de retentir sur le pavé, et une nouvelle ombre se dessinait dans les ténèbres venant du côté de la rue Saint-Honoré. Un homme apparut bientôt aux yeux des deux marins. Cet homme atteignit l'entrée de l'allée, pénétra dans l'intérieur, parut se livrer durant quelques secondes à une recherche minutieuse en tâtant le mur avec la main, puis la porte se referma soudain, mais complètement, cette fois.

— Bernique! fit le Maucot. Il paraît qu'il ne manque plus personne à l'appel.

Après avoir repoussé derrière lui la porte, le personnage qui venait d'entrer dans l'allée se trouva au milieu d'une obscurité profonde. Avançant cependant d'un pas ferme, en homme parfaitement au courant des êtres du logis dans lequel il venait de pénétrer, il gagna l'extrémité du couloir étroit. Là, son pied heurta la première marche d'un escalier. Étendant le bras droit, il glissa de côté jusqu'à ce qu'il eût touché la muraille et il continua à s'avancer, mais en ralentissant sa marche. Sans doute le corps d'escalier n'occupait qu'une partie de l'allée, et un étroit passage était réservé le long de la cage, car l'homme s'enfonça dans les ténèbres en paraissant marcher de plain-pied.

Tout à coup il s'arrêta et frappa trois coups secs sur un panneau qui lui faisait face. Après un court moment d'attente, une ouverture se fit et une pâle clarté parvint jusqu'au personnage. Cette clarté projetait une lueur faible sur les premiers degrés d'un escalier s'enfonçant dans le sol en forme de vis. L'homme descendit sans hésiter. Les vapeurs d'une atmosphère lourde, épaisse, chargée comme celle résultant d'un air vicié par la raréfaction de l'oxygène, le frappèrent à la face. Une teinte rougeâtre décelant l'approche d'un lieu splendidement éclairé par des lampes, formait une zone dans laquelle il entra en continuant à descendre. Un bourdonnement sourd, confus, incessant, pareil à celui que produit une nombreuse réunion d'hommes discutant et disputant tout ensemble, des éclats stridents de voix, des sons énergiques, faisaient vibrer l'air et parvenaient de plus en plus distinctement à ses oreilles à mesure que la descente approchait de la dernière marche. Enfin il toucha le sol battu comme celui d'une cave et les murailles, s'élevant à droite et à gauche, formaient une voûte.

Cette salle, dans laquelle il entrait, était très éclairée par une douzaine de lampes, les unes appendues à la voûte, les autres accrochées aux murs. Au fond, en face de l'escalier, tombait une lourde draperie en vieille tapisserie, destinée évidemment à cacher une vaste ouverture. Au pied même de l'escalier, étaient deux énormes paniers hauts de plus de trois pieds chacun, d'un diamètre presque égal à celui de leur profondeur et remplis à déborder d'œufs mi-rouges et mi-blancs.

Le bruit sourd entremêlé de cris et d'éclats se faisait entendre de plus en plus distinctement. L'homme, sans paraître se préoccuper de ces rumeurs retentissantes, rajusta une vaste houppelande qui lui recouvrait le corps, remonta sa cravate qui le bordait jusqu'au-dessus des ailes du nez, ramena ses cheveux plats qui lui cachaient le front et abaissa sur le visage, dont on n'apercevait exactement que les yeux, le vaste tricorne dont la pointe menaçante avait plutôt l'apparence d'un parasol que d'une coiffure. Se penchant vers le panier de droite, il se baissa et examina avec une attention extrême les œufs placés procisément à la hauteur de l'anse gauche. Un bout d'œuf rouge passait entre l'interstice des joncs : ce bout était écrasé comme si l'œuf eût reçu un choc, et présentait sur sa cassure une petite croix tracée au crayon.

— Bon ! fit l'homme en se redressant. Roquefort est venu ; Brutus l'a présenté : il a été reçu sans soupçons... Tout va bien. Quant à moi... je défie le plus rusé !

Et traversant la pièce, il souleva la draperie. Alors il se trouva en présence de l'un de ces spectacles étranges, saisissants, fascinateurs comme en présentent seuls les temps d'effervescence populaire, ces époques où tout un peuple a subitement la fièvre, où il semble que le délire s'empare de toutes les têtes.

L'endroit dans lequel venait de pénétrer le regard de notre personnage était une énorme salle, voûtée comme une cave, sans fenêtres, sans autre ouverture que celle sur laquelle retombait la draperie. Tout autour étaient suspendues des lampes projetant à flots leurs rayons rougeâtres. Au fond se dressait une sorte d'estrade assez semblable à celles que l'on élève pour les distributions de prix dans les lycées ou qui servent de théâtre aux artistes chantant dans les concerts.

Au-dessus de cette estrade, placé au milieu, était un œuf mi-rouge mi-blanc de proportions gigantesques. Au-dessous de l'œuf était un fauteuil occupé par un homme vêtu d'une carmagnole et d'un bonnet phrygien, comme les anciens jacobins. Deux autres hommes, costumés de même, étaient à ses côtés et paraissaient prendre des notes; car ils avaient devant eux, chacun, tout ce qui est nécessaire pour écrire. Sur le devant de l'estrade était une tribune formée par une planche de chêne, de chaque côté de laquelle descendait un escalier communiquant avec le sol. Le reste de la salle était absolument dénué de tout ornement. Il n'y avait même ni table, ni banc, ni chaise.

Au moment où cet individu, après avoir examiné ce sanctuaire d'une politique évidemment révolutionnaire, pénétra dans la salle, un orateur descendait de la tribune au milieu des bravos de l'assemblée entière. Cette assemblée était nombreuse ; un flot de têtes toujours en mouvement garnissait la salle entière et y causait cette rumeur, plus puissante encore que celle des clubs, qui montait jusqu'à la voûte et que doublaient les échos. Cette réunion était celle des ennemis du gouvernement d'alors ; des jacobins qui avaient tout perdu à la mort de Robespierre, et qui, effrayés des tendances plus douces du parti thermidorien, avaient résolu sa perte. Ce jour-là surtout l'agitation était d'autant plus vive, et avait été d'autant plus facile à exciter, que la disette était croissante, et que, loin d'apparaître moins sombre, l'avenir se faisait plus terrible. Boissy-d'Anglas, qui était à la tête du comité des subsistances, avait proposé, à la Convention, pour éviter les gaspillages et pour assurer à chacun une part suffisante d'aliments, de réduire chaque individu, à Paris, à une certaine quantité de pain. C'était *la ration!*

Le nombre des personnes composant chaque famille devait être indiqué sur une carte, et il ne devait plus être accordé, chaque jour, qu'une livre de pain par tête. Qu'on songe ce que devait être une livre de pain par individu dans une année où la viande n'était à la portée que des bourses les mieux garnies, et où les légumes avaient absolument manqué, où le bois faisait défaut. Et cependant Boissy d'Anglas déclarait urgente cette mesure de ration à prendre, sans quoi il ne garantissait plus que Paris ne manquerait pas de subsistances. La Convention, obéissant à la nécessité, avait voté le *décret des rations*. On comprend ce qu'une telle mesure avait eu d'effet ; l'irritation des Parisiens était à son comble, et les ennemis du gouvernement, les jacobins, n'avaient pas manqué une si belle occasion d'exciter à la révolte ceux qui, par le pillage organisé des convois, étaient la cause principale de l'augmentation journalière des souffrances.

Ainsi, toute la journée les conspirateurs avaient recruté des partisans ; les œufs rouges, ce nouveau signe de ralliement adopté par les agitateurs, avaient été répandus à profusion, et ce soir-là, le club révolutionnaire avait son enceinte trop petite pour contenir ceux qui étaient entrés. De ces hommes, comme il s'en trouve toujours quand il s'agit d'exciter les plus mauvaises passions, se succédaient à la tribune ; on diffamait le Directoire pour en revenir à l'anarchie, au meurtre et au pillage.

— La constitution de 93 ! hurlait une partie de l'assemblée.

A cette époque, demander la constitution de 93 était non seulement une mode, mais encore une sorte de refrain populaire à l'usage de toutes les grandes circonstances. Cette acclamation de la constitution de 93 était un refrain de la chanson populaire, mais à ce club des œufs rouges les cris les plus séditieux se croisaient en tous sens, les propositions les plus incendiaires formulées et acclamées, les orateurs se disputaient la tribune, et l'agitation la plus frénétique régnait de tous les côtés.

Le nouvel arrivant se glissa rapidement parmi les groupes et se faufila, sans attirer l'attention, jusqu'au centre de l'assemblée. Les cris, les blasphèmes, les votes les plus effrayants atteignaient le paroxysme de l'exaltation. C'était un charivari infernal. Le mystérieux personnage était à l'aise au milieu de ce bruit effroyable, de cette foule en démence, semblant se trouver dans un élément qui lui était propre.

En ce moment un orateur, bousculant ceux qui occupaient la tribune, parvint à conquérir la place.

— Citoyens !... s'écria-t-il d'une voix forte.

Sans doute, cet homme était connu et aimé, car un brusque silence se fit aussitôt.

— Citoyens ! reprit-il, il est temps d'agir.

— Oui ! oui ! hurla-t-on de tous côtés.

— Il faut renverser les tyrans !

— A bas les aristocrates ! vociféra la foule

— Il nous faut la constitution de 93 et le triomphe des braves jacobins !

Des applaudissements frénétiques éclatèrent.

Et la *Marseillaise*, ce grand chant national alors dans toute sa vogue, et que chantaient tous les partis, fut entonné par toutes les voix, mais presque aussitôt on reprit le : *Ça ira!*

— Jésus, mon Sauveur ! balbutia une voix chevrotante qui fut entendue par celui qui s'était introduit dans la salle, et qui s'appuyait sur la muraille, en se soutenant du coude, Jésus, mon Sauveur ! où sommes-nous ?...

— Dans l'enfer ! balbutia une autre voix tremblante et basse.

— Et dire que tous ces gens-là sont des munitionnaires !

— Et que nous en sommes aussi !

— Comprends-tu quelque chose, Gorain ?

— Non ! Et toi, Gervais ?

— Moi, je voudrais m'en aller !

— Moi aussi !

— Mais tu sais bien qu'on ne peut pas sortir !

— C'est vrai ! nous l'avons essayé deux fois !

— Et on nous a menacés de nous attacher !

— Ah ! je me sens faiblir, moi !

— Qu'est-ce qui va nous arriver ?

— C'est ta faute, et sans tes œufs rouges...

— Et dire que c'est mon excellent ami, le citoyen Sommes, qui nous a mis dans cette horrible situation !

L'homme, dont on ne pouvait distinguer les traits, n'avait pas perdu un mot de cet aparté des deux pauvres bourgeois. Aux premières exclamations douloureuses poussées par eux, il avait fait un mouvement avec une expression étonnée.

Après les plaintes qui s'étaient formulées, il s'était redressé en prêtant une attention soutenue. A la dernière phrase prononcée par Gervais, au nom du citoyen Sommes formulé distinctement et accusé d'être l'auteur de la mésaventure dont ils paraissaient être victimes, il fit un second mouvement plus brusque que ne l'avait été le premier, et, se retournant à demi, il jeta derrière lui un coup d'œil rapide.

Gorain et Gervais, tremblants d'effroi et tout étourdis par les acclamations furieuses poussées autour d'eux, paraissaient ébahis.

L'homme les contempla d'un regard investigateur.

— Eux ici ! murmura-t-il avec un étonnement manifeste. Que diable y viennent-ils faire et pourquoi accusent-ils le citoyen Sommes de ce qui leur arrive ?... Cela vaut la peine d'être approfondi !

En ce moment, une motion plus insensée que les autres et qui demandait l'épuration générale de la société entière, c'est-à-dire la réédification de la guillotine, venait d'exciter un nouvel élan d'approbation furieuse.

L'homme se retourna tout à fait : il était alors face à face avec les deux bourgeois.

— Eh ! fit-il, je ne me trompe pas ? C'est toi, citoyen Gorain ; c'est toi, citoyen Gervais ?

— Je crois que oui... fit Gorain en hésitant.

Et les deux amis, écarquillant leurs petits yeux, s'efforçaient de distinguer, sans pouvoir y parvenir, les traits de leur interlocuteur.

— Vous ne me reconnaissez pas ? dit celui-ci en souriant.

Et, portant vivement une main à son chapeau et l'autre à sa cravate, il releva brusquement l'un et baissa l'autre.

Gervais et Gorain poussèrent, à la fois, un cri d'étonnement joyeux.

— Le citoyen Sommes ! fit Gervais en croisant les mains avec surprise.

— Nous sommes sauvés ! ajouta Gorain.

— Eh mais ! qu'avez-vous donc ? dit Bamboula. Vous paraissez tout émus.

— Hélas ! fit Gorain, il y a bien de quoi !

— Comment ! que vous est-il arrivé ?

Gervais se pencha vers Bamboula.

— Est-ce bien ici que tu nous as dit de venir, citoyen? demanda-t-il.

— Ici? répéta Bamboula.

— Oui.

— Mais cela dépend. Quand vous ai-je dit de venir?

Et Bamboula dardait ses regards clairs sur les deux bourgeois.

— Tu ne nous as pas dit précisément de venir ici, répondit Gervais; mais en y venant, nous avons cru devoir obéir aux termes de la lettre...

— Ma lettre? interrompit Bamboula. Ah! oui, je vous ai écrit à tous deux...

— Non, à moi seul! dit Gervais.

— A toi seul, c'est vrai! Je ne sais où j'avais la tête!... Voyons! n'était-ce pas... hier... avant-hier... que je t'ai écrit?

— Non; c'est ce matin.

— Ah! oui, oui, je me souviens parfaitement maintenant... Et je te donnais rendez-vous à toi et au citoyen Gorain...

— Tu ne nous donnais pas précisément un rendez-vous, interrompit encore Gervais, mais tu nous recommandais de nous trouver ce soir au jardin Egalité.

— C'est parfaitement cela! dit Bamboula du ton le plus naturel; mais j'ai tant d'affaires que parfois les détails les plus intimes de la vie s'effacent de ma mémoire. A peine si je me souviens des termes de ma lettre. L'as-tu sur toi, citoyen Gervais, cette lettre que je t'ai écrite?

— Oui, certes! Elle ne me quitte pas.

— Eh bien! donne-la-moi que je la relise.

Gervais se fouilla et tendit un papier à son interlocuteur.

Celui-ci prit la lettre, se tourna tout à fait du côté de la muraille pour éviter par le rempart de son corps les regards curieux, et il déplia le papier en le parcourant avidement des yeux. Quand il eut achevé sa lecture, il froissa le papier, le replia, mais, sans le rendre à Gorain, qui tendit vers lui la main, il le glissa dans la poche de l'habit qu'il portait sous sa houppelande.

— Maintenant, dit-il d'une voix nette, je me souviens de tout.

— Alors, reprit Gorain en hésitant, nous sommes bien munitionnaires ?

— Sans doute, puisque je vous en ai envoyé les insignes.

— Et ces citoyens qui nous entourent et qui ont tous mis un œuf rouge dans les grands paniers sont munitionnaires aussi ?

— Non, dit Bamboula qui, tout en répondant, paraissait préoccupé par quelque grave pensée.

— Ah ! fit Gervais. Que sont-ils donc alors !

— Des employés de bas étage qui discutent et pérorent en attendant que les chefs viennent.

— Ah ! citoyen Sommes ! Tu nous tires une fameuse épine du pied ! dit Gervais en poussant un soupir de soulagement et en regardant Gorain.

— Attendez là tous deux, et surtout ne bougez pas, dit brusquement Bamboula.

Et, sans attendre la réponse à son ordre, donné d'une voix impérative, il s'élança au milieu de la foule et disparut dans les groupes serrés et formant masse. Gervais et Gorain se regardaient encore.

— Eh bien ? fit Gervais. Tu as entendu ?

— Parfaitement, répondit Gorain.

— Tu vois combien tu avais tort d'accuser cet excellent citoyen.

— Alors, tous ces gens qui nous entourent, ce sont des employés...

— Qui seront les nôtres ! interrompit Gervais.

— Les gros bonnets ne sont pas encore arrivés.

— C'est cela que nous n'y comprenions rien !

— Ma foi ! je croyais être dans une caverne de brigands ! Mais tout à l'heure nos confrères vont arriver, et la véritable assemblée va avoir lieu ! Moi, je crois que...

Des cris frénétiques interrompirent le bourgeois. Un orateur, qui depuis quelques instants semblait produire une sensation profonde sur l'assemblée, venait de terminer un discours incendiaire en proposant de signer une adresse formulée dans les termes les plus impérieux, et qu'une députation des Quinze-vingts devait, le lendemain, présenter à la barre de la Convention. Tous les auditeurs avaient applaudi à cette motion.

— Signons ! signons ! vociféra-t-on de tous côtés.

Et ils se précipitèrent, même ceux qui ne savaient pas écrire. Ce mouvement général vers la table du président du club causa un épouvantable tumulte. Un groupe d'hommes, placés derrière Gorain et Gervais, se rua en avant, entraînant les deux bourgeois qu'il poussa avec violence.

— Gor..., s'écria Gervais.

Mais il ne put achever. Enlevé de terre ainsi que son compagnon, ils furent portés tous deux, d'un seul élan, jusqu'au pied de l'estrade. Tout à coup Gorain poussa un cri étouffé : il lui semblait que le sol manquait sous ses pieds ; il étendit la main, saisit de ses doigts crispés les vêtements de Gervais, mais celui-ci, obéissant à un même sentiment, fit un mouvement semblable.... Tous deux s'étreignirent mutuellement, et tous deux disparurent à la fois, s'enfonçant sous terre comme si effectivement le sol se fût effondré sous leurs pieds... Les hommes qui les avaient poussés, en se ruant en avant, entouraient l'estrade.

Un secrétaire placé à côté du président et qui se trouvait précisément en face de l'endroit où venaient de disparaître Gorain et Gervais, ferma l'œil gauche en portant la main droite à son œil droit. L'un de ceux qui le regardaient fixement, escalada l'estrade et se précipita vers le secrétaire :

— Où est-il ? demanda simplement celui-ci.

— Chez Tallien ! répondit l'autre.

— Il faut le prévenir que les deux serins sont pris.

— J'y vais.

L'homme se glissa derrière le fauteuil et sauta

bas de l'estrade du côté opposé à celui par lequel il était monté. Entre l'estrade et la muraille, il y avait un espace vide formant une sorte de couloir. Derrière le fauteuil du président était pratiquée, dans le mur, une porte basse communiquant sans doute avec une autre salle voûtée. Cette porte, parfaitement en évidence, ne devait avoir rien de mystérieux lorsque l'estrade n'existait pas, mais elle était alors dissimulée, presque complètement, par la hauteur des boiseries et surtout par le vaste fauteuil du président et par la table placée devant lui. Au moment où l'homme qui venait de parler au secrétaire s'élançait dans ce petit couloir, deux autres hommes, à genoux sur le sol, paraissaient occupés à attirer à eux deux formes humaines qui se débattaient avec un grand bruit. Mais le tumulte effroyable qui régnait dans l'assemblée dominait ce bruit, qu'il étouffait absolument.

— Tu les tiens, Georges ? dit l'homme qui venait de sauter.

— Oui ! répondit l'un de ceux agenouillés sous l'estrade, mais ils crient comme des roués !

L'homme se baissa vivement, et, saisissant de chaque main les deux bourgeois qui venaient de disparaître :

— Silence ! dit-il en les secouant rudement. Vous faites partie tous deux d'une conspiration effroyable et il y va de la tête !

Puis, tandis qu'à cette révélation terrible les cris s'arrêtaient subitement sur les lèvres de Gorain et Gervais, l'homme se redressa, bondit vers la porte et s'élança au dehors. La disparition, ou plutôt l'escamotage, dont Gorain et Gervais avaient été victimes, s'était accompli d'une façon si rapide que personne autre que ceux qui en étaient les auteurs ou qui y avaient puissamment aidé, n'avait pu s'en apercevoir. Bamboula, qui atteignait au même instant l'extrémité opposée de la salle, ne pouvait avoir le moindre soupçon.

Bamboula s'était approché d'une personne qui, placée au milieu des groupes les plus ardents, paraissait être l'un des partisans les plus chaudement enthousiastes des maximes politiques émises par les orateurs, Bamboula se glissa vers cet écouteur, qui n'avait pu remarquer sa présence, et lui frappa sur l'épaule. L'autre se retourna et fit un geste de surprise. Puis, sur un signe de Bamboula, il quitta le groupe qui s'élançait à son tour vers l'estrade. L'homme, en se retournant, s'était placé en pleine lumière, et les rayons des lampes éclairaient en plein son visage tout noirci comme celui d'un charbonnier. Son costume de velours grossier était celui adopté par les enfants de l'Auvergne, qui trouvent, dans l'eau et le charbon, plus de paillettes aurifères que n'en rencontrent bien des mineurs de la Californie.

Bamboula l'entraîna dans un angle de la salle:

— Comment es-tu ici? dit vivement le charbonnier. Tu ne devais pas y venir!

— C'est une inspiration du diable qui m'y a amené cependant! répondit Bamboula.

— Qu'y a-t-il donc?

— Gorain et Gervais sont ici.

— Je le sais: je les ai vus et je me suis caché, afin qu'ils ne reconnaissent pas, en moi, leur ancien ami Roger.

— Mais sais-tu ce que signifie pour nous leur présence à tous deux dans cette salle?

— Non.

— Elle signifie que nous sommes joués.

— Joués, nous! répéta le charbonnier.

— Comme des niais! ajouta froidement Bamboula.

— Par qui? Camparini ou les marins?

— Ah! voilà ce que j'ignore encore.

— Mais qui te fait supposer?...

— Gorain et Gervais ont été amenés ici par ruse: ils croyaient obéir, en agissant, à un ordre donné par moi.

— Par toi? Comment?

— Ils ont reçu une lettre signée de moi, une lettre que je n'ai jamais écrite, mais dont l'écriture est admirablement contrefaite.

— Pas possible !

— Je l'ai lue, je l'ai là ! Bref, on leur a envoyé des œufs rouges et leur faisant croire qu'ils étaient nommés munitionnaires, que sais-je ? Ils se sont laissé duper comme des sots qu'ils sont !

— Eh bien ! que nous importe !

— Beaucoup, puisque l'on s'est servi de mon nom.

— Mais pourquoi les avoir fait conduire ici ? Dans quel but les avoir trompés ?

— Je l'ignore, et voilà précisément ce qui m'inquiète. Il y a là un mystère qu'il nous faut pénétrer à tout prix. Où est Pick ?

— Où tu sais.

— Avec Scævola et Léonidas ?

— Oui.

— Il y aura réussi, lui.

— Sans doute.

— Alors, nous aurions beau jeu en main. Il faut prendre garde à l'écart ! Je dois savoir, ce soir même, le rôle que l'on destine à ces deux imbéciles. Je voulais quitter le club avant l'arrivée de Camparini, mais j'y demeure. Il ne me reconnaîtra pas sous ce costume ; d'ailleurs, je veillerai sur moi, et je ne quitterai pas les deux bourgeois que je vais rejoindre ! Camparini, si la lettre émane de lui, ne s'attendait pas à ma présence ici ni au coup que je lui ménage.

— Alors, nous resterons ensemble ?

— Non. Tu vas partir, toi !

— Et j'irai ?

— Rejoindre Pick en toute hâte, le prévenir d'un nouvel incident, l'aider à terminer son entreprise si elle n'est pas accomplie, et si elle l'est, ainsi que je le crois, tu le ramèneras ici sur l'heure avec toi.

— Compris !

— Où est Brutus ?

— Là !... près de l'estrade.

— Bien ! Va, je compte les minutes jusqu'à votre retour à tous deux !...

Le charbonnier fit un mouvement comme pour s'élancer, mais Bamboula le rappela du geste :

— Roquefort, fit-il, souviens-toi que la partie n'a peut-être jamais été plus grave qu'en ce moment, car, nous avons en face de nous le *Roi du Bagne !* Si Pick a réussi, je triompherai de Camparini, et avant huit jours je suis marié...

— Mais s'il avait échoué ? dit Roquefort.

— Il faudrait qu'à tout prix il recommençât cette nuit même et qu'il réussît, dût-il incendier tout le quartier. Dans ce cas, tu reviendras seul : je t'attendrai toujours ici.

— Le secret pour sortir ?

— La troisième dalle à droite, près de la porte.

Roquefort fit signe qu'il avait compris et disparut.

— Maintenant, murmura Bamboula en voyant disparaître Roquefort au milieu de l'inattention générale, maintenant... aux deux bourgeois ! Ils me diront tout ce qu'ils savent, et même ce qu'ils ne savent pas !

Et, traversant la salle, il regagna l'endroit où il avait laissé Gorain et Gervais quelques minutes. Il se haussa sur la pointe de ses pieds, regardant autour de lui en dominant la foule ; mais il n'aperçut aucun des deux bourgeois.

— Ils ne peuvent être partis, fit-il en s'arrêtant ; ils ont dit devant moi qu'ils ne connaissaient pas le secret de la sortie !... Que peuvent-ils être devenus ?... Oh ! dit-il avec rage, il y a là-dessous l'infernale puissance de Camparini ! Quel piège veut-il me tendre ?...

Et Bamboula demeura immobile, les sourcils contractés, la bouche crispée.

En ce moment, Roquefort s'élançait sur les marches de l'escalier à vis communiquant avec l'allée. Ce couloir et cette allée étaient plongés dans les ténèbres les plus épaisses.

Appuyant la main sur le mur, il longea la cage de l'escalier et gagna enfin la porte d'entrée donnant sur la rue. Au moment où il allait atteindre cette porte, toujours en longeant la muraille, il trébucha subitement et faillit tomber. Ses pieds venaient de se heurter à un obstacle solide gisant sur les dalles.

— Morbleu! murmura-t-il en reprenant son équilibre, ont-ils donc semé des pièges dans ce coupe-gorge!

Il touchait alors la porte.

— La troisième dalle, a dit Bamboula, reprit-il en se baissant.

Durant quelques secondes il demeura accroupi sur le sol, se livrant à un travail de recherche obstiné.

Mais avec cette dextérité particulière aux gens de son espèce, il trouva sans doute promptement ce qu'il cherchait, car un claquement sec se fit entendre et le pêne de la serrure jouant dans la gâche, la porte s'entr'ouvrit d'elle-même.

— C'est fait! dit Roquefort en se levant.

Il n'achevait pas ces mots qu'un rayon lumineux le frappait en plein visage. Roquefort, surpris, fit un pas en arrière: il avait en face de lui une lanterne sourde brusquement ouverte, et derrière cette lanterne se dressait une ombre... Roquefort voulut parler; il commença un geste comme pour se défendre ou menacer, mais il n'eut pas le temps de l'accomplir ni de formuler même une parole.

Un poing fermé s'abattit si rudement sur son crâne qu'il tomba comme foudroyé. La lumière disparut. Quatre mains le saisirent à la fois et l'enlevèrent. La porte de la rue s'ouvrit toute grande, et deux hommes, emportant Roquefort comme ils eussent emporté un enfant, passèrent dans la rue déserte. Au même instant deux ombres se détachèrent de la muraille du côté opposé, et deux hommes bondirent en avant.

— C'est paré! dit l'un de ceux qui transportaient Roquefort. Amarre-moi le cabillot. Hale dessus, va! ça a la chair coriace! Calfate-lui la mâchoire et enlève!

En un clin d'œil, Roquefort avait été garrotté,

bâillonné et se trouvait sur les épaules de l'un des quatre hommes.

— File de l'avant, reprit la voix qui avait parlé déjà. Petit-Pierre te servira d'escorte. Mets le requin aux fers dans la soute et ouvre l'œil dessus. Ça y est?

— Ça y est! répondit celui qui portait Roquefort.

Et il fila rapidement en compagnie de l'un des trois autres personnages. Les deux hommes qui avaient assailli si inopinément le complice de Bamboula dans l'allée obscure demeurèrent seuls dans la rue.

— A ton poste! reprit celui qui paraissait commander en poussant son compagnon vers la porte de la maison du club demeurée ouverte. Nous avons croché le numéro un, faut continuer la pêche. Veille au numéro deux!

Et les deux hommes, rentrant aussitôt dans l'allée ténébreuse, refermèrent doucement sur eux la porte de la maison.

13

LA CONFIDENCE

— Vous voyez que je suis parfaitement au courant de vos affaires! avait dit Camparini au marquis d'Herbois, qui paraissait étonné de ce que lui disait cet interlocuteur.

4.

Les deux hommes se trouvaient alors sur le seuil du boudoir de la citoyenne Tallien.

Dans le salon, on dansait toujours avec un entrain croissant, et le bal avait atteint le plus vif degré de son animation bruyante. Charles examinait son interlocuteur avec une attention profonde; et aux regards investigateurs qu'il lançait sur l'ex-valet de chambre du conseiller de Niorres, le Saint-Jean d'autrefois dut comprendre que le jeune marin, sa victime des temps passés, était devenu homme d'expérience avec lequel la partie devait être plus rude à jouer. Mais Camparini était un de ces lutteurs formidables qui ne se laissent jamais abattre. D'ailleurs il avait sur le marquis un avantage énorme, c'est qu'il le connaissait parfaitement et que Charles, lui, ignorait à qui il avait affaire.

Charles, comme Fouché, comme beaucoup d'autres, connaissait Camparini comme l'un des anciens amis des terroristes, devenu leur ennemi à l'époque du 9 thermidor. Il savait, du moins le lui avait-on raconté depuis son retour à Paris, que Camparini, riche et généreux, était au mieux avec les puissants du jour, et qu'il possédait pour compagne une femme charmante, l'une des reines de la mode et la déesse des grandes saturnales révolutionnaires. Mais là s'arrêtait tout ce que l'on savait sur Camparini. Fouché, lui, paraissait un peu plus instruit, cependant. Peut-être, grâce à son adresse merveilleuse, à ce don de perception étrange dont l'avait doté la nature, avait-il découvert, en Camparini, le chef du parti qui était venu rue des Arcis, dans la maison que nous connaissons, lui faire des propositions politiques incendiaires; mais s'il avait deviné en Camparini le chef de la conspiration des œufs rouges, il n'avait pas prononcé, devant Charles, une parole qui eût trait à cette découverte.

Seul, Jacquet semblait, par sa conduite, envelopper l'individualité de Camparini dans un nuage de doutes que pourrait peut-être bientôt déchirer la lumière. Ainsi, à l'entrée de Camparini et de son compagnon dans le salon, au moment où, placé derrière le groupe de généraux, il écoutait les paroles échangées entre les jeunes officiers, il s'était dissimulé subitement derrière la draperie du rideau et avait échappé à tous les regards. Camparini passé, il s'était glissé lestement jusqu'à l'endroit où se tenait Fouché, lui avait parlé rapidement à l'oreille et s'était, de nouveau, éclipsé dans les salons. L'œil de Fouché avait lancé un jet de flammes; mais la paupière s'était presque aussitôt abaissée, étouffant l'ardeur du regard, et c'était alors qu'il avait fait signe à Charles de venir à lui. Sans lui adresser un mot, sans lui expliquer ses intentions, il l'avait entraîné brusquement, avait fait à Camparini la présentation de cet officier de marine, et s'était éloigné pour rejoindre Jacquet.

Mais, ni Fouché ni Jacquet n'avaient rien dit tendant à laisser supposer qu'ils eussent, sur la véritable individualité de Camparini, des soupçons inquiétants pour celui-ci. Et cependant Jacquet, alors qu'il l'avait vu entrer, lui avait jeté un regard étrangement expressif et il était parti presque aussitôt que Fouché s'était rapproché du groupe formé par les jeunes généraux et par Talma. Dans le boudoir, Camparini et Charles étaient donc seuls, libres de causer à l'aise sans indiscret entourage.

A l'ouverture faite par son interlocuteur, Charles n'avait rien répondu. Il examinait et il attendait.

— Cela vous étonne, reprit Camparini de sa voix la plus calme et en supprimant le tutoiement républicain, avec une politesse de bon goût qui était alors bien rare; cela vous étonne de m'entendre parler ainsi que je le fais; mais il y a longtemps, monsieur le marquis, que j'ai l'honneur de vous connaître.

— Moi? fit Charles en tressaillant encore plus brusquement que la première fois.

— Mes traits vous sont-ils donc inconnus?

— Complètement.

— Regardez-moi et cherchez bien.

Charles examina de nouveau son interlocuteur:

celui-ci s'était placé, complaisamment, en pleine lumière.

— Je ne vous connais pas, dit le marquis. Votre nom a été prononcé devant moi, il est vrai, mais votre visage m'est parfaitement inconnu.

— Cependant nous nous sommes déjà trouvés face à face ! reprit Camparini.

— Où cela ?

— En France, il y a longtemps...

— Longtemps ? répéta Charles en frissonnant malgré lui aux souvenirs du passé.

— C'était, reprit Camparini, sous l'ancienne monarchie, il y a dix ans... en 1785 !

Charles était devenu d'une pâleur extrême : tout ce qui lui rappelait cette épouvantable date de l'horrible événement causait sur lui l'impression la plus profonde.

— En 1785 ! répéta-t-il machinalement.

— Oui, dit Camparini, au mois de juillet.

— Citoyen ! s'écria Charles, emporté par le sentiment subit d'une violente colère, car il croyait à une allusion qui devait être une sanglante insulte ; citoyen ! je défends...

— Permettez ! interrompit Camparini avec un accent plein de douceur. Mon intention n'est nullement de vous causer une douleur que je comprends, et encore moins de vous offenser en vous rappelant un pénible souvenir. En vous redonnant, ainsi que je l'ai fait tout à l'heure, le nom et le titre auxquels vous avez droit, je vous ai prouvé que je vous connaissais parfaitement. Rien de ce qui vous concerne ne m'est effectivement étranger... et c'est parce que je sais la vérité entière, monsieur, que je m'incline, devant vous, avec ce sentiment de respect et d'estime qu'inspire toujours l'innocence injustement flétrie !...

En achevant ces mots, Camparini se courba profondément. Charles, en proie à l'émotion la plus vive, paraissait faire, sur lui-même, un effort violent afin d'attendre le terme du singulier entretien et de savoir ce que son interlocuteur voulait arriver à conclure.

— Monsieur, reprit Camparini après un silence, si mon visage vous est étranger, s'il s'est effacé de votre mémoire, ce qui s'expliquerait parfaitement par le terrible de l'unique circonstance dans laquelle nous nous soyons rencontrés, mon nom, cependant, doit avoir gardé une place dans vos souvenirs.

— Pas autrement que je viens de vous le dire, répondit Charles.

— Quoi! dans les interrogatoires que vous avez subis, ce nom n'a pas été prononcé?

— Je ne me le rappelle pas.

— Cependant cela devait être.

— Pourquoi? demanda Charles dont la curiosité était excitée au dernier degré.

— Parce que dans cette douloureuse affaire qui devait peser sur vous d'un poids tellement lourd, le hasard m'a fait jouer, bien malgré moi, un rôle important.

— Lequel?

— J'ai eu le bonheur de sauver, de l'incendie, madame de Niorres, la belle-sœur du conseiller, la mère de celles...

— Cela est vrai! s'écria Charles en saisissant les mains de Camparini. Léonore m'a raconté ce miraculeux sauvetage de sa mère... Quoi! c'était vous!...

— C'était moi! Je sauvais la mère, tandis que de Sommes sauvait, lui, les deux filles.

Charles courba la tête.

— Cela est encore vrai! dit-il. Cette nuit-là, il les a arrachées à la mort!

— Il avait intérêt à ce qu'elles vivent, murmura Camparini.

— Hein? fit Charles en relevant le front. Que voulez-vous dire?

— Qu'alors je ne connaissais pas de Sommes, et qu'aujourd'hui je le connais.

— Comment? Parlez, monsieur!

Et Charles reprit encore les mains de Camparini, qu'il secoua avec violence.

— Monsieur, s'écria-t-il, vous venez de dire trop ou

trop peu, pour que la confidence que vous avez commencée ne s'achève pas entièrement sur l'heure même. Vous connaissez une partie de mon existence, je le vois, j'en conviens! Quel intérêt avez-vous à me parler comme vous le faites? Je l'ignore; mais il faut que je sache, moi, tout ce que vous avez à m'apprendre! Parlez, monsieur, parlez! par grâce, je vous en supplie. Ne craignez pas de me déchirer le cœur en me rappelant un passé cruellement douloureux. Il faut que je vous entende!... il le faut!

— Mais, dit Camparini, je suis prêt à parler et je vous avouerai même que je ne suis venu ce soir ici, sachant que vous y étiez, que dans l'espoir de causer, avec vous, ainsi que je vais le faire.

Charles fit signe qu'il ne comprenait pas.

— J'avais à expier un tort grave, quoique involontaire, envers vous. Je suis l'un de ceux qui ont été la cause de votre malheur, car je suis l'un de ceux dont la déposition vous a accablé...

— Vous! s'écria Charles. Mais qui donc êtes-vous? Qu'avez-vous donc fait?

— J'étais avec le comte de Sommes, le duc de Lauzun et M. Lenoir, alors que nous avons pénétré tous dans la pièce où nous vous avons trouvé, vous et le vicomte de Renneville, en présence du conseiller de Niorres.

Charles se détourna pour cacher l'émotion qui envahissait son visage.

— Alors, poursuivit Camparini, j'étais lié intimement avec le comte de Sommes, alors j'avais foi en lui, alors enfin, j'étais sa dupe, comme vous l'avez été ensuite également. Oui, monsieur! De Sommes, que je croyais à cette époque un bon et excellent gentilhomme, de Sommes, que je regardais comme un brave cœur loyal et honnête, de Sommes qui trompait à la fois le conseiller et ses deux nièces, de Sommes me trompait aussi, moi! Je devais partir le lendemain pour retourner en Italie, et je partis effectivement. J'avais vu, j'avais été témoin, il me fallut signer ma déposition. Je l'avoue, maintenant, que je vous croyais coupable. Je revins cinq ans plus tard : je connus de Sommes pour ce qu'il était réellement, et je fus convaincu de votre innocence ! J'avais été une cause involontaire de votre perte. Je voulus devenir un jour la cause de votre réhabilitation dès que les circonstances se présenteraient, et ce jour est venu, monsieur : la circonstance se présente !

— Quoi ! s'écria Charles. Vous aussi, vous voulez... vous pouvez...

— Beaucoup pour vous, monsieur ! J'ai beaucoup connu de Sommes, je le répète, et, je l'avoue, cet homme est un misérable ! Ses projets honteux m'ont apparu clairement dans la suite, et cette lumière qu'ils projetaient éclaira jusqu'au passé ! Je compris tout ! De Sommes n'avait qu'un but : acquérir une fortune immense, et ce fut ce but qu'il voulait atteindre et en face lequel je me dressai comme un obstacle, qui nous brouilla ensemble et me fit ouvrir les yeux. De Sommes voulait épouser la marquise d'Horbigny, à laquelle j'étais alors fiancé !

— La marquise d'Horbigny ! répéta Charles en songeant à cette affaire de la *Jolie Mignonne* qu'il avait entendue raconter par Léonore, mais qu'il ne connaissait pas à fond.

En ce moment, l'un des invités de la citoyenne Tallien pénétra dans le boudoir. Les deux interlocuteurs se turent aussitôt.

L'homme dont la présence venait de troubler ainsi la conversation de Camparini et de Charles était sans doute quelque danseur fatigué cherchant un lieu de repos ; mais en pénétrant dans le boudoir et en apercevant les deux interlocuteurs que gênait évidemment son apparition, il leur adressa en passant un salut discret et se contenta de traverser la pièce. Comme il sortait par une porte opposée à celle par laquelle il était entré, l'un des boutons de son habit s'accrocha dans le dossier sculpté d'un siège. Il s'arrêta, se dégagea et repoussa le fauteuil en le déplaçant de gauche à droite. Puis, se retournant encore, il passa dans le premier salon. Camparini tira sa montre et en consulta l'énorme cadran.

— Dx heures passées, dit-il, il faut que je vous quitte, monsieur, la citoyenne doit m'attendre.

— Encore quelques instants ! s'écria Charles en le retenant par le bras. Songez à la gravité des circonstances et à l'agitation que doit me causer la demi-confidence que vous m'avez faite ! Par grâce ! achevez ce que vous avez commencé !

— En deux mots, nous nous entendrons, monsieur le marquis. Vous avez pour ennemi le ci-devant comte de Sommes, qui est également mon ennemi, à moi. Ce que je vous propose, c'est une alliance offensive et défensive ! Fiez-vous à moi, le voulez-vous... Si vous m'accordez votre confiance, si vous voulez vous laisser diriger par moi, avant huit jours mademoiselle Blanche vous sera rendue !

— Blanche ! s'écria Charles ; quoi ! vous savez ?

— Tout !

— Mais comment arracherez-vous Blanche des mains de cet homme ?

— J'ai un moyen infaillible !

— Mais où la tient-il ? où est-il lui-même ? Que je sache cela, monsieur, et je n'aurai besoin de personne pour reconquérir Blanche, pour l'arracher aux mains de ses bourreaux !

— Où est-elle ? je l'ignore encore, mais je le saurai !

— Comment ? par qui ?

— Par de Sommes lui-même.

— Mais le moyen de contraindre cet homme ?

— Un moyen bien simple. Ce qu'il aime, c'est la fortune ; ce qu'il veut, ce n'est pas Blanche, mais l'héritage des Niorres, qu'il convoite. Eh bien ! Blanche n'a aucun droit à cet héritage. Que de Sommes le sache, et il ne tiendra plus à elle.

Charles regardait Camparini avec stupéfaction.

— Vous ne comprenez pas ? reprit-il. Ni Blanche ni Léonore n'ont droit à cette fortune, vous dis-je, car il existe un rejeton direct de la souche.

— Un petit-fils de M. de Niorres! s'écria Charles en passant la main sur son front moite de sueur.
— Oui.
— Impossible! Toute cette famille a été détruite.
— Non! vous dis-je; Saint-Jean a sauvé un enfant.
— Saint-Jean?
— L'ancien valet de chambre du conseiller, celui que vous avez connu vous-même.
— Eh bien?
— Eh bien! cet homme, en présence des crimes qui désolaient la famille, avait proposé à son maître de tout faire pour soustraire l'un de ses petits-enfants à cette mort effroyable qui s'acharnait sur tous les siens... M. de Niorres refusa d'abord, mais, vaincu par les circonstances, il finit par céder et par consentir. Dans une nuit, celle même qui précéda la catastrophe suprême, Saint-Jean partit, emportant avec lui le petit-fils du conseiller, l'orphelin dont madame de Versac avait pris soin. Comprenez-vous?
— Après? après? demanda Charles.
— Cet enfant, poursuivit Camparini, échappa donc ainsi au désastre.
— Mais qu'en fit Saint-Jean?
— Il le conduisit en Bretagne et le confia à des pêcheurs dont il était sûr.
— Mais si cet enfant vivait encore, comment se fait-il que M. de Niorres n'ait jamais parlé, ensuite, de son existence?
— Dans la crainte de désigner une nouvelle victime aux bourreaux.
— Cependant, en mourant, il aurait dû...
— Il est mort subitement, vous l'ignorez.
— Et cet enfant?
— Personne que moi ne connaît aujourd'hui son existence, et lui-même ignore encore qui il est.
Charles regarda fixement son interlocuteur.
— Comment savez-vous tout cela? dit-il d'une voix frémissante.
— Saint-Jean, après la mort du conseiller, est entré à mon service; c'est chez moi qu'il est mort, et

c'est en mourant qu'il m'a révélé toute la vérité, afin que je pusse être à même de protéger un jour le fils de son vieux maître.

— Ainsi, Saint-Jean est mort ?

— Il y a deux ans.

— Mais alors son témoignage manquera à cet enfant dont vous parlez, et sur quelles preuves s'appuiera-t-on pour proclamer son identité ?

— Les preuves abondent.

— Et quelles sont-elles ?

— Tous les papiers échangés à cette occasion entre Saint-Jean et son maître, la déclaration de Saint-Jean relative au précieux dépôt qui lui était confié, celle de M. de Niorres qui déclarait remettre, à son fidèle valet de chambre, l'héritier de tous ses biens ; les actes de naissance, de baptême, l'historique enfin du voyage accompli par Saint-Jean, et la déclaration servant de reçu faite par les pêcheurs.

— Et cet enfant, où est-il maintenant ?

— Voilà ce que j'ignore et ce que je n'ai pu découvrir encore.

— Cependant les pêcheurs auxquels il avait été confié...

— Sont morts, et lui, disparu depuis plus de trois années.

Charles paraissait en proie à une animation extrême. Quittant brusquement son interlocuteur, il se mit à parcourir à grands pas le petit boudoir. Camparini ne bougea pas de place, lui, mais son œil étincelant ne perdait pas un seul des mouvements de Charles, une seule expression de sa physionomie. Le sang avait envahi le visage du marquis, son front était empourpré et les veines de ses tempes gonflées et saillantes.

Revenant enfin à Camparini :

— Mais comment reconnaître cet enfant si on le rencontrait ! dit-il.

— Sa ressemblance avec M. de Niorres est frappante ! répondit Camparini, et cette ressemblance nous impressionnerait d'autant plus que c'est celle de mademoiselle Blanche avec son oncle.

Charles recula en frissonnant et en passant encore les mains sur son front.

— Il ressemble à Blanche! murmura-t-il.

Camparini saisit les mains de Charles, et, le poussant en pleine lumière afin de ne perdre aucune expression de son visage :

— De plus, dit-il, cet enfant porte sur le haut du bras les armes de sa famille, que Saint-Jean avait gravées lui-même.

Charles poussa un cri étouffé et se dégagea vivement.

— Lui! murmura-t-il ; c'était lui!

Camparini s'était rapproché encore, et son regard ardent flamboyait d'un feu sombre.

— Vous comprenez enfin qu'il faut que nous nous entendions! Il faut nous revoir.

— Quand? balbutia Charles.

— Demain, à deux heures, au jardin Egalité.

— J'y serai.

Et Charles, s'asseyant dans un fauteuil, réfléchit profondément.

Camparini le considéra, cligna des yeux avec un sourire expressif et passa dans le premier salon, laissant Charles seul dans le boudoir. L'homme qui avait traversé précédemment la petite pièce, et dont le bouton d'habit s'était accroché au dossier d'un fauteuil, se tenait près de la porte, paraissant attendre. Dès que Camparini eut franchi le seuil du salon, il s'approcha de lui.

— Quoi? fit Camparini en s'arrêtant.

— Ils sont pincés ! dit l'autre.

— Les deux imbéciles ?

— Oui.

— Où sont-ils ?

— Rue de l'Echelle.

— Bien! Et le club?

— Tout marche à merveille.

— Bon! Tu reconduiras la citoyenne.

— Pas d'autres ordres ?
— Au club, dans une heure.
— J'y serai.

Les deux hommes se séparèrent.

Camparini passa dans la chambre à coucher, dans laquelle il venait d'apercevoir Fouché. En frôlant l'habit du conventionnel, il reporta la main à l'un des boutons de son gilet. Fouché imita aussitôt le même geste, ainsi qu'il l'avait fait une première fois. Camparini, continuant sa marche, quitta la chambre à coucher qu'il n'avait fait que traverser et il atteignit l'antichambre. Un valet, ou un *officieux* ainsi qu'on les appelait alors, lui tendit un manteau dans lequel s'enveloppa l'élégant muscadin ; puis la porte s'ouvrit rapidement, Camparini en franchit le seuil et descendit les marches de l'escalier. Arrivé dans le vestibule de la porte cochère, il fit signe à un domestique, qui s'élança au dehors. Une voiture élégante vint s'arrêter devant la maison.

— Rue Saint-Honoré, au coin de la rue de l'Echelle ! dit Camparini en s'élançant.

La voiture partit au grand trot.

— Allons ! continua le redoutable personnage en se frottant les mains, mes rapports étaient exacts ! Le marquis me renseignera, et ce que je tirerai demain des matelots achèvera de me mettre sur la voie. *Per bacco !* que Bamboula pare celle-là, et il sera meilleur tireur que moi !

La rue que la voiture descendait était sombre et déserte. Camparini avait abaissé la glace de l'une des portières et laissait pénétrer l'air frais et pur de la nuit dans l'intérieur du carrosse. Renversé sur les coussins, obéissant au balancement moelleux de la caisse, il paraissait absorbé dans ses rêveries profondes. Tout à coup une tête apparut à la portière ouverte : Camparini se pencha vivement en avant. La tête entra tout à fait dans la voiture, et quelques rapides paroles furent murmurées à l'oreille du *Roi du bagne*, puis la tête se retira et disparut. La voiture avait continué la route sans ralentir son allure.

— Eh! eh! murmura Camparini; décidément ce Damboula est plus fort que je ne le croyais; c'est vraiment fâcheux que nous soyons ennemis, ce drôle aurait fait un excellent lieutenant.

LES MASSEPAINS

Charles, le front entre ses doigts crispés, était absorbé par ses pensées.

— Oh! murmura-t-il, Étoile-du-Matin et Fleur-des-Bois veilleront sur lui!... Mais cet homme a raison, reprit-il après un silence et en se levant brusquement. Blanche serait sauvée!... Sauvée! répéta-t-il. Je la reverrais, je...

Charles s'arrêta soudain. Son visage, encore rouge d'émotion, devint brusquement d'une pâleur extrême, ses traits se contractèrent, et un cri d'alarme parut prêt à sortir de ses lèvres. En marchant rapidement dans le boudoir, il s'était dirigé en face de la porte donnant dans le premier salon: c'était alors qu'il s'était si brusquement arrêté. C'est que, encadré par le chambranle de cette porte venait d'apparaître, tout à coup, un homme vêtu comme ceux qui remplissaient les salons, dont l'aspect avait réellement quelque chose de saisissant. C'était Henri, au visage pâle, bouleversé, son corps frémissant, ses yeux hagards, ses mains étendues et crispées. Charles, d'un seul bond, fut près de lui.

— Un malheur! dit-il.
— Oui! répondit Henri d'une voix rauque.

— Blanche ?
Henri fit un signe négatif.
— Léonore, alors ?
— Oui ! dit encore le vicomte, qui pouvait à peine parler.
— Que lui est-il arrivé ?
— Disparue !...
— Léonore ?
— Encore une fois perdue pour nous !

Charles demeura foudroyé par cette épouvantable nouvelle. Puis saisissant le bras du vicomte :
— Viens ! dit-il.
Et il l'entraîna vers l'antichambre.

Brune, Lannes et Soult s'apprêtaient à quitter la maison de la citoyenne Tallien. Les deux premiers reconnurent le vicomte qu'ils avaient vu à Brest quelques mois auparavant.

Ils poussèrent à la fois un cri de surprise.
— Toi ici ! dit Brune.
— Mais qu'y a-t-il donc encore ? ajouta Lannes en remarquant l'extrême pâleur d'Henri.
— Oh ! s'écria le vicomte, c'est le ciel qui vous envoie vers nous. Venez ! venez ! vous saurez tout !

Et il entraîna les deux généraux.

Tous cinq disparurent. Quelques instants après, Fouché prenait congé de la belle maîtresse du logis, et il quittait la demeure élégante de la citoyenne à la mode. A minuit, les invités étaient moins nombreux, mais cependant les salons étaient encore animés par la musique et les danses. Un quart d'heure après, on servit le souper, et les danseurs et les danseuses passèrent dans la salle à manger. Le salon et le boudoir demeurèrent absolument déserts. Alors un muscadin élégant quitta la chambre à coucher, dans laquelle il était demeuré seul, et il passa dans le boudoir.

Se mettant à la place occupée quelques heures plus tôt par Camparini, il attira à lui un fauteuil et s'y prélassa mollement. Cet homme, qui fuyait la foule et recherchait la solitude, était Jacquet. Il y avait près de deux heures que Fouché était parti. Jacquet croisa ses jambes l'une sur l'autre, poussa un bruyant soupir, et tirant de sa poche un élégant portefeuille :

— Hum ! fit-il, la situation s'embrouille-t-elle ou s'éclaircit-elle ! Il s'agit, avant de tenter toute nouvelle démarche, de l'établir nettement. Léonore a été enlevée par Pick, je ne puis en douter. Comment ce bandit a-t-il surpris jusqu'aux moindres signes convenus entre nous et les amis de Bonchemin ? Quelqu'un d'eux a trahi... mais lequel ? c'est ce que nous saurons plus tard. Pour le moment, Léonore est entre les griffes de Bamboula, cela est vraisemblable. Mais pourquoi Camparini a-t-il révélé au marquis le secret de l'existence de cet enfant ? Il y a là-dessous quelque ruse nouvelle !... Oh ! si Pâquerette ne s'était pas trompé ! Quelle découverte !... Mais les preuves ?... les preuves ?...

Et Jacquet, se levant brusquement, se mit à arpenter le boudoir. Venant ensuite se rasseoir, il reprit son carnet, l'ouvrit et en tira une liasse de notes tracées de l'écriture la plus menue sur des papiers extrêmement fins.

— C'est bien cela ! reprit-il en s'arrêtant dans les recherches qu'il faisait et en frappant, du plat de l'ongle, sur un papier.

Et il se mit à lire à demi-voix :

— J'échappe à Camparini. Camparini a la main longue... Je le combattrai en face... Comme homme ne m'a-t-il pas joué honteusement ?... N'ai-je pas été jusqu'à croire que j'étais son propre fils... Puis plus loin, poursuivit Jacquet en tournant quelques feuillets : Camparini est bien fort ; mais n'importe nous le battrons !... Cette conversation que j'ai entendue dans le bois de Gouesnou quelques heures avant l'attaque, reprit Jacquet, était bien échangée entre Roquefort et Bamboula... Ils parlaient de Camparini ! Mais qui diable est donc cet homme ? Le chef de la conspiration des œufs rouges ! le mari de l'ex-marquise d'Herbigny !... Cet ex-marquis de Camparini a témoigné jadis contre d'Herbois et de Renneville...

Je me souviens parfaitement... Oh ! si j'avais les registres de l'ancienne police... peut-être pourrais-je...

Jacquet se leva une seconde fois et reprit sa promenade. Tout à coup il s'arrêta ; son visage pensif s'illumina d'un éclair rapide, et une expression de triomphe se peignit sur sa physionomie.

— Cordieu ! s'écria-t-il, je crois que je tiens enfin le nœud de l'intrigue.

Et, quittant le boudoir, il se dirigea rapidement vers la salle à manger. Le souper était alors dans toute l'apogée de sa gaieté, et la citoyenne en faisait les honneurs avec sa grâce accoutumée. Les femmes, assises autour de la table, ressemblaient à une vaste corbeille de fleurs. Les citoyens circulaient derrière elles, leur prodiguant leurs soins et leurs attentions.

Jacquet gagna l'embrasure d'une fenêtre. Plusieurs domestiques passèrent, devant lui, portant des plateaux chargés, mais Jacquet refusa obstinément tout ce qu'on lui présentait. Enfin un dernier valet survint et s'approcha. Et, soit que Jacquet eût faim subitement, soit que l'apparence des mets présentés lui convînt mieux, il tendit la main. Le domestique s'approcha et demeura immobile.

Jacquet se pencha vers le plateau, fit glisser une pile de massepains et en prit quelques-uns. Le domestique ramassa les gâteaux épars, mais il en laissa trois posés séparément sur le plateau.

Jacquet fit un signe, le domestique passa.

— Bon ! murmura Jacquet, Fouché m'attend. Décidément, je crois que la situation s'éclaircit !

XI

MARI ET FEMME

Gervais, on s'en souvient sans doute, habitait la rue Saint-Denis. Le surlendemain de son retour à Paris, le lendemain du jour où sa femme avait réuni les amis communs de la maison pour fêter ce retour, c'est-à-dire le matin même qui avait suivi la nuit durant laquelle les événements que nous venons de rapporter avaient eu lieu, la citoyenne Gervais était, dès huit heures, sur le pas de sa boutique. Cinq ou six commères, groupées en demi-cercle autour d'elle, se livraient à une conversation des plus animées, et qui, à en juger par l'expression de chaque visage, devait être des plus intéressantes.

— Ainsi, disait l'une d'elles en s'adressant à la citoyenne Gervais, pas rentré ?

— Pas rentré ! répondait madame Gervais en faisant de grands bras.

— Depuis hier après dîner ?

— Il est parti avec son ami Gorain sur le coup de trois heures, et depuis ce moment je ne les ai revus ni l'un ni l'autre.

— Où était-il allé?

— Il ne me l'a pas dit.

— Mais c'est inquiétant, cela, citoyenne !

— Ne m'en parle pas ! Depuis hier soir je me morfonds !

— C'était bien la peine d'avoir un mari absent durant deux années, ajouta une autre femme, pour qu'il revienne un jour et que le lendemain il disparaisse de nouveau.

— Il est peut-être retourné là d'où il était venu !

— Ah ! fit la citoyenne Gervais avec un soupir, s'il devait repartir, j'aurais autant aimé qu'il ne revînt pas.

— Dame ! Tu aurais pu alors te croire veuve, tandis qu'à présent.....

— As-tu envoyé chez Gorain ? demanda une autre commère.

— Oui. Il n'est pas rentré non plus.

— Depuis hier ?

— Depuis qu'il est parti de chez lui pour venir dîner chez nous.

— Ils sont allés courir la prétentaine ensemble !

— Ah ! si je le savais ! s'écria madame Gervais d'un ton gros de menaces.

— Il leur est peut-être arrivé malheur ! dit une voix charitable.

— Bah ! reprit une autre, il ne leur serait pas arrivé malheur à tous les deux à la fois. L'un serait toujours revenu.

— Alors où sont-ils passés ?

— Ah !... voilà !...

Et toutes les femmes se regardèrent avec une expression d'indignation muette.

— Avec cela, fit l'une des causeuses, qui la veille avait assisté au dîner, quand il est parti hier, il avait l'air d'avoir un coup de marteau.

— C'est cette lettre qui l'avait toqué ! dit la citoyenne Gervais.

— Quelle lettre ? demanda-t-on.

— Est-ce que je sais ! Il ne me l'a pas seulement fait lire.

— Lui et Gorain, ils avaient l'air tout sens dessus dessous. Et ces œufs ! qu'est-ce qu'il voulait dire en nous promettant de les changer en or ?

— Changer des œufs en or ! crièrent les autres femmes.

— Il était fou ! dit madame Gervais.

En ce moment la grosse servante, qui la veille avait apporté les œufs et la lettre, accourut tout essoufflée et tout effarée de l'intérieur de la maison.

— Ah! citoyenne! ah! citoyenne! fit-elle comme si elle allait annoncer quelque événement formidable et inattendu.

— Quoi? dit madame Gervais.

— Le citoyen...

— Eh bien?

— Il est rentré!

— Mon mari?

— Oui, citoyenne!

— Rentré! Comment? Par où? Je n'ai pas quitté la porte.

— Ah! je ne sais pas..... mais il est dans la chambre.

— Il a donc passé par chez le voisin, alors?

— Dame! je ne sais point...

— Qu'est-ce qu'il t'a dit?

— Il m'a fait : Chut!

Et la servante mit un doigt sur ses lèvres en prolongeant cette syllabe.

Toutes les femmes se regardèrent encore.

— Comment, reprit la citoyenne Gervais, il avait un air de mystère?

— Oh! je crois bien! répondit la grosse servante. Il riboulait ses gros yeux et il avait l'air de vouloir m'avaler!

— Du mystère chez nous! Je vais voir ce qu'il en retourne.

Et madame Gervais fit un geste de dignité offensée.

— Nous reviendrons savoir des nouvelles! dirent les commères.

La citoyenne Gervais fit un petit signe d'amicale protection, et, tournant ses talons, elle rentra dans son magasin.

— Ah! citoyen Gervais, murmura-t-elle, tu vas, tu viens, tu sors, tu passes la nuit dehors, tu fais une vie de Polichinelle, et tu recommandes le mystère à ma servante !... A nous deux !

Madame Gervais avait gravi lestement les marches de l'escalier conduisant au premier étage. Elle entra dans la chambre la tête haute et le regard menaçant. Son mari était assis dans un grand fauteuil et il paraissait faire de nombreux calculs en écrivant au crayon sur une feuille de papier qu'il tenait à la main.

— Enfin, te voilà ! fit la citoyenne en se posant en femme offensée.

— Chut ! dit Gervais.

— Quoi ? continua sa femme.

— Silence !...

Gervais se leva, fit le tour de la chambre, alla fermer la porte et, revenant à pas de loup, vers son épouse que cette pantomime intriguait :

— Ça y est ! dit-il.

— Quoi ? répéta madame Gervais.

— La fortune !...

— Quelle fortune ?

— La nôtre, chère amie ! Je te dis que ça y est !

— Ah çà, s'écria madame Gervais avec colère, est-ce que vous allez continuer vos folies !

— Mais...

— D'où venez-vous ?

— De chez lui !...

— Qui, lui ?

— Chut ! ma bonne amie ! fit Gervais en posant un doigt sur ses lèvres ; pas si haut !

— Pourquoi ?

— Parce qu'on pourrait nous entendre !...

— Mais...

Gervais, saisissant les mains de sa femme, se posa en face d'elle avec une grimace expressive :

— Citoyenne Gervais, reprit-il d'un ton imposant, les grandeurs ne me changeront pas ; je serai toujours un excellent mari.

Madame Gervais ouvrit de grands yeux, regarda son époux comme si elle se fût trouvée en présence d'un phénomène, puis, reculant brusquement et levant les bras au ciel :

— Jésus ! dit-elle, il est décidément fou !

Gervais se redressa majestueusement.

— Citoyenne ! fit-il, je t'invite à me respecter ! Prends garde ! si on t'entendait, tu serais compromise, car tu insultes la République en insultant ma personne !

Madame Gervais regarda encore son mari et haussa les épaules. La pauvre femme ne comprenait rien et était à bout de patience. Le sang lui montait à la tête, et elle trépignait avec une rage nerveuse. Gervais la considérait d'un regard protecteur et souriant. Madame Gervais éclata. Courant à son mari, elle lui prit les bras, le poussa rudement, le fit tomber sur un siège, et, attirant prestement à elle un autre siège, sur lequel elle s'installa, elle le bloqua ainsi dans un angle de la pièce, le mettant dans l'impossibilité de reculer ou d'avancer.

— Ça ! fit-elle, expliquons-nous ! Depuis deux années que tu es absent et que tu as couru la prétentaine chez les sauvages, tu as peut-être pris l'habitude de considérer une épouse comme une cinquième roue à un carrosse... Pas de cela ! Je compte pour quelque chose, moi ! J'ai voix au chapitre et j'en profite ! Il faut me dire, point pour point, ce que tu as fait depuis hier trois heures que tu es parti avec ton ami Gorain. Où avez vous été ?

— Au Palais-Egalité ! balbutia Gervais, qui se sentait mal à l'aise sous le courroux impatient de sa compagne.

— Et vous êtes restés au Palais-Egalité jusqu'à ce matin ?

— Non, ma bonne amie.

— Où avez-vous passé la nuit, alors ?

— Au club...

— Quel club ?

— Eh bien ! le nôtre.

— Comment, le vôtre ? Vous êtes donc d'un club, maintenant ?

— Mais sans doute... Notre nouvelle situation...

— Quel club ? cria madame Gervais en interrompant son mari.

— Eh ! celui des munitionnaires !

— Des munitionnaires ? Qu'est-ce que toi et Gorain avez à faire à ce club-là ?

— Mais, ma bonne, puisque nous en faisons partie...

— De quoi ? glapit l'irascible matrone.

— Des munitionnaires, donc !

— Vous êtes munitionnaires, toi et Gorain ?

— Oui !...

Madame Gervais regarda longuement son mari, puis elle partit d'un bruyant éclat de rire.

— Pauvre homme ! dit-elle enfin d'un air compatissant. Il aura attrapé un coup de marteau chez les sauvages !

— Je te répète que je suis munitionnaire ! s'écria Gervais avec l'accent d'un homme offensé. Tiens ! la voici, la preuve !

Et il tira de sa poche un objet qu'il mit sous le nez de sa compagne.

— Un œuf rouge, dit Madame Gervais. C'est là la preuve de ta nomination ?

— Oui.

— Le malheureux est devenu complètement idiot ! dit la citoyenne en haussant les épaules.

— Sac à papier ! fit Gervais avec colère ; tu n'as pas changé depuis deux ans. Je te dis que je suis munitionnaire, entends-tu ? et Gorain aussi ; et puisqu'il faut te convaincre preuves en mains... lis !

Et Gervais, prenant la lettre qu'il avait reçue la veille, la tendit toute ouverte.

La citoyenne s'en empara vivement et courut à la signature.

— Le citoyen Sommes ! dit-elle.

Elle lut avidement l'épître ; puis, se reculant d'un pas et levant les yeux sur son mari :

— C'est vrai ? dit-elle.

Gervais fit un signe affirmatif.

— Alors, tu as vu le citoyen Sommes ?
— Oui, répondit Gervais.
— Et il a confirmé sa lettre ?
— Oui !
— Il t'a dit que tu étais munitionnaire ?
— Oui ! oui ! oui !

La citoyenne Gervais secoua la tête sans paraître manifester une joie bien grande de l'honneur dont s'enorgueillissait son mari.

On a beau dire : le sexe fort, les femmes ont infiniment plus de bon sens et d'esprit de pénétration que les hommes. Certes, le titre de munitionnaire devait être éblouissant à une époque où le désordre était extrême partout et où les comptes des fournisseurs étaient rarement vérifiés. C'était une fortune accordée à celui auquel on le conférait. Cependant la citoyenne Gervais semblait peu fascinée par l'éblouissante perspective.

— Voyons ! dit-elle en revenant à son mari, le citoyen Sommes a donc su ton arrivée, comme cela, tout de suite ?
— Dame ! il paraîtrait ! répondit Gervais.
— Avant même que je sache que tu allais revenir ? car tu es arrivé avant-hier soir seulement, et il a fallu qu'il fît cette demande, en ta faveur, pour te communiquer son résultat hier ?
— C'est vrai ! dit Gervais.
— C'est bien extraordinaire. Lui avais-tu écrit ?
— Non.
— Tu n'avais prévenu que moi ?
— Absolument.
— Alors comment a-t-il pu deviner que tu allais revenir à Paris ?
— Dame ! je ne sais pas !
— Enfin... vous avez passé la nuit ensemble ?
— Oh ! non !
— Avec qui l'as-tu passée alors.
— Mais avec lui !
— Lui !... Qui ?...
— Le grand chef !...

— Mais quel chef ?

— Le nôtre, ma bonne amie, le grand munitionnaire, celui qui préside les assemblées et qui nous a mis, Gorain et moi, au courant de tout ce que nous avions à faire.

— Mais comment se nomme-t-il, celui-là ?

— Ah ! voilà !... je ne sais pas ; mais ce que je sais, par exemple, c'est qu'il m'aime beaucoup et qu'il s'intéresse excessivement à moi ! C'est un homme charmant !... tout à fait charmant ! et plein d'égards !... Cependant il a une singulière façon de vous faire parvenir jusqu'à lui... Gorain et moi avons cru, un instant que nous étions tombés dans quelque méchante affaire quand nous avons dégringolé sous la machine, mais ensuite !... Ma chère amie, figure-toi qu'il savait toutes mes aventures passées et il prenait un tel intérêt à tout ce qui pouvait m'être arrivé qu'il ne tarissait pas en questions. Tu ne t'imagines pas tout ce qu'il m'a demandé ! Non, vois-tu, tu ne te l'imagines pas. Il m'aime tant, ce cher ami, qu'il est entré jusque dans les plus petits détails. Il a voulu tout savoir, même à propos des choses qui ne me touchaient pas personnellement. Ainsi, il n'y a pas jusqu'à ce petit garçon qui venait de je ne sais où, et que le citoyen le Bienvenu a laissé à la citoyenne Etoile-du-Matin, dont il ne m'ait entretenu. Au reste, il a dû être content de moi : je lui en ai raconté tant qu'il a voulu. Ah ! c'est un homme bien aimable ! Nous avons causé toute la nuit ensemble, et quand il nous a laissés libres, Gorain et moi, il nous a comblés de toutes sortes de politesses, et il nous a assuré encore que nous étions bel et bien munitionnaires, et que notre fortune était faite.

Madame Gervais avait écouté son mari sans l'interrompre : elle paraissait profondément réfléchir. Quand il eut achevé, elle se leva et fit quelques pas en secouant doucement la tête.

— Me crois-tu, maintenant ? demanda Gervais.

— Oui, répondit sa femme.

— Tu vois bien que je ne suis pas fou.

— Sans doute...

Puis elle ajouta, se parlant à elle-même, mais de façon à ne pas être entendue de son mari :

— Qu'est-ce que tout cela signifie ? Quel rôle veut-on faire jouer à ces deux imbéciles-là ?... Ils ne sont pas plus munitionnaires que je ne suis reine. Il est certain que l'on se moque d'eux... mais pourquoi ?... dans quel but ?...

En ce moment, un petit coup sec fut frappé à la porte de la chambre.

— Entrez ! dit madame Gervais.

La porte s'ouvrit, et la physionomie naïve de la grosse servante apparut par l'entre-bâillement de l'huis.

— Qu'est-ce que c'est ? dit la citoyenne Gervais en s'avançant vers la servante.

— Citoyenne, répondit la grosse fille, c'est la générale Lefebvre qui voudrait te parler.

— La générale Lefebvre ! s'écria madame Gervais.

— Oui ; elle vient d'entrer dans la boutique avec une belle petite citoyenne qui pleure toutes les larmes de son corps. La citoyenne générale a demandé si tu n'y étais pas, et comme Antoine, le commis, lui a dit que oui et qu'il ne se dépêchait pas d'aller te chercher assez vite, elle lui a donné une grande bourrade ; alors Antoine est venu me chercher et moi je suis accourue, voilà.

— Et la générale veut me parler ?

— Tout de suite ! tout de suite ! En deux temps quatre mouvements, qu'elle a dit.

— Bien ! je descends ! dit madame Gervais en s'élançant vers l'escalier communiquant avec le magasin.

Gervais était demeuré seul dans la chambre : la servante se tenait toujours sur la porte.

— Eh bien ! qu'est-ce qu'il y a encore ? lui dit Gervais.

— Il y a un citoyen qui voudrait te parler ! répondit la servante.

— Un citoyen? dans la boutique?
— Non! il est entré par chez le voisin.
— Comme moi tout à l'heure?
— Oui, citoyen.
— Où est-il?
— Là, dans ma cuisine.
— Et tu le connais?
— Non, mais il a dit qu'il voulait te parler sur l'heure, et il m'a dit de te remettre cela.

La servante s'avança et remit à Gervais un objet de peu de volume enveloppé dans un papier gris.

— Le citoyen, continua la grosse fille, m'a bien recommandé de te remettre cela à toi tout seul, et s'il y avait du monde, de ne rien te donner, et, comme la citoyenne, c'était du monde, je n'ai rien dit devant elle.

Gervais avait déployé ce papier et tenait, dans sa main, un gros œuf rouge.

— Tiens! fit la servante, c'est comme ceux que l'on a envoyés hier.

— Un confrère! murmura Gervais, qu'est-ce qu'il peut me vouloir? Dieu! comme je suis déjà connu!

Puis, se retournant vers la servante:

— Fais entrer le citoyen, dit-il, et veille à ce que personne ne puisse nous déranger!

La grosse fille sortit aussitôt, en repoussant la porte sur elle; mais, quelques secondes après, cette porte se rouvrait, et un muscadin de bonne mine faisait son entrée dans la chambre.

— Bonjour, citoyen Gervais! dit-il avec une aisance toute familière.

— Bonjour, cit...

Gervais, qui regardait fixement son visiteur, s'arrêta tout à coup.

— Ah! mon Dieu! fit-il en reculant.

— Ah! ah! dit l'homme, tu ne m'as pas oublié!

— Ah! mon Dieu! mon Dieu! répétait Gervais avec une stupéfaction comique, mais qui ne décelait aucune appréhension.

— Allons! je vois que tu as bonne mémoire, et

que les années et les voyages ne t'ont pas fait perdre le souvenir de tes amis.

— Monsieur Roger !... le citoyen Roger ! s'écria Gervais.

— Lui-même ! l'ancien employé de M. de Breteuil, ce pauvre Roger, auquel les circonstances politiques ont seules empêché de tenir la promesse qu'il t'avait faite. Heureusement pour toi, sacrebleu ! car si tu avais été nommé échevin sous la monarchie, tu aurais bien pu être guillotiné sous la République.

— Brr... fit Gervais en tressonnant.

— Enfin ! il n'en a rien été, mais je n'en suis pas moins ton ami, bien que je n'aie pu t'être agréable autrefois. Maintenant c'est différent, je suis à même de te rendre service. Tu viens d'être nommé munitionnaire...

— Comment ? vous savez... tu sais ?...

— Parbleu ! nous le savons toujours lorsqu'on nous adjoint un collègue.

— Quoi ! tu serais aussi...

— Munitionnaire ? mais certes ! et comme il s'agit d'une affaire importante, je veux que nous la traitions ensemble ; mais avant, parlons un peu de ce qui t'est arrivé depuis notre séparation. Cet excellent Sommes m'a dit tout ce qu'il avait fait pour toi. Ah ! c'est un bien brave et bon ami !...

Et Gervais, éprouvant une stupéfaction que lui causait cette visite inattendue, n'avait point offert un siège à Roger qui attira un fauteuil et s'y installa commodément.

Tandis que cette scène se passait dans la chambre, la citoyenne générale Lefebvre, fraîche et charmante de visage, aussi vive d'allures, aussi expressive de physionomie, aussi sémillante, aussi décidée que l'était cette jolie aubergiste de Versailles en 1785, pénétrait dans la boutique de madame Gervais.

Entre la blanchisseuse cantinière des gardes-françaises et la générale, il y avait dix années de passées, mais ces dix années qui embellissent la femme plutôt qu'elles ne la changent et qui produisent, sur elle, l'effet que produit le soleil de juin sur les fruits verts en mai et colorés en juillet. La gloire dont son mari, déjà soldat célèbre, s'était fait une auréole, les grandeurs relatives qui l'entouraient, sa position brillante, son influence parmi les puissants du jour, n'avaient apporté que quelques légères modifications dans l'esprit de cette intelligente honnête femme.

De bonne qu'elle était autrefois, elle était devenue excellente, mais elle avait conservé sa trivialité dans ses paroles, dans ses gestes et l'originalité de toute sa manière d'être. Au moment où madame Gervais touchait le sol de sa boutique, la citoyenne générale s'était installée dans un vaste fauteuil et se prélassait en interpellant tour à tour le commis, qui n'osait bouger, et sa jeune compagne annoncée par la grosse servante. Cette demoiselle, qui avait accompagné la générale, était vêtue simplement, enveloppée dans une grande mante et sa figure disparaissait à demi sous le capuchon rabattu ; un mouchoir qu'elle tenait à la main essuyait ses joues des larmes abondantes qui tombaient de ses yeux, ce qui cachait le reste du visage. Les épaules frémissaient sous les sanglots convulsifs, et de douloureux soupirs s'exhalaient par instants, rauques et saccadés, de la gorge où l'air ne pénétrait qu'avec beaucoup de peine.

— Ta servante, citoyenne générale ! dit madame Gervais en entrant dans la boutique.

— La tienne, mère Gervais ! répondit la citoyenne Lefebvre.

— Qu'y a-t-il pour ton service ?

— Que tu m'en rendes un... service, et soigné encore.

— A tes ordres !

— Il s'agit de cette enfant.

Et se tournant vers la jeune fille :

— Allons, ne pleure donc plus, petite ! ajouta la femme de l'ex-caporal, tu n'as rien à craindre ici, et puis je suis là, moi !

— Qu'est-ce que c'est que cette jeune fille ? demanda madame Gervais.

— C'est une pauvre enfant, répondit madame Lefebvre, que tu vas me faire celui de prendre chez toi tout de suite, à condition que je paierai tout pour elle. Je m'en suis chargée. Elle est orpheline, elle n'a plus de parents, et ses amis sont dans le pétrin. Pour lors, que j'ai dit, confiez-la moi, je la prends. Mais j'ai réfléchi. Chez moi, il y a un tas de godelureaux, des muscadins qui viennent m'apporter des dragées, freluquets qui font l'état-major de Lefebvre, et c'est toute la journée à se trémousser dans mes appartements ou à grignoter à ma table, et comme cette jeunesse est gentille, ils seraient tous à rôder autour de ses cotillons. Cela ne lui conviendrait pas à cette enfant, ni à moi non plus. Je sais bien que j'aurais fait la chasse à tout cela, mais je ne suis pas toujours sur le qui-vive. Alors je me suis dit : Il ne faut pas la garder; mais si je ne la garde pas, je veux la mettre chez de braves gens, et j'ai pensé à toi, mère Gervais. Tu n'as pas de jeunes gens ici, tu n'as pour commis qu'Antoine, qui est laid comme un singe et bête comme un melon, c'est mon affaire. Je paierai une pension, j'aurai soin de la petite ; tu la dorloteras, je viendrai la voir souvent et je te donnerai ma pratique. Ça va-t-il?

— Dame! fit la citoyenne Gervais, si cette petite est sans famille et malheureuse, certainement que je la prendrai.

— Et tu feras bien, car tu la connais depuis longtemps.

— Moi ?

— Eh oui! tu l'as vue moins haute que la botte de Lefebvre.

— Bah !

— C'est la fille de Bernard, le teinturier de la rue Saint-Honoré.

— La jolie mignonne ?

— Elle-même !

— Ah! mon Dieu ! fit madame Gervais avec émotion ; pauvre petite ! Mais comment se fait-il ?...

— Elle te contera tout cela. Tout ce qu'il faut pour

le présent, c'est que tu la prennes avec toi et que tu veilles sur elle. Tu consens ?

— Si je consens ! mais je crois bien ! Je vais prévenir Gervais ; ah ! il sera heureux de la recevoir !

Et l'excellente femme courut à Rose, dont elle prit les mains. La pauvre enfant sanglotait.

— Citoyenne ! dit vivement Antoine le commis, voici le citoyen qui sort !

Effectivement, Gervais et Roger passaient alors dans la rue, longeant le vitrage de la boutique et paraissant absorbés, tous deux, dans une conversation des plus intéressantes. A la voix du commis, les trois femmes avaient tourné la tête vers le point désigné. Roger était du côté de la boutique et en pleine lumière. Rose, qui le vit, tressaillit violemment.

— Monsieur Jacquet ! murmura-t-elle.

XII

LES COMPLICES

Quatre jours après le retour à Paris de l'ex-prisonnier de lord Ellen, le 29 mars, ou pour mieux dire le 9 germinal, le temps, qui depuis une semaine subissait les variations les plus brusques, passant, alternativement, du *beau sec* à la *tempête*, était aussi mauvais, aussi pluvieux que ce matin du 5 où les œufs rouges avaient été échangés dans la maison de la rue des Arcis. Un véritable déluge noyait Paris, et, bien qu'il fût alors deux heures de l'après-midi, le jardin du Palais-Egalité, ce jardin devenu le rendez-vous de la mode, était absolument désert. Peu de Parisiens osaient se hasarder hors de chez eux, et le nombre des voitures, fort restreint à cette époque, suffisait à peine pour animer les rues les plus ordinairement bruyantes. Cependant, au moment où la pluie tombait avec le plus d'abondance, un carrosse assez élégant, attelé de deux chevaux vigoureux, parcourait au grand trot la rue Neuve-des-Petits-Champs, se dirigeant vers la place des Victoires.

A l'arrivée en face le perron du Palais-Egalité, la voiture tourna brusquement à droite, descendit la pente, et s'engageant dans la rue de Beaujolais, s'arrêta devant la boutique de bijouterie.

La portière s'ouvrit, et un pied, chaussé d'une botte à retroussis, s'appuya sur le marchepied, mais celui qui était assis sur le coussin de la voiture, ne fit aucun mouvement pour descendre. Peut-être n'occupait-il pas seul le carrosse, et, avant de quitter ses compagnons, il échangeait, avec eux, quelques paroles d'adieu, et un bruit de voix résonnait dans l'intérieur de la caisse. Puis le pied acheva la descente et un homme sauta sur le pavé.

C'était Bamboula. Tournant sur lui-même, il fit quelques pas sur la chaussée, et revint encore vers le carrosse dont la portière était ouverte.

— Ainsi, dit-il, tout est bien prêt?
— Oui, répondit une voix partant de l'intérieur de la voiture. Le municipal est à tes ordres. Il attend. Les témoins sont à la municipalité. Il ne manque plus que les futurs.
— Ils ne manqueront pas. Attends ici!

Et Bamboula, refermant brusquement la portière, s'élança dans la boutique au fond de laquelle avait été tracé par Pick et par Roquefort, ses complices, le plan à suivre pour achever, par un dernier crime, la série des forfaits que les misérables avaient accomplis depuis dix années. Cette fois encore, la boutique était déserte, absolument veuve de vendeurs et d'acheteurs. Mais au bruit que fit Bamboula en entrant, la porte de l'arrière-boutique s'ouvrit, et Pick parut sur le seuil.

— Et Roquefort, dit-il vivement.

— Pas de nouvelles ! répondit Bamboula.

— Tonnerre ! que peut-il être devenu depuis trois jours !

— Complètement disparu !

— Et Brutus ? et Scœvola ? et Léonidas ?

— Ils se sont épuisés sans avoir pu rencontrer ses traces !

— Mais quand a-t-il disparu ?

— La nuit du 6.

— En sortant du club ?

— Oui, sans doute.

— Tu l'avais vu au club, toi ?

— A dix heures il y était encore.

— Et ensuite ?...

— Ensuite... ce fut alors que je l'envoyai près de toi, et depuis ce moment je ne l'ai plus revu.

— Il n'est pas arrivé jusqu'à moi.

— Il a donc disparu, en ce cas, durant le trajet qu'il avait à accomplir ?

— Oui, mais où ? comment ?

— Impossible jusqu'ici de le savoir.

— Voilà qui est étrange !

— Plus qu'étrange, Pick. Cette disparition de Roquefort est gravement inquiétante. Il y a du Camparini là-dessous.

— Et Gorain ? et Gervais ?

— Je n'ai rien pu tirer d'eux. Les machines ont été montées par des mains habiles. J'ai tout employé pour en venir à bout, et, cette fois, je n'ai pu réussir. Rien n'est plus discret qu'un sot qui croit avoir intérêt à se taire. J'ai échoué dans toutes mes ruses. A chaque demande, ils se contentaient de sourire niaisement et de me répondre que je devais bien savoir pourquoi ils ne pouvaient parler. Enfin, perdant patience, je leur ai dit qu'on s'était joué d'eux, qu'ils n'étaient pas munitionnaires et que la lettre qu'on leur avait envoyée, en mon nom, était fausse.

— Ils ont dû bondir ! s'écria Pick.

— Ils n'ont pas bronché ! Seulement Gervais m'a

pris par le bras et, se penchant vers moi tandis que Gorain ne pouvait nous entendre : « Il est inutile de continuer, me dit-il d'un air fier. Nous saurons supporter toutes les épreuves, et nous montrerons que nous sommes dignes d'être munitionnaires et d'avoir la confiance du gouvernement. Votre ami Roger nous a mis au courant de tout. Ainsi n'ayez pas peur ! » Et après cela, reprit Bamboula, je n'ai pu tirer d'eux que de stupides sourires sans expression.

— Il est évident, dit Roquefort en réfléchissant, que l'on a tout prévu ! Oui ! oui ! Camparini doit être derrière tout cela ! Mais ce Roger, ton ami, qui est-ce qui a pris ce nom ?

— Ce nom !... dit Bamboula en saisissant la main de Pick. Est-il donc effacé de tes souvenirs ? Souviens-toi de l'affaire de Niorres !... Roger ! c'était Roquefort qui avait pris ce nom ?

— Roquefort ! s'écria Pick ; cela est vrai, je me souviens maintenant !... Et jamais Gorain et Gervais ne t'avaient parlé de ce Roger ?

— Jamais jusqu'à avant-hier.

— Et quand l'avaient-ils vu ?

— Gervais l'avait vu chez lui le 7 au matin !

— Le 7 !... mais c'est dans la nuit du 6 que Roquefort a disparu.

— J'ai déjà fait ce rapprochement.

Pick se plaça en face de Bamboula.

— Roquefort trahirait-il ?... dit-il d'une voix stridente.

— Peut-être ! murmura Bamboula.

— Camparini saurait tout, alors ?

— Probablement.

— Eh bien ! mais alors...

— Alors, interrompit Bamboula, que nous importe la trahison de Roquefort et que nous fait maintenant la haine de Camparini ? N'as-tu pas réussi dans ton entreprise ? Les deux sœurs ne sont-elles pas entre nos mains ? Camparini peut-il empêcher le mariage de s'accomplir ? Léonore disparue, peut-il s'élever entre moi et la fortune des Niorres ?... Non, n'est-ce pas? Donc, que nous importe ce que peut ou ne peut pas Camparini? Quant à Roquefort, s'il trahissait, c'est un sot; il a attendu trop tard pour agir contre nous. Il est notre ennemi : tant mieux ! nous n'aurons pas à partager avec lui... Allons, Pick, il est l'heure de relever la tête. Loin d'être perdu, tout est sauvé ! Blanche et Léonore sont là-haut ; le municipal attend les époux... A ton rôle !... Avant deux heures, je serai marié, et Camparini émoussera ses griffes contre ma fortune!

— Alors, dit Pick, rien n'est arrêté, tout marche?
— A ton poste, te dis-je !

Pick courut à une armoire, l'ouvrit et en tira un long poignard à lame aiguë et acérée, brillante et polie.

— Va faire ta demande à Blanche ! dit-il en souriant, je me charge d'obtenir son consentement, moi!

Les deux hommes quittèrent aussitôt la pièce où ils venaient de s'expliquer, en gagnant l'allée de la maison à l'aide d'une porte communiquant du côté gauche de la boutique. La voiture qui avait amené Bamboula attendait toujours à la porte. De Sommes et Pick gravirent lestement l'escalier obscur et atteignirent le second étage. Deux portes s'ouvraient sur le palier : l'une à droite, l'autre à gauche. Les deux hommes échangèrent quelques mots à voix basse et sur un ton très rapide, et Pick ouvrit la porte de droite et Bamboula celle de gauche. Bamboula traversa une première pièce déserte, il poussa le battant d'une porte percée dans la muraille.

Il opéra ce mouvement si doucement et avec une dextérité telle qu'il ne causa pas le moindre bruit. Cette maison avait sa façade sur le rang de la rue de Beaujolais, éclairée d'un côté sur cette rue, et de l'autre sur le jardin du Palais-Egalité. La pièce dont Bamboula venait de pousser si discrètement la porte, donnait sur le jardin. Cette pièce était vaste, mais mal meublée; son aspect était triste et même lugubre. De grandes boiseries de chêne garnissaient toutes les murailles, et ces boiseries non sculptées entouraient cette salle qui ressemblait à celle d'un tribunal. Au moment où de Sommes pénétrait dans cette pièce, il vit une jeune femme à demi enfoncée dans un vaste fauteuil. Elle était pliée, absorbée en elle-même, immobile, et elle paraissait privée de sentiment. Les yeux ouverts et fixes, ses membres agités par des tressaillements convulsifs décelaient cependant l'existence de Blanche de Niorres.

Elle ne fit pas un mouvement à l'entrée de Bamboula qui s'avançait vers elle. Sans doute, absorbée dans sa douleur, elle ne l'avait pas entendu. Bamboula s'arrêta et la considéra en silence, semblant attendre pour se rapprocher davantage. Un tintement léger retentit au loin comme un bruit accompli dans une pièce séparée par une muraille épaisse. Bamboula sourit.

— Allons! murmura-t-il, Pick est à son poste, le municipal et les témoins attendent, et cette fois Jacquet et ses amis ne sont pas là pour enlever Léonore, comme ils ont enlevé Henri. Maintenant aucun obstacle n'est plus entre moi et la fortune.

Et Bamboula fit un pas en avant. Blanche s'était retournée en poussant un grand cri.

— Faites-moi grâce de ces marques d'antipathie, dit-il d'une voix brève. Cette pantomime expressive n'a aucun but, puisque je ne quitterai pas cette pièce sans vous avoir parlé, et que, de votre côté, vous ne pouvez vous éloigner sans m'avoir entendu. Donc, si mal vous ressentez en me voyant, prenez ce mal en patience et causons. Plus tôt vous m'écouterez et plus vite vous serez débarrassée de ma présence. Vous voyez, je suis franc. J'appelle les choses par leur nom, et je ne me fais aucune illusion sur les sentiments que je vous inspire.

Bamboula s'inclina, avec un geste ironique, en terminant ces paroles, et, d'un second geste, il invita Blanche à reprendre la place qu'elle venait de quitter. Elle demeurait immobile, sans prononcer une seule parole. Droite et fière, le front haut, le regard chargé d'un mépris écrasant, elle avait écouté son interlocuteur. Ses yeux, se détournant peu à peu de cet homme que leurs rayons foudroyaient, avaient erré dans la pièce. Mademoiselle de Nierres cherchait quelque issue pour s'échapper, quelque instrument pour se défendre, mais les portes étaient closes et les meubles et les murailles complétement dégarnis d'armes offensives ou défensives.

Bamboula avait seul le secret qui pouvait faire jouer les serrures, et Blanche était bien entre les mains de son bourreau : elle ne pouvait rien tenter, rien espérer. Ce ne fut cependant pas par un sentiment de découragement qu'elle reprit la place qu'elle avait quittée. Elle retomba sur son siège, avec cette gravité du juge qui va dicter un arrêt et non le recevoir, avec cet orgueil sublime d'une martyre qui ne courbe pas la tête parce qu'elle sait qu'après les souffrances terrestres sont les récompenses divines. Bamboula, impassible, attendit patiemment que Blanche parût disposée à l'écouter.

— Mademoiselle, reprit-il après un moment de silence, vous devez maintenant parfaitement me connaître, et moi j'ai eu tout le loisir de vous apprécier moralement ainsi que vous méritez de l'être. La proposition que je viens vous faire, demande impérieusement à être acceptée ou repoussée dans le plus bref délai. Les circonstances marchent, les minutes sont autant de siècles, il faut aller vite au but et le plus sûr véhicule pour faire la route est sans contredit la franchise. Vous m'accuserez après, si vous le voulez, de brutalité, de cynisme, d'impudence, libre à vous ; mais je dois agir ainsi que je vais le faire, et vous-même en reconnaîtrez tout à l'heure la nécessité absolue. Posons donc d'abord nettement notre situation réciproque, et ensuite vous conclurez vous-même. Mademoiselle, vous êtes jeune, vous êtes belle, vous avez grâces, esprit, distinction, tout ce qui peut charmer, en un mot, je me plais à le reconnaître. Oh ! ne vous fâchez pas, ne prenez pas mes paroles pour des compliments : je dis la vérité. Eh bien ! je vous connais depuis longtemps. Depuis longtemps je vous vois presque chaque jour, et cependant, en dépit de ces charmes dont la nature vous a douée, je ne ressens pas, pour vous, le plus mince sentiment d'amour. Je vous estime fort, si la chose peut vous être égale, je vous apprécie, mais je ne vous ai jamais aimée et je ne vous aime pas. Voilà de la franchise, n'est-ce pas?

Blanche regarda son interlocuteur, et un profond soupir de soulagement s'échappa de sa gorge, tandis que ses beaux yeux se levaient vers le ciel pour remercier le divin Sauveur.

— Ah! fit Bamboula, qui avait suivi du regard cette pantomime expressive, je vois que cette franchise est loin de vous déplaire... J'en suis enchanté. Puisque vous voilà rassurée sur ce point, je continuerai, si vous voulez bien me le permettre. Donc, votre beauté ne me séduit pas, mais votre richesse de fortune m'intéresse! Vous possédez de votre chef des rentes annuelles dignes d'être royales, ainsi que l'on disait jadis. Vous êtes l'héritière de madame de Saint-Gervais qui vous a faite sa légataire universelle d'après l'acte que je possède, et si votre sœur entre dans un chapitre allemand, ainsi que je suis certain qu'elle le fera, vous serez seule l'héritière unique des Niorres. Donc, vous possédez un peu plus de cinq millions de livres. Or, si je ne suis pas amoureux de vos charmes, je suis fortement épris de votre fortune. Si je n'ambitionne pas la possession de votre personne, je tiens essentiellement à arriver promptement à celle de vos richesses. Ceci n'est plus seulement de la franchise, c'est de la brutalité... je le sais, je le sens... Pardonnez-moi donc ces circonstances qui exigent que je vous parle ainsi que je le fais.

Bamboula s'arrêta, Blanche ne sourcilla pas.

— Après? dit-elle simplement.

— Je vous ai dit ce que vous étiez, reprit Bamboula. Il faut maintenant que je vous dise, nettement, qui je suis. Vous m'avez connu, jadis, sous le nom de comte de Sommes: ce nom n'était pas précisément celui de mon père. Il ne m'appartenait que parce que je l'avais volé !

Blanche tressaillit.

— Je me nomme Bamboula, continua l'impudent personnage, du surnom que m'ont donné mes camarades de chaîne. Je suis un ancien forçat...

— Je le sais ! s'écria Blanche.

— Évadé avant d'avoir fini son temps ! poursuivit Bamboula toujours impassible. Usurpant un titre qui ne m'appartenait pas, m'abritant sous un nom qui n'était pas le mien, j'ai commis toutes sortes de crimes en jouissant d'une impunité complète. Longtemps j'ai trompé tout le monde, j'ai eu des amis dans les rangs les plus élevés de la société, et tandis que ma main droite serrait celle du duc de Chartres, ma main gauche étreignait toujours les doigts de mes anciens camarades de Brest. Je jetais, dans les salons dorés de l'aristocratie, l'or qui me provenait de mon association avec les bandits. Vous voyez que je vous dis exactement ce que j'ai fait dans ma vie, et si vous qualifiez cette franchise d'un éhonté cynisme, je vous assure que j'éprouverai un calme sans une émotion dolente. Au reste, ajouta-t-il, peu m'importe que vous fassiez ou non cette réponse dont je ne chicanerai pas les expressions.

Bamboula, s'arrêtant à cette causerie canaille, resta dans une pose affectée et dominante.

Dans cette attente silencieuse, qui suspendait la situation, la physionomie de Blanche exprima un dédaigneux mépris.

Ses souvenirs de Gouesnou, avant l'attaque et au moment de l'arrivée subite d'Henri en face du faux comte de Sommes, lui rappelèrent cette condamnation du bagne, et elle vit la marque en regardant l'épaule du forçat.

— Allons ! répondit Bamboula. Je vais continuer ! Vous comprenez qu'il faut que j'aie un motif puissant pour vous parler ainsi que je le fais. Je n'éprouve aucunement le besoin de vous raconter ma vie, et ce n'est ni pour vous distraire, ni pour vous édifier sur mon compte, ni par nécessité d'épancher mes pensées que je vous entretiens à cette heure. Non ! un mobile me pousse et ce mobile vous apprendrez dans quelques instants ce qu'il est. Laissez-moi continuer. Je me confesse et je ne vous demande ni discrétion, ni absolution. Nous disions donc, continua Bamboula en croisant ses jambes l'une sur l'autre et en prenant des airs penchés que n'eût pas désavoués jadis le comte de Sommes, l'élégant adorateur de la belle marquise d'Horbigny, nous disions donc que j'étais un bandit... mais un bandit de la pire espèce... Tel que vous me voyez, j'ai mérité cinquante fois au moins la roue, alors que l'on rouait, et la potence, alors que l'on pendait. Tenez ! et pour vous donner une idée exacte de ce que j'avance, c'est moi qui ai eu le premier la pensée des accidents survenus dans votre famille...

— Vous ! s'écria Blanche.

— Moi-même !

— Vous ! vous ! ajouta-t-elle.

— Oui ! répondit simplement Bamboula.

Blanche s'était dressée comme si tout son corps eût été mû par un ressort d'acier.

— Vous êtes, vous, l'assassin des miens ! fit-elle avec une expression intraduisible.

— Le mot n'est pas juste, répondit froidement Bamboula, je n'étais pas seul, mais j'avoue avec une certaine fatuité, que j'ai été l'un des principaux chefs de cette remarquable affaire.

— Horreur ! dit Blanche en reculant.

— Bah ! fit Bamboula, asseyez-vous donc, je n'ai pas fini.

Blanche paraissait affolée...

— Mais pourquoi me dire tout cela ? s'écria-t-elle avec violence.

— Laissez-moi achever et vous le saurez ! reprit l'impassible bandit. Maintenant vous êtes fixée sur mon compte, n'est-il pas vrai ? Je vous ai donné les renseignements suffisants, et je dois naturellement vous faire horreur. Eh bien ! je profite de ce sentiment que je suis heureux de vous avoir inspiré pour vous faire une dernière fois la demande de votre main.

Blanche ne répondit pas.

Ce qu'elle entendait de cette conversation monstrueuse la suspendait dans une attente douloureuse.

Son cœur battait avec une secousse violente, et un éblouissement s'empara de tout son être.

Les tempes de son front se gonflaient, ses yeux s'ouvrirent, sa respiration s'arrêta et elle allait s'évanouir.

Bamboula comprit qu'elle était dans une situation entre la vie et la mort.

— Calmez-vous ! dit-il, et écoutez encore. Puisque vous ne saisissez pas la portée de mes paroles, je vais m'expliquer plus nettement. Vous avez ou vous aurez un jour cinq millions de fortune. Eh bien ! ces cinq millions, je les veux pour moi seul. Cela est clair ! Or, comment pourrais-je les avoir et comment pourrais-je m'assurer à jamais leur possession sans rien avoir à redouter dans l'avenir ? Une donation peut être facilement attaquée. Une substitution de personne n'est pas possible... Une falsification de pièces... il ne faut pas y songer. Il n'y a qu'un moyen, moyen sûr, efficace, indiscutable : c'est le mariage. Donc, comme je veux vos cinq millions, il faut que je vous épouse. C'est on ne peut pas plus logique, n'est-ce pas?

Depuis quelques instants, Blanche, surmontant l'émotion formidable qui avait failli la terrasser, fit sur elle-même un héroïque effort, qui avait ramené le calme dans ses esprits et elle releva fièrement la tête. En face de la lutte, la courageuse jeune fille avait fait appel à ses forces, et toute son énergie morale lui était revenue. En comprenant où Bamboula voulait arriver, elle plissa ses lèvres avec une expression de menace écrasante, et ses beaux yeux, se ranimant soudain, lancèrent un rapide et double éclair.

— Ainsi, dit-elle, vous ne renoncez pas au but infâme que vous m'expliquez?

— Non, fit Bamboula.
— Vous voulez me contraindre à m'unir à vous ?
— Oui.
— Il faudra alors que je souille ma main en la plaçant dans la vôtre qui est teinte du sang de ma famille, que vous avez assassinée et empoisonnée ?
— Oh ! fit Bamboula en souriant avec un excès d'impudeur qui décelait toute l'effroyable gangrène de ce cœur vicié, oh ! si la main vous répugne à toucher... je mettrai des gants.
— Mais, dit Blanche, toujours maîtresse d'elle-même, je ne vous crois pas !
— En vérité ?
— Vous voulez vous jouer de moi.
— Vous croyez ?
— Vous ne pensez même pas ce que vous dites.
— Eh ! eh ! dit Bamboula en souriant, je serais donc plus fort que je ne crois l'être.
— Si vous vouliez réellement me contraindre à accepter ce pacte que vous me proposez, vous m'auriez caché votre passé.
— Vous pensez cela ?
Blanche ne répondit pas.
— Eh bien ! poursuivit Bamboula, vous vous trompez !
— Je me trompe.
— Mais oui !
— Quoi, misérable ! vous avez supposé qu'après vos horribles aveux il y aurait une force humaine capable de me faire consentir à devenir votre complice ?... Vous donner ma main... à vous !... Oh ! je me couperais le poignet avant que mes doigts ne fussent salis par le contact des vôtres !
— Oui... oui ! fit Bamboula dont le sang-froid ne se démentait pas en présence de l'exaltation croissante de la jeune fille, ces choses-là se disent, mais on ne les fait pas. D'ailleurs, écoutez-moi encore. Je n'ai aucun amour, je vous le répète. Je n'éprouve que de l'antipathie pour vous, moi, et c'est précisément ce qui fait ma force. Je n'ambitionne que la fortune

et non la femme. Bien plus, la fortune à la condition d'une union qui nous riverait l'un à l'autre, me serait pénible à accepter. Je veux que vous me haïssiez ; je veux que vous me méprisiez ! voilà pourquoi j'ai parlé. Mon plan est bien simple. Votre sœur entrera dans un chapitre allemand et elle y prononcera ses vœux. Donc, je n'ai à m'occuper que de vous seule, puisque vous devenez son héritière. Nous allons nous marier ; en signant les registres du municipal, vous signerez, en même temps, un acte tout préparé, et par lequel acte vous me faites une donation de tout ce que vous possédez. Une telle donation est inattaquable, car elle ne saurait être discutée que par votre famille qui n'existe plus. Une fois unis, je suis donc en possession de vos cinq millions, et je me charge de les faire rentrer promptement dans ma caisse. Vous, vous serez libre ; et comme vous ne pourrez vivre avec moi, après ce que je viens de vous dire, votre refuge sera le couvent où sera entrée votre sœur. Comprenez-vous tout à fait, maintenant ?

— Et si je refuse ? dit Blanche.

— Vous ne refuserez pas.

— Vous m'assassinerez ?

— Non ! dit Bamboula avec un effrayant cynisme. Si je vous tuais, je tuerais, du même coup, mes espérances !

— Mais j'aime mieux mourir !

— Je vous en empêcherai comme j'ai su le faire jusqu'ici. Je ne pense même pas à vous faire disparaître violemment, une fois le mariage accompli : comment pourriez-vous supposer que je vous laisserais mourir avant ! Mais votre mort, même après que j'aurais vos millions, serait pour moi un grave embarras, car, enfin, on pourrait m'accuser. Or, on risque une accusation quand on ne possède rien, mais quand on possède cinq millions, on risque tout. C'est pourquoi je tiens essentiellement à ce que, le mariage célébré, la donation signée, vous vous retiriez, en Allemagne, dans quelque vieux cloître, et c'est pour que vous ne puissiez pas avoir la pensée de vivre une minute avec moi, que je vous ai raconté ma vie.

— Mais, cette vie que vous m'avez racontée, je la dévoilerai à la justice ! s'écria Blanche.

— Bah ! et des preuves ?

— Je dirai...

— On ne vous croira pas !

— Je ferai...

— Rien ! interrompit Bamboula d'une voix forte. Tout est préparé ! tout est prévu ! Le mariage célébré, des mains sûres, des mains auxquelles vous ne pourrez échapper, car elles ont intérêt à votre séquestration, vous conduiront au couvent que je vous destine, à vous et à votre sœur, et nous ne nous quitterons qu'après que vos vœux seront prononcés. Or, vous connaissez les règles monastiques de l'Allemagne ? On entre bien dans un couvent, mais on n'en sort plus !

Blanche résistait encore à ce misérable qui l'accablait et la terrifiait.

Et, dans ce moment suprême qui réunissait ses forces, elle ajouta :

— Donc, dit-elle, il faut que je sois votre femme ?

— Oui, dit Bamboula.

— Ma liberté est à ce prix ?

— Oui.

— Eh bien ! je refuse absolument et je resterai dans cette prison ! Ah ! vous m'en avez trop dit ! Cet or que vous voulez posséder, vous ne le posséderez pas ! Cet acte que vous avez entre vos mains, vous ne pourrez en faire usage. Cette fortune que vous rêvez, vous ne l'aurez jamais ! Je brave vos menaces, je brave vos paroles outrageantes, je brave les tortures que vous pourrez m'infliger, je brave la mort ! Mais consentir à devenir votre femme, moi ! oh ! vous ne pouvez l'espérer !

Et la jeune fille, le dominant et l'écrasant de son regard, se redressa sublime de résignation, d'énergie et de colère. Sa main frémissante, étendue en avant, semblait menacer le bourreau qui la torturait et lancer l'anathème sur cet homme éhonté qui venait, froidement, lui proposer le marché le plus infâme. Bamboula la contempla un moment en silence et ses yeux fauves s'animèrent en voyant cette merveilleuse jeune fille, noble et belle, et que son émotion illuminait.

— Hum! murmura-t-il. Elle est fort belle, cette petite!

Puis secouant la tête et faisant un pas vers Blanche :

— Vous voyez, lui dit-il, je suis habillé pour la circonstance. Les témoins de notre union sont en bas et attendent dans une voiture. Le municipal est prévenu, il faut que nous soyons mariés avant la fin du jour, et il commence à se faire tard!

Blanche détourna la tête sans répondre.

Bamboula lui présenta le bras :

— Partons! dit-il.

Se reculant avec une pose énergique, et restant immobile, elle l'écrasa de son mépris :

— Assassinez-moi! mais ne m'insultez plus! Ah! je suis forte, ici! Il n'y a pas, comme à Brest, un échafaud sanglant dressé sur cette place et une victime prête à monter sur cet échafaud. Nous sommes seuls, et je brave les tortures!... Qui peut me vouer à l'infamie ?... La mort ? je l'attends!

Et Blanche, étreignant ses bras, lança à Bamboula un regard de défi qui lui communiqua une rage rugissante.

— Tu ne veux pas! dit-il d'une voix rauque. Eh bien! tu vas vouloir!

Et s'élançant contre la cloison, il appuya son doigt sur le bois peint. Un claquement sec se fit entendre, puis le lambris glissa sur lui-même comme une porte d'armoire à coulisse et une glace sans tain se dressa sur la cloison mobile.

Blanche regardait, stupéfaite.

Mais, à ce moment où la boiserie disparaissait, la jeune fille fut frappée par une apparition qui lui fit pousser un cri déchirant. Elle fit un pas en avant comme pour s'élancer, et, chancelant tout à coup, elle allait s'affaisser sur elle-même, lorsque Bamboula, lui saisissant le poignet, la contraignit à demeurer debout. Blanche était fascinée, sans voix, pantelante et foudroyée.

— Regarde ! dit Bamboula de sa voix grave et incisive.

De l'autre côté de la glace, dans une vaste pièce voisine, sur un canapé de velours rouge, une femme garrottée était étendue. Un mince bâillon couvrait sa bouche sans empêcher que l'on pût distinguer les traits du visage. Cette femme était couchée, le corps maintenu par des liens qui l'attachaient, la tête renversée en arrière.

Près d'elle se tenait un homme debout, immobile, la main armée d'un long poignard à la lame aiguë et tranchante. Elle reconnut que c'était Pick, et la femme menacée était Léonore de Nierres.

Une pendule en marqueterie était accrochée à la muraille, précisément au-dessus du canapé. Le cadran de cette pendule marquait deux heures moins deux minutes.

Bamboula fit entendre un coup de sifflet aigu et strident. Pick leva le bras.

La lame menaçante était suspendue au-dessus de la poitrine de Léonore... Blanche poussa un nouveau cri et voulut encore s'élancer, mais Bamboula la cloua sur place.

— Consens-tu à m'épouser ? dit-il.

Blanche ne répondit pas.

— Quand deux heures sonneront, poursuivit Bamboula en élevant la voix et en s'adressant à Pick qui le regardait, en attendant le signal, quand deux heures sonneront... frappe ! frappe sans hésiter et sans attendre un nouvel ordre ?

Blanche frémissait sans trouver la force de formuler une parole. Ses mains se joignirent suppliantes et se tournèrent vers Bamboula, mais il désigna le cadran de l'horloge. Un silence profond régna un moment dans les deux pièces que la glace sans tain séparait seule.

On entendait le mouvement de la pendule résonner régulièrement. Le lourd balancier de cuivre jaune promenait lentement son disque de droite à gauche et de gauche à droite.

Pick levait sa lame menaçante. Léonore, ne pouvant faire un geste, ni pousser un cri, était étendue comme une victime destinée au sacrifice.

Bamboula attendait froidement. Tout à coup, au milieu du silence, un léger claquement retentit. C'était l'échappement du timbre qui précède de quelques secondes le coup du marteau sur la sonnerie. La grande aiguille atteignait le chiffre X de midi. La lame était suspendue au-dessus de la victime, et elle refléta le rayon du jour dans un éclat sur l'acier. Blanche se ranima soudain.

— Consens-tu? cria Bamboula d'une voix frémissante.

Le premier coup de deux heures retentit. Pick leva le bras pour frapper plus sûrement.

— Consens-tu ? répéta Bamboula.

— Oui ! fit Blanche, d'une voix qui n'avait plus rien d'humain.

Il poussa un cri sauvage. Pick jeta son poignard. Le second coup de deux heures retentit sur le timbre. Bamboula entraînait, vers la porte, Blanche à demi-folle, et désormais à la merci de ce bourreau.

XIII

LE CABARET DE LA RUE AUX FÈVES

Ce cabaret avait une salle enfumée, garnie d'une vingtaine d'hommes vêtus de lambeaux, aux physionomies farouches, aux mains calleuses et velues. Les tables et les bancs avaient été rangés dans les coins, afin de laisser un espace libre au milieu de la pièce.

En face de ces hommes s'en tenaient trois autres aux chemises de laine bleue, aux vareuses solides et épaisses, aux pantalons larges et courts, attirant, sur eux, toute l'attention de ceux qui les regardaient. C'étaient Mahurec, le Maucot et Petit-Pierre.

— Comme ça, disait le gabier, vous avez suivi mon plan, hein ! vous êtes tout le nanan de la bonne poigne, les plus suivés des suivés, les plus forts des plus forts ; il n'y a pas dans ce gueusard de Paris un terrien tant seulement capable de vous faire brasser à culer ?

L'un des plus gigantesques des géants, qui faisaient face aux trois matelots, s'avança en se dandinant sur les hanches :

— Si tu veux dire, fit-il d'une voix avinée, qu'il n'y en a pas parmi nous un seul qui ne soit capable de flanquer une brossée au plus solide, tu ne t'es pas trompé.

— C'est ça, mes fistons, reprit le gabier. Pour lors et comme ça, vous avez compris mon plan, ainsi que je le disais. Eh donc ! voilà la chose en deux temps. Le Maucot, ici présent, est le plus crâne des plus crâne des marsouins de la maucotte, qu'il n'y a pas à la Seyne (faubourg de Toulon), un matelot capable de le faire s'affaler à fond de cale. Petit-Pierre que voilà a dressé à bouche que veux-tu tous les flatons de Roquefort, et il dit qu'un terrien est pour lui une balle de coton. Enfin, moi, Mahurec, le gabier des gabiers, je me charge de décrocher la langue avec un tour mort sur la barre du cou à tout un chacun qui voudrait s'amuser. Pour lors, les enfants, le matelot à terre aime les coups, comme en mer il aime la brise : il faut qu'il en donne, histoire de rire, et les autres et moi nous sommes aujourd'hui en humeur de rigoler. C'est pourquoi que nous avons fait celui de venir avec vous dans la cambuse. Un pari, comme disent les bouledogues d'Anglais que je crocherais bien au bout d'une vergue. Ça va-t-il ? Vous êtes vingt, nous sommes trois ; chacun son tour. Faut que nous passions tous les trois dans la cave que voici, ou que vous y passiez tous. A moi l'un, au Maucot le deux, et à Petit-Pierre le trois, et après on recommencera jusqu'au bout. Ça va-t-il ?

— Ça va ! répondirent les hommes en riant.

— Alors, garçon ! cria Mahurec, ouvre ton sabord et dégage l'écoutille.

— Mais, dit le garçon, il y a des bouteilles dans la cave. Si on tombe dessus, on les cassera.

— Si on les casse, on les payera ! interrompit Mahurec. As pas peur ! la poche est lestée, et le doublon est dans la soute !

Et le matelot frappa sur sa poche qui rendit un son argentin.

— Qué ! fit le Maucot. On a encore ses parts de prise, moussaillon ! C'est l'Anglais qui paye. Faut bourlinger un peu ! Ça va-t-il, toi les autres ?

— Ça va ! firent les hommes en ricanant.

— Une pièce de cinq livres par homme dans la cave ! poursuivit Mahurec, et quatre par chacun de nous qui s'affalera à fond de cale !

— C'est dit ! répéta le chœur.

L'agréable jeu que proposait le matelot était tout

à fait du goût des citoyens. La bataille, qui allait avoir lieu, flattait les instincts brutaux de ces bandits que Mahurec avait dû ramasser dans l'écume de la Cité. Ces pièces d'argent étaient un appât pour ces mauvais sujets. Ils étaient vingt et leurs adversaires n'étaient que trois. La victoire ne leur semblait donc nullement douteuse, et le gain de cette victoire paraissait d'autant plus assuré que Mahurec avait la bourse bien lestée, ainsi qu'il avait dit lui-même.

La partie proposée fut donc acceptée avec enthousiasme. Le marchand de vin, rassuré à l'endroit de la casse, décrocha la barrière de bois qui fermait l'entrée de la cave et se retira au fond de la salle, laissant le gouffre béant et noir. Chacun se rangea, faisant place nette devant l'ouverture. Les vingt hommes s'établirent en demi-cercle allongé : le Maucat et Petit-Pierre se placèrent devant la porte donnant sur la rue. Mahurec s'avança seul au centre du cercle vide.

—A qui le tour ? fit-il en retroussant les manches de sa vareuse et en contemplant, d'un coup d'œil caressant, ses mains énormes avec lesquelles il avait, à la *Trinidad*, si bien soutenu l'honneur breton contre l'orgueil britannique.

Les hommes se regardèrent : enfin l'un d'eux s'avança. Celui-là était un véritable hercule de force, un de ces êtres dont la vue inspire à la fois le dégoût et la crainte. Ses bras velus étaient nus, et une carmagnole déchirée cachait mal ses épaules carrées et osseuses. Mahurec contempla son adversaire sans bouger de place : il attendait. L'hercule s'avança lentement, le corps ramassé sur les jarrets, les bras repliés, les poings hauts, tournant autour de sa proie.

Mahurec suivit de l'œil les mouvements de son adversaire, se tenant sur la défensive. Durant plusieurs secondes le même manège continua, sans que la lutte fût autrement engagée.

Tout à coup l'homme détendit ses jarrets, bondit

en avant et s'élança sur le gabier... Mais un coup de poing appuyé avec violence, renversa l'adversaire : en retombant sur le matelot, il fut enlevé de terre, balancé comme s'il eût été enlevé par une catapulte. Il avait disparu par l'ouverture de la cave.

Un ouf ! prolongé et accompagné d'un formidable cliquetis de verres cassés suivit aussitôt la chute. Mahurec salua la société.

— Voilà comme ça se joue ! dit-il. A un autre !

— Minute ! fit le Maucot en s'avançant ; faut pas tout manger à toi seul. Et la part des amis !

Et, repoussant doucement Mahurec qui recula, il se campa en face des dix-neuf hommes restant.

— Eh donc ! qué ! fit-il avec un claquement sonore des lèvres. A qui le numéro deux ?

Un homme s'avança ; mais la chute du premier avait donné matière à réflexion aux autres, et celui-ci, qui se présenta en face du Provençal fit mine de prendre toutes ses précautions pour s'éviter une défaite. Refusant l'attaque, il parut vouloir se tenir sur la défensive et réserver tous ses moyens d'action pour la riposte. Les deux hommes demeurèrent en face l'un de l'autre, se mesurant du regard au milieu du plus profond silence. Mais cette attente n'était pas compatible avec l'ardente nature du matelot provençal.

— Eh qué ? fit-il, tu attends ?... Eh donc ! que tu n'attendras pas longtemps !.... Une... deux.... et trois...

D'un bond le Provençal était sur l'homme. Un croc-en-jambe et un coup de poing appliqués simultanément avec une prestesse d'allure, l'un sur la cheville gauche, l'autre sous la mâchoire, et tous deux agissant en sens opposé, produisirent un résultat instantané. L'adversaire du Maucot avait allongé un coup de poing qui se perdit dans le vide. Fauché à sa base poussé à son sommet, il perdit l'équilibre et il alla piquer une tête en arrière dans le gouffre toujours béant. Le Maucot avait opéré aussi rapidement que l'avait fait Mahurec.

Petit-Pierre était déjà au centre du cercle vide, impatient, lui aussi, de donner la mesure de ses forces et de son adresse. Les adversaires des trois matelots s'entre-regardaient en échangeant une légère grimace ; mais le découragement était loin encore de s'emparer d'eux. S'il y avait deux hommes dans la cale, comme le disait Mahurec, il y en avait encore dix-huit debout. D'ailleurs les plus formidables athlètes n'avaient point encore donné. Se tenant en arrière, ils avaient laissé passer devant les plus pressés, ceux sur lesquels on comptait le moins, et ils formaient le corps de réserve, celui qui devait décider la victoire et terminer la lutte. Cependant les deux premières défaites avaient un peu humilié les vaincus, et on jugea prudent d'expédier à Petit-Pierre un adversaire sur la solidité éprouvée duquel on pouvait compter.

Le troisième lutteur, qui vint accepter le combat, possédait l'une de ces natures essentiellement nerveuses qui paraissent créées pour le pugilat. Celui-là se nommait Casse-Poitrine. Se campant en lutteur émérite, il chercha tout d'abord à saisir son adversaire. Petit-Pierre, l'œil au guet, la narine dilatée, les coudes au corps, évitait une étreinte qu'il supposait pouvoir lui devenir fatale. Les deux hommes se tâtaient. Les spectateurs intéressés regardaient avec une anxiété manifeste. Enfin Petit-Pierre fit une faute et les adversaires se joignirent. Casse-Poitrine, profitant de son avantage, saisit Petit-Pierre par la taille et l'enleva de terre. Les dix-sept hommes poussèrent un cri de triomphe. Mahurec et le Maucot laissèrent échapper de leurs lèvres un formidable juron. Le Provençal fit un pas comme pour s'élancer au secours de son camarade, mais Mahurec le cloua sur place en lui posant la main sur l'épaule.

Casse-Poitrine s'était rapproché de la cave. Petit-Pierre, se débattant sans pouvoir se dégager, voyait ses pieds presque suspendus au-dessus du vide. Cessant alors de se défendre, il demeura immobile entre les bras qui l'étreignaient à l'étouffer. Les amis de Casse-Poitrine piétinaient de joie. Mahurec et le

Mancot serraient les poings à s'enfoncer les ongles dans la chair. Les deux lutteurs touchaient l'ouverture de la cave. Casse-Poitrine réunit ses forces pour lancer dans le vide son adversaire...

Celui-ci, glissant comme une anguille entre les doigts qui l'étreignaient, se dégagea soudain, avec une dextérité telle que Casse-Poitrine eut à peine le temps de s'apercevoir de ce qui arrivait. Petit-Pierre s'était replié sur lui-même : ses deux pieds touchaient le sol alors. Sa tête baissée arrivait à la hauteur de la poitrine de son adversaire...

Se baissant plus encore, il enlaça les jambes de Casse-Poitrine et, se relevant soudain, il enleva à son tour son adversaire, qui glissa par-dessus la tête du matelot. Cette manœuvre s'était accomplie avec la rapidité de l'éclair. Casse-Poitrine enlevé de terre, lancé par-dessus son adversaire, glissant sur son dos comme sur une pente rapide, Casse-Poitrine entra la tête la première dans la cave, pénétrant dans l'ouverture.

En un clin d'œil le tour était fait. Mahurec et le Mancot sautèrent en dansant : les autres regardaient avec une stupéfaction subite. Ils avaient été tellement certains de la victoire de Casse-Poitrine, qu'ils ne pouvaient en croire leurs yeux.

Mahurec ne leur laissa pas le temps de revenir de leur étonnement. Reprenant vivement la place de Petit-Pierre :

— A moi, les fistons ! dit-il.

L'un des hommes se détacha du groupe et se présenta résolument. La lutte continua et toujours à l'avantage des trois matelots. La rage commençait à mordre au cœur les vaincus et le jeu tournait peu à peu au combat réel. Chacun des trois marins avait déjà triomphé de trois adversaires, et neuf des vingt hommes étaient arrivés, tant bien que mal, au fond de la cave. Les onze restant debout et qui n'avaient point encore lutté, frémissaient de colère et d'impatience. Les mauvais sentiments enracinés dans ces bandits les excitaient et redoublaient leur ardeur.

Tous s'avancèrent à la fois pour attaquer. Le tour de Mahurec était revenu.

— Ho ! hô ! fit le gabier en voyant l'empressement de ses adversaires, chacun son tour ! minute ! Tu y passeras. Un peu de patience !

— A moi ! à moi ! crièrent plusieurs forcenés en gesticulant et en menaçant à la fois le matelot.

— Minute, que je te dis, tas de trop pressés.

— A la cave les matelots ! hurla une voix.

— De quoi ? fit Mahurec. Le grain monte !

— A la cave ! à la cave ! répéta-t-on.

— Je vais vous y affaler tous à la cave !

— Faut venger nos amis !

Comme le disait Mahurec : évidemment le grain montait et montait vite. Petit-Pierre fronçait ses épais sourcils ; le Marcot serra d'un cran la ceinture de son pantalon.

— Veille ! cria le Provençal à Mahurec. Ouvre l'œil, matelot, nous voilà le nez dans la brise.

— Branle-bas général ! ajouta Petit-Pierre en voyant dix bras menacer à la fois Mahurec.

Mais le roi des gabiers tenait tête à l'orage et paraissait aussi calme au milieu du tumulte que s'il se fut pomoyé pour larguer une voile par une brise carabinée.

— Puisque je te dis que tu auras chacun ton tour ! criait-il de sa voix puissante. Allons ! où qu'est le numéro 10 ? Brasse à culer, toi, les autres, et nettoie un peu le pont !

— Mais les cris redoublaient. Les hommes craignant, d'après ce qui venait de se passer, que chacun d'eux, pris séparément, ne fut envoyé dans la cave, n'étaient plus tentés de continuer une lutte individuelle. La rage et les mauvais instincts les poussant tous, ils voulaient faire payer aux trois matelots les victoires successives qu'ils venaient de remporter.

Mahurec voyait le grain venir et il s'efforçait de conjurer la tempête qui, en éclatant, allait probablement renverser le plan qu'il avait formé. Cependant la patience en face des injures et provocations n'étant

7.

pas la première qualité du digne homme, il commençait à se tortiller le bout de l'oreille, ce qui était chez lui un signe infaillible de colère prête à éclater. Deux des hommes les plus menaçants et les plus hardis s'approchèrent trop près du gabier. Mahurec, pour se faire place, envoya deux coups de poing à bras tendu. L'un des deux hommes roula, la mâchoire ensanglantée, en faisant une trouée parmi ses amis. L'autre s'abattit assommé et sans mouvement. Cet énergique incident fut l'étincelle qui mit le feu aux poudres.

La salle éclata...

Neuf hommes se précipitèrent, à la fois, sur les trois matelots, mais sans répartir également leur attaque. Tandis que Petit-Pierre ne se trouvait en face que de deux ennemis, le Manchot en avait trois sur les bras, et Mahurec était entouré par quatre des plus furieux. L'un de ceux qu'il avait renversés revint même à la charge. Puis, au bruit de la lutte terrible qui s'engageait sur tous les points, les vaincus, qui étaient jusqu'alors demeurés consciencieusement dans la cave, se hissèrent le plus lestement possible dans la salle et s'empressèrent de prêter main-forte à leurs compagnons. Le marchand de vin et ses garçons, en voyant la bagarre, coururent, sans se soucier des hommes, s'emparer des bouteilles pleines et des verres et se retirèrent ensuite prudemment, laissant le champ libre aux lutteurs.

La mêlée était horrible.

On ne voyait qu'un flot de têtes roulant les unes sur les autres, que des jambes s'enchevêtrant, que des bras se levant menaçants et s'abaissant pour frapper. Des cris rauques, des sifflements stridents, des vociférations effrayantes s'échappaient de toutes les poitrines. C'était un vacarme affreux, une bataille sans nom. La victoire demeurait encore indécise, mais elle ne pouvait être douteuse. Quelques-uns des hommes avaient été blessés en tombant dans la cave et ne pouvaient plus combattre, mais plus de quinze étaient encore dispos et alertes, neuf n'avaient point encore lutté, et il était matériellement impossible, même avec le courage de Mahurec, de Maucot et de Petit-Pierre, malgré leur énergie et leur force, qu'ils pussent résister au nombre.

Mahurec, couvert d'une véritable grappe d'ennemis, s'était secoué et violemment qu'il en avait renversé plusieurs, mais il était littéralement écrasé par le flot qui se ruait sur lui. Petit-Pierre avait mis l'un de ses adversaires hors de combat et il faisait à l'autre un fort mauvais parti. Le Maucot, réunissant toute sa force, était parvenu à rejeter dans la cave deux de ceux qui s'acharnaient après lui, mais il se trouvait encore face à face avec deux autres. Aucun des trois braves matelots ne fléchissait, mais leur énergie devait finir par s'épuiser. Celui qui avait le plus à faire pour se défendre était Mahurec.

Le roi des gabiers, ce vieux loup de mer qui avait lutté contre vingt tempêtes et dix combats, contre les hommes et contre les éléments et qui avait toujours triomphé de tous les obstacles, soutenait le choc avec une force extraordinaire. Quatre de ses ennemis avaient été renversés sous ses pieds et gisaient à demi étranglés sur le sol boueux. Cependant, la lutte n'était pas possible : elle ne pouvait se prolonger, et déjà elle menaçait de toucher à son terme. Mahurec séparé de ses amis était acculé dans un angle. Le Maucot, fou de rage, écumant, rugissant, était poussé vers la cave. Petit-Pierre s'élança à son aide.

En ce moment où la mêlée était la plus furieuse, la porte de la rue s'ouvrit subitement. Un homme d'une taille colossale, d'une stature réellement gigantesque, pénétra dans la salle. S'arrêtant sur le seuil, il contempla d'un rapide coup d'œil la scène terrible qu'il avait sous les yeux, puis, sans hésiter, il bondit vers Mahurec ou plutôt vers ceux qui s'efforçaient d'abattre le roi des gabiers. De ses doigts puissants, cet homme saisit deux bandits par leur carmagnole, les enleva de terre de chacune de ses mains ; les arrachant du groupe et les traînant rapidement, il les lança dans la cave toujours béante. Petit-Pierre réussissait à dégager le Maucot. Alors la lutte recommença, mais sous une autre face.

Un allié digne d'eux était survenu aux trois marins. Les quatre hommes, reprenant à la fois l'attaque et l'avantage, se ruèrent sur leurs ennemis. La mêlée fut encore épouvantable, mais de courte durée. En quelques instants la salle fut balayée ; les trois matelots et leur défenseur demeurèrent seuls debout : tous les autres avaient été précipités dans la cave. La victoire remportée, le Maucot s'adressant à celui dont la venue avait été si propice aux marins :

— Eh donc ! dit-il en lui tendant sa main ouverte. Comment va, quê ? mon bon ?

— Tonnerre de Brest ! cria au même instant Mahurec. C'est Papillon !

Le colosse, car effectivement c'était lui, adressa au gabier un sourire amical. Mahurec se rapprocha de Papillon et lui saisissant le bras :

— Quoi de nouveau ? dit-il.

— Rien ! répondit Papillon.

— Mademoiselle Léonore ?

— N'est pas revenue ni retrouvée.

— Tonnerre ! et mes officiers ?

— Ils deviendront fous, si cela continue !

— Tonnerre !... fit encore Mahurec.

Puis il ajouta en se parlant à lui-même :

— Allons le matelot est là ! Tiens bon ! Faut continuer la route et naviguer en grand !

Et il fit signe au Maucot de venir à lui :

— Quoi que nous allons faire des terriens ? demanda le Provençal en désignant la cave.

— Ce qui a été convenu, répondit Mahurec. Leste et preste, sans bourlinguer ! Ils ont reçu la volée, c'est ce qu'il fallait. Maintenant du vin, comme s'il en pleuvait ; remue la cambuse !

— Ohé ! le cambusier ! hurla le Maucot. En haut les bouteilles, et du meilleur !

Mahurec s'était rapproché de l'ouverture de la cave.

— Eh ! tas de terriens ! cria-t-il en se penchant en avant. On s'est assez patiné pour embarquer un verre de vin. Allons ! hale-toi dessus ! Tout le monde sur le pont ! Pomole-toi sur les enfléchures !

— Du vin ! du vin ! criaient le Mascot et Petit-Pierre.

— Voilà ! voilà ! citoyens ! répondirent les garçons qui, le calme revenu, avaient opéré leur rentrée dans la salle.

Pendant ce temps, Mahurec continuait à adresser son invitation à ses ennemis de tout à l'heure.

— Tout le monde sur le pont ! criait-il, et pas de rancune. On s'est croché, histoire de rire et de passer un moment d'agrément. Le liquide est paré ! En haut !

Deux des vaincus apparurent sur les premières marches de l'escalier. A ces deux hommes succédèrent deux autres, puis le reste de la troupe monta lentement les degrés humides et fit son entrée dans la salle. Les garçons marchands de vin avaient rapporté sur les tables les bouteilles sauvées du désastre. Mahurec cassa les goulots et remplit tous les verres.

— Ecoute un peu, vous autres ! reprit-il en s'adressant à ses anciens ennemis. J'avais dit cinq livres par homme à fond de cale et vingt pour chacun de nous. Eh bien ! changeons ! C'est ceux qui se sont affalés qui toucheront l'arriéré, et c'est nous que nous le payerons. Vingt livres pour chacun pour avoir amusé les matelots !

Et, fouillant dans ses poches, il en retira ses mains pleines de grosses pièces qu'il déposa sur la table. Cette pile d'argent ruisselant sur le bois, et les bouteilles de vin versées dans les verres chassèrent les nuages amoncelés sur les physionomies. Chacun fouilla au tas, chacun vida son verre, et chaque visage s'éclaira d'un sourire.

— Maintenant, vous autres, continua Mahurec, tu

connais mon numéro ? Main ouverte ou main fermée : dure avec les ennemis, généreuse avec les amis. Aux uns des coups, aux autres des douros ! T'as compris, hein, les vieux ? Pour lors, et d'une, quoi que nous sommes à cette heure ? Amis ou ennemis ? C'est-il entre nous de matelot à matelot ?

— Oui ! oui ! crièrent toutes les voix.

— Alors encore une tournée ! Garçon ! des bouteilles et du meilleur de ta soute aux liquides !

— Vivent les matelots ! répétèrent les mêmes hommes qui tout à l'heure hurlaient : mort aux matelots !

Les bandits étaient conquis, subjugués : ils reconnaissaient leurs maîtres. La force et la générosité sont les deux plus puissants mobiles pour remuer les masses et les dominer. Mahurec, dans sa bonhomie vulgaire, avait deviné juste. Il voulait se servir de ces hommes, il voulait qu'ils lui fussent dévoués, qu'ils lui appartinssent entièrement. Il avait commencé par les battre pour leur imposer sa force physique : il terminait en les payant et en les hébergeant. Le plan qu'il méditait avait pleinement réussi.

— T'as vingt francs chacun et mon amitié, reprit le gabier. En veux-tu gagner cent en argent ?

— Cent francs ! répétèrent tous les buveurs.

Cent francs en numéraire étaient une somme énorme à une époque où l'argent manquait et où le papier ne valait plus rien.

— Cent francs par tête à ceux qui me seront vrais matelots, dit Mahurec. Mon poing sur la face à celui qui coinchera ou qui dira non quand je dirai oui ! Ça va-t-il ?

— Ça va ! ça va ! répétait-on de toutes parts.

— Pour lors, les amours, nous allons commencer à nous entendre !

Et Mahurec, clignant de l'œil en signe d'intelligence au Mancot et à Petit-Pierre, Mahurec attira à lui un banc et s'installa carrément. Le visage du digne gabier rayonnait d'espérance. Papillon, debout dans un angle, contemplait cette scène à laquelle il ne comprenait évidemment rien. En ce moment, la porte du cabaret s'ouvrit de nouveau et un cinquième matelot se glissa dans la salle. Ce matelot, c'était La Rochelle.

— Tu viens trop tard, mon fiston, la farce est jouée! lui dit le Maucot en lui serrant la main.

— Possible, répondit La Rochelle, mais j'ai fait de la besogne aussi de mon côté.

— Quoi donc?

— J'ai trouvé un joint pour faire parler le prisonnier.

— Bah! Il a dit?...

— Rien encore, mais il jabotera, tu verras.

— Et où est-il?

— Toujours ficelé à quatre amarres, et c'est moi qui ai noué les garcettes! Pour s'en aller, faudrait qu'il emportât le bois de lit avec lui!

Cette conversation avait eu lieu à voix basse et tandis que Mahurec versait, de nouveau, à boire aux hommes qu'il voulait évidemment enrôler sous ses drapeaux. Le gabier se retourna à demi et tendit la main à La Rochelle.

— Ça va! dit-il; le point est relevé! Tu verras!

Et revenant vers les buveurs :

— Attention! fit-il d'une voix forte

XIV

LA VEILLE

Le 14 germinal l'agitation était extrême dans Paris, et une émeute était facile, sinon à étouffer, du moins à prévoir. La disette, l'horrible disette était toujours la cause principale de cette excitation, le grand moteur de toutes les passions mauvaises, car elle était plus désolante que jamais. L'abolition du *maximum*, décrétée récemment par la Convention, n'avait pu encore ranimer le commerce, et les grains n'arrivaient pas. Bien que l'on fût à une époque avancée de la saison, le 11 germinal était le 31 mars de l'ancien calendrier, le froid qui avait sévi si rigoureusement durant tout l'hiver, était toujours excessif : les rivières, les canaux étaient encore gelés. Pas un bateau ne pouvait arriver.

Les routes, couvertes de glace, étaient impraticables ; il fallait, pour rendre le roulage possible, les sabler à vingt lieues à la ronde. Pendant le trajet les charrettes étaient souvent pillées par le peuple affamé, dont les jacobins excitaient le courroux en répétant que le gouvernement était contre-révolutionnaire, et qu'il laissait pourrir les grains de Paris pour rétablir la royauté.

Pendant que les arrivages diminuaient, la consommation augmentait. La peur de manquer de pain faisait que chacun s'approvisionnait pour plusieurs jours. On délivrait, ainsi que cela avait été décrété, du pain sur la présentation de cartes ; mais la crainte de manquer faisait que chacun augmentait ses besoins. De quinze cents sacs par jour, la consommation s'était élevée à dix-neuf cents.

Puis l'abolition du *maximum* avait fait monter le prix de tous les comestibles à un taux extraordinaire. Pour les faire baisser, le gouvernement avait déposé chez les charcutiers, les épiciers, les boutiquiers, des vivres et des marchandises, afin de les donner à bas prix et de ramener un peu de bon marché. Mais les dépositaires abusaient du dépôt et vendaient plus cher qu'on n'était convenu avec eux. Depuis quelques jours, depuis surtout le commencement de ce mois de germinal dans lequel on venait d'entrer, les comités étaient dans les plus grandes alarmes, et attendaient chaque matin, avec une vive anxiété, les dix-neuf cents sacs de farine devenus indispensables.

Boissy-d'Anglas, que le peuple avait surnommé Boissy-Famine, venait faire sans cesse de nouveaux rapports pour tranquilliser le public, et tâcher de lui procurer une sécurité que le gouvernement n'avait pas lui-même.

Dans cette situation si cruellement tendue, les partis, surexcités encore davantage, s'élevaient furieux les uns contre les autres, s'accusant mutuellement des souffrances du peuple, se jetant des injures à la face.

Puis à ces discussions, provoquées par la nécessité de trouver un remède au mal, se joignaient celles qu'excitaient encore les passions politiques développées dans toute leur force.

Les menaces journalières des jacobins répandus dans les sections des faubourgs, leurs placards incendiaires, où ils annonçaient une insurrection prochaine si les patriotes n'étaient pas déchargés de toutes poursuites, et si la Constitution de 93 n'était pas remise en vigueur, leurs conciliabules publics, cette conspiration des *œufs rouges* et un dernier essai de mouvement avaient révélé à la Convention l'intention d'un nouveau 31 mai. Le côté droit, les Girondins rentrés, les Thermidoriens, tous également menacés, avaient songé alors à prendre des mesures pour prévenir une nouvelle attaque contre la représentation nationale. Sieyès, qui venait de reparaître sur la scène et de rentrer au Comité de salut public, proposa une loi martiale destinée à prévenir de nouvelles violences contre la Convention. Cette loi était celle de la *grande police*.

Le 10 germinal on avait discuté encore ce projet de loi.

Les patriotes des faubourgs, qui n'avaient pu entrer dans la salle, s'étaient répandus sur le Carrousel et dans le jardin des Tuileries.

Enfin, à dix heures du soir, après une journée orageuse qui avait commencé à dix heures du matin, l'assemblée se sépara, chacun sentant que le lendemain serait chargé de menaces. Ce lendemain, en effet, le 11 germinal, les faubourgs étaient en ébullition, et de bonne heure les abords de la Convention avaient été envahis. Dans la nuit on s'était prévenu qu'il fallait se rendre de nouveau à la Convention, et obtenir, par la violence, tout ce que l'on désirait. Dès l'aurore, des femmes et des enfants s'étaient réunis dans les faubourgs et dans la Cité, se portant devant les boutiques des boulangers, empêchant ceux qui venaient prendre la ration, et tâchant d'entraîner tout ce monde vers les Tuileries.

Jamais atmosphère politique n'avait été plus chargée et plus lourde que celle qui régnait, à Paris, ce 11 germinal 1795.

Les abords de la Convention, les places publiques, les faubourgs, les grandes voies présentaient le coup d'œil le plus inquiétant. Partout, en tous lieux, régnait une effervescence croissante.

Jacobins et thermidoriens sentaient approcher l'instant d'une lutte décisive, et chaque parti s'efforçait de remonter son courage, de renouveler ses forces, de recruter des auxiliaires. Le faubourg Antoine et le faubourg Marceau, la rue Honoré présentaient l'aspect le plus animé. Des groupes se formaient sur la chaussée, des hommes couraient, des femmes glapissaient, des enfants criaient et chantaient. Les boutiques étaient fermées pour la plupart.

Près de la rue de l'Échelle s'élevait alors une maison d'assez belle apparence qui, à en juger par le nombre de ceux qui, de tous points, arrivaient sous la porte, entraient, sortaient, allaient, venaient dans sa cour, devait être un lieu de conciliabule politique. Dans cette maison, effectivement, habitait à cette époque un personnage dont le nom commençait déjà à devenir célèbre, et qui bientôt devait être européen. Cette maison servait de demeure au conventionnel Fouché.

Dès huit heures du matin, l'animation avait pu facilement être remarquée par des voisins en quête d'événements.

A cette heure, Fouché était enfermé dans son cabinet avec Tallien et Barras. Tous trois discutaient avec une animation extrême à propos de la situation présente, de l'avenir gros d'orages et de ce qu'il y avait à faire pour la sécurité de la Convention.

— Je sais tout! disait Fouché. La conspiration des œufs rouges est parfaitement organisée, et j'en connais d'autant mieux tous les détails, que non-seulement je fais partie des conjurés, mais encore que j'ai promis, le moment venu, de me mettre à leur tête.

— Toi? s'écria Tallien.

— Moi-même.

— Tu agis contre nous! vociféra Barras.

— Mais, fit Fouché avec un haussement d'épaules, quand donc comprendrez-vous ce que doit être la police d'un grand pays? La police! mais vous ne savez donc pas de quelle puissance doit être ce mot seul! La police! mais elle doit non-seulement tout voir, tout savoir, tout entendre, tout écouter, tout surprendre, mais elle doit tout deviner, tout prévoir, tout connaître dans le présent, dans le passé et dans l'avenir. Quoi! je me suis chargé, en face des comités, de l'administration momentanée de la police de la République, une conspiration se forme pour renverser le gouvernement, et vous vous étonnez que je sois membre de cette conspiration, que j'aie promis d'en être le chef? Mais c'est le pont aux ânes qu'une pareille conduite. Certes, je suis à la tête de cette conspiration, et tant que je m'occuperai de l'administration, il ne se formera pas dans l'État un complot dont par moi-même, ou par des hommes dévoués à moi, je ne sois l'âme. Comment pourrais-je déjouer une intrigue si je n'en connaissais pas les ressorts, et comment puis-je mieux connaître les ressorts d'un complot qu'en étant moi-même l'un des principaux conjurés? Mais c'est là le premier principe d'une police intelligemment organisée.

— Alors, dit Tallien, tu sais tout?

— Absolument tout!

— Dès lors tu peux tout empêcher! ajouta Barras.

— Je ne puis rien !

— Comment ?

— Pour deviner, il faut de l'intelligence, dit Fouché. Pour s'immiscer dans les trames ourdies dans l'ombre, il faut de l'adresse ; mais pour arrêter un complot prêt à éclater, il faut plus que cela, il faut des forces matérielles, et où en ai-je ?

— Les muscadins sont pour nous.

— Oui, mais seront-ils les plus forts ? Là est la question.

— Que faire, alors ?

— Courir au plus pressé : déclarer Paris en état de siège, nommer Pichegru commandant général, rassembler les sections fidèles, les tenir en permanence et déporter sur-le-champ Billaud, Collot, Barrère et Vadier. Un coup énergiquement frappé aujourd'hui ferait peut-être reculer la conspiration qui doit éclater demain.

— Mais la Montagne s'opposera à la déportation.

— Eh bien, il faut déporter la Montagne.

— En masse ?

— Pourquoi pas ? Les demi-mesures sont-elles donc possibles à prendre ?

— Mais cela ne se peut !

— Tous ces hommes que tu parles de déporter, dit Barras, ont été nos amis politiques !

Fouché haussa les épaules :

— Amis politiques ! dit-il avec dédain. Qu'est-ce que c'est que ce stupide assemblage de mots sonores ? Si nos amis d'autrefois sont devenus nos ennemis du présent, c'est tout ce qu'il faut pour agir. Du diable ! il n'est pas question du passé, mais du présent : faites donc en conséquence.

Barras et Tallien se regardèrent en hésitant. Fouché fit claquer ses doigts avec impatience.

— Sots ! murmura-t-il, ceux-là ne resteront pas longtemps en haut de l'échelle : ils n'ont pas les mains assez fermes pour garder leur place !

Les deux conventionnels s'étaient rapprochés et causaient à voix basse.

— Un homme ! continuait Fouché en se parlant à lui-même. Il ne sortira donc pas un homme de cette Révolution ! Des Mirabeau ! des Marat ! des Robespierre ! L'égoïsme et la luxure dominent le talent ! Une passion de carnassier prise pour un élan patriotique. La vanité et la faiblesse unies par le besoin du despotisme ! Et voilà tout ce qu'a donné cette grande époque, où cependant le talent abonde, où l'énergie est dans tous les cœurs !... Mais un génie ! un génie !... c'est cela qu'il faut à la France !

— Nous allons faire part à Merlin, à Dumont et à Pichegru de ce que tu viens de nous apprendre, dit Tallien en se rapprochant de Fouché, et nous te ferons transmettre les ordres du comité.

Fouché s'inclina en souriant ironiquement, mais sans répondre. Barras et Tallien sortirent ensemble. Fouché se jeta dans un fauteuil en froissant convulsivement les papiers qu'il tenait à la main.

— Pichegru !... murmura-t-il en réfléchissant, trop faible... Lefebvre ! administrateur aussi incapable qu'il est excellent soldat... Augereau ! Il écouterait tous les conseils... Hoche ! Peut-être... Qu'est-ce que ce petit général que j'ai vu l'autre fois chez la citoyenne Tallien ?... Bonaparte !... Il y a de singuliers reflets dans le regard de cet homme-là... mais il n'a rien fait encore.

Fouché se leva avec un mouvement nerveux.

— C'est cependant un homme qu'il nous faut ! s'écria-t-il avec une sorte de rage.

En ce moment la porte du cabinet s'ouvrit doucement et Jacquet parut sur le seuil.

— Entre ! dit vivement Fouché.

Jacquet entra et referma soigneusement la porte.

— Le complot ? dit Fouché.

— Toujours pour demain, répondit Jacquet.

— Pas de changement ?

— Aucun !

— Et Camparini ?

— Je sais qui il est !

— Eh bien ! c'est ?...

— Le Roi du bagne!

Fouché frappa sur son bureau.

— Je le pensais! s'écria-t-il.

Puis se rapprochant de Jacquet :

— Quelles preuves as-tu? poursuivit Fouché.

— Aucune! répondit Jacquet.

— Comment le sais-tu, alors?

— Par les hommes de Brest qui sont venus à Paris avec Ronneville. Deux d'entre eux l'ont reconnu!

— Ils sont certains?

— Parfaitement certains!

— Mais alors tous les fils de cette intrigue?..

— Je les ai maintenant entre mes mains. Oh! j'ai fait bonne besogne depuis deux jours. J'ai fait parler Gorain et Gervais, qui ont en moi maintenant la confiance la plus absolue. Je leur ai promis de les faire nommer officiers municipaux, et plus tard, peut-être, réellement munitionnaires. J'ai deviné tout ce qu'il y avait derrière les demi-confidences que je leur ai arrachées ; j'ai vu clair dans ce qui était même complètement obscur pour eux. Bref, je sais tout!

— Mais les preuves!... les preuves! s'écria Fouché.

Jacquet secoua la tête.

— Je n'en ai pas! dit-il.

— Alors, tu n'as rien!

— Soit! mais j'aurai!

— Quand?

— Avant vingt-quatre heures!

Fouché parcourut rapidement la pièce, et revenant vers Jacquet :

— Il ne s'agit plus d'intérêts privés, dit-il d'une voix brève, il s'agit d'affaires publiques. As-tu fait ce que je t'avais recommandé?

— Tout! répondit Jacquet.

— Les légions de police?

— Sont organisées.

— Combien?

— Trois.

— Quelle force?

— Cinq cents hommes chacune.

— Très bien !... Et tu me réponds de ces hommes?
— Des deux tiers au moins.
— C'est énorme.
— J'ai une brigade composée entièrement des hommes que j'ai ramenés de Brest et qui me sont absolument dévoués.
— Très bien. Ta première légion prendra rang parmi les muscadins afin de chauffer encore le bon esprit de la jeunesse et d'entraîner les indécis.
— Ce sera fait.
— La seconde se fondra dans la garde nationale parmi les sections fidèles, afin de rendre cette fidélité plus certaine encore.
— Les instructions sont déjà données.
— Quant à la troisième, la plus sûre, celle-là, choisis bien tes hommes ! Qu'elle se mêle aux émeutiers, qu'elle crie avec eux, qu'elle agisse avec eux, qu'elle pousse, qu'elle excite et, le moment venu, qu'elle fasse son devoir. Dans une masse d'hommes, quelque décidés et courageux que soient ceux qui la composent, un sentiment est toujours facile à développer au moment décisif, c'est celui de la terreur panique. Seulement il faut que cela soit bien fait. Sur dix mille hommes, que deux cents sachent fuir, mais sachent adroitement fuir, ils entraîneront tous les autres. Quand le premier pas en arrière est bien fait, tout le monde court ! Il faudra styler les meneurs et leur faire comprendre l'importance de l'opération.
— Rapporte-t'en à moi, dit Jacquet.
— Alors tout est prêt pour demain ?
— Tout !
— Bien ! fit Fouché en secouant la tête.
Puis après un moment de silence :
— Qui profitera de tous ces efforts ? dit-il comme en répondant à ses propres pensées. Des hommes tels que ceux qui sortent d'ici !... Energie d'un moment, mais au fond faiblesse et sottise !... Oh ! décidément, le génie manque !...
Fouché avait pris son chapeau qui était sur un siège.

— Je vais chez la citoyenne Beauharnais, dit-il en réfléchissant.

— T'attendrai-je? demanda Jacquet.

— Sans doute.

Fouché gagnait la porte.

— A propos, dit-il en se retournant. Et la citoyenne Léonore?

— Elle a disparu! répondit Jacquet.

— Et ses traces?

— Absolument perdues.

— Elle a été enlevée?

— Cela est certain.

— Par qui?

— On l'ignore, mais il n'y a pas à douter que le ci-devant comte de Sommes ne soit l'auteur de cet attentat.

— C'est celui-là qu'il faudrait prendre! dit Fouché en frappant du pied.

— Lui et Pick!

— Où sont-ils?

— A Paris.

— Eh bien?...

— Jusqu'ici mes recherches ont été vaines, mais j'espère?

Fouché revint vers l'agent :

— Il faut avoir ces hommes! dit-il d'une voix ferme. Les affaires publiques terminées, nous songerons aux affaires privées, et j'ai une dette à payer, moi! Tu te rappelles le voyage de Nantes, Jacquet? Eh bien! aussi vrai que je me nomme Fouché, je ferai payer cher la mystification dont j'ai été le jouet! Ces hommes, ce comte de Sommes, ce faux Roger, ce Camparini... il me les faut!...

Jacquet regarda Fouché.

— Nous les aurons! dit-il.

— Quant à la fille de Bernard?

— La femme du général Lefebvre s'en est chargée.

— Et où est-elle?

— Chez Gervais.

— Oh! fit Fouché avec impatience, une année de

tranquillité seulement ; je ne demande que cela !... Mais pour que la France soit tranquille, il lui faudrait un homme !... Et cet homme... où le trouver ?

Puis, après un moment de réflexion :

— Je vais chez la citoyenne Beauharnais, ajouta-t-il.

XV

LE DÉSESPOIR

Le lendemain de ce 11 germinal, vers cinq heures du matin, au moment où le jour commençait à poindre à l'horizon de Paris, trois scènes différentes avaient lieu sur trois points différents de la capitale, et chacune de ces trois scènes n'avait qu'un seul et même but.

La première avait lieu dans cette maison de la rue des Lombards, dans cette maison célèbre par la vogue du magasin du *Fidèle-Berger*. Dans l'appartement du troisième étage, trois hommes étaient rassemblés : Jacquet, Charles d'Herbois et Henri de Renneville.

Le premier, l'œil animé, la physionomie expressive, semblait dérouler devant ses interlocuteurs tout un plan d'opérations à suivre.

Charles et Henri l'écoutaient avec une attention profonde ; mais à l'abattement de leurs traits, au regard terne qui s'échappait de leurs yeux rougis, il était facile de voir que le découragement s'était emparé de ces âmes si fortes cependant, et qu'un sombre et poignant désespoir rongeait ces cœurs qui avaient déjà si cruellement souffert.

Qui eût vu ces deux hommes pâles, défaits, consternés, accablés par la douleur, n'eût certes pas reconnu, dans l'un, le hardi corsaire des Antilles, celui qui, devenu la terreur des Anglais, ne connaissait ni danger, ni obstacle, portant fièrement le pavillon de France sur ces mers peuplées de navires ennemis et qui ne baignaient pas une seule terre protectrice ; et dans l'autre, le redoutable rédempteur des forçats de Brest, le citoyen Ronchemin, celui qui faisait frissonner de terreur les sans-culottes et reculer les furies de la guillotine ; celui qui, semant le bienfait sur sa route comme d'autres sèment le mal, risquait froidement sa vie pour sauver un matelot se noyant, pour arracher au tribunal révolutionnaire un vieillard qui n'avait commis d'autre crime que celui de faire respecter le portrait de son amiral, un vieux marin qui avait châtié des bandits.

C'est qu'un désespoir violent brisait ces natures énergiques et nobles; c'est qu'après des années de souffrances, une lueur de bonheur avait brillé un moment, pour eux, à l'horizon, et que cette lueur, flamme éphémère, s'était éteinte dans la nuit sombre de l'avenir.

La disparition de Léonore, inexplicable, avait, d'un même coup, brisé toutes les espérances qui soutenaient encore ces pauvres cœurs torturés. Puis, quelque chose de plus terrible, de plus énervant encore qu'un grand malheur, s'était appesanti sur les deux jeunes gens : c'était le doute, c'était l'inconnu. Comment combattre un ennemi invisible ? Où diriger ses coups quand le but manque ? Comment agir lorsqu'on ne sait sur quelle voie s'engager ? Pour les natures éminemment braves, le péril inconnu, incertain, est le plus terrible. Pour les hommes énergiques, l'inaction est le fardeau le plus accablant.

En luttant contre leurs ennemis, il fallait moins la force ouverte que la ruse, la dissimulation, l'adresse; et Charles et Henri avaient trop de droiture au cœur pour comprendre cette guerre. Ils se sentaient impuissants dans ce genre de lutte, et c'était cette impuissance qui les décourageait.

— Oh ! disait parfois Charles en fermant ses poings avec des mouvements de rage convulsive, que n'ai-je à combattre face à face des ennemis cent fois plus supérieurs en nombre ! je lutterais au moins ; je succomberais peut-être, mais j'attendrais mes adversaires, mais je mourrais en combattant.

— Oh ! disait Henri, que n'ai-je en face de moi toute cette lie des rues de Brest avec laquelle j'ai été si longtemps en guerre ! Mais non ! ces ennemis qui existaient, on ne les voyait pas ; il fallait les chercher quand ils se cachaient, les poursuivre quand ils fuyaient.

Ce qui causait leur incertitude, c'était cette guerre de ruse et cette lutte d'adresse à Charles et à Henri qui ne savaient combattre que l'épée au poing. Quant à Jacquet, lui, c'était bien différent. Homme d'intrigue, doué du génie de découvrir les plans et les pensées d'autrui, il nageait en plein dans son élément. Jamais son activité fiévreuse n'avait été plus dévorante ; jamais son envie de triompher n'avait été plus grande ; jamais il n'avait senti son intelligence plus libre et plus ouverte. Ne désespérant en aucun cas, même après la disparition de Léonore, il avait trouvé des paroles d'espoir à glisser aux oreilles de ses amis ; il a avait même su faire passer, dans leur âme, un peu de cette confiance qu'il ressentait en la bonté de sa cause. Charles et Henri, dominés, électrisés, avaient fait comme le noyé qui se rattache à la branche flexible qu'il prend pour un arbre ; mais, Jacquet une fois parti, demeurés seuls face à face avec eux-mêmes, ils avaient senti leurs forces les abandonner complètement et leur énergie se changer en affaiblissement. Ce qui avait dû contribuer à augmenter leur désespoir, c'était que durant la nuit du 6 au 7 germinal Léonore avait été entraînée dans le piège où elle était tombée, et depuis ce moment, il y avait quatre jours écoulés, ils n'avaient pu obtenir la moindre nouvelle, et toutes les démarches tentées furent infructueuses pour apprendre ce qu'était devenue la sœur de Blanche.

Pas le plus léger indice ne s'était révélé soit à eux, soit à leurs amis. Mais ces amis eux-mêmes paraissaient les abandonner. Mahurec n'était pas revenu depuis l'avant-veille, le 9 au matin. Les hommes de Brest, si dévoués à Henri, obéissant maintenant aux ordres de Jacquet, ne s'étaient pas montrés une seule fois. Jacquet n'avait vu Henri ni Charles depuis le 9 au soir. Désespoir et abandon, tout avait contribué à accabler les deux malheureuses victimes de ce destin fatal ; et lorsque ce soir, du 11, Jacquet s'était rendu dans la maison du *Fidèle berger*, il avait trouvé les deux jeunes gens en proie à un paroxysme de douleur qu'aucune expression ne saurait rendre. Jacquet cependant avait essayé encore de ranimer leur énergie agonisante.

— Pourquoi désespérer ! s'était-il écrié ; ne touchons-nous pas au moment de la lutte, et devons-nous jeter les armes en présence de l'ennemi ? Courage ! jusqu'ici nous avons combattu dans les ténèbres, ignorant d'où venaient les coups qui nous atteignaient, ne sachant jamais si nous frappions juste... Aujourd'hui la lumière s'est faite, et nous allons voir clair dans la lutte que nous entreprenons enfin en plein soleil ! Blanche et Léonore existent, cela est certain. Donc, tout espoir de les retrouver ne peut être éteint. Car elles sont entre les mains de ce bourreau et nous ne pouvons douter ! Que veut ce bourreau ? nous le savons encore ! Ce n'est pas à l'amour des deux femmes qu'il s'adresse, c'est à la fortune qu'il croit attachée à elles. Maintenant où est-il, lui ? Voilà ce qu'il faut connaître et voilà ce que je saurai bientôt.

Charles et Henri secouèrent la tête en signe de doute.

— Espérez ! s'écria Jacquet avec impatience ; ce sont les défauts de conviction dans sa propre cause qui font échouer les plus belles entreprises. Le moment est venu d'agir, rassemblons nos forces au lieu de les laisser s'éteindre, et avant de faire un pas en avant, résumons la situation afin d'être certains de ne pas faire fausse route. Voyons ! que savions-nous il y a cinq jours, alors que Léonore était encore parmi nous ? Nous savions que

Blanche était aux mains d'un bandit, que ce bandit était connu jadis sous le nom de comte de Sommes, et sous celui de Bamboula, mais nous ne savions exactement que cela. Aujourd'hui, si un malheur de plus nous a frappés, si mademoiselle Léonore a été enlevée, nous avons fait cependant un grand pas vers la vérité.

— Comment? dirent à la fois Charles et Henri.

— Ne sais-je pas maintenant quel est cet homme qui s'intitule le *Roi du bagne*? Pâquerette l'avait deviné : il l'a vu, il l'a suivi, il l'a épié, il l'a reconnu enfin! Les preuves nous manquent, il est vrai, mais ces preuves, maintenant que l'on n'ignore plus de quel côté il faut diriger les recherches, ces preuves seront bientôt entre nos mains. D'ailleurs, les preuves morales, ne les avons-nous pas? Tout ce que Gorain et Gervais m'ont raconté à propos de ce qui s'était passé entre eux et le président du club des œufs rouges n'a-t-il pas suffi pour éclairer la route? Vous-même, monsieur d'Herbois, pourriez-vous avoir des doutes après ce que cet homme vous a dit, à vous, chez la citoyenne Tallien? N'avez-vous pas reconnu son adresse infernale dans la façon dont il a pu obtenir de vous des renseignements sur ce qu'était devenu le petit-fils du conseiller de Niorres? Oh! cet homme a le génie du crime, et il exploite habilement l'horrible don que lui a fait la nature.

— Des preuves? répéta Jacquet, mais toute la série des forfaits qui se sont accomplis depuis dix ans et dont vous avez été victimes tous deux, m'apparaît lumineuse et indiscutable. Vous désespérez, mais l'heure est venue, vous dis-je! mais l'instant de cette réhabilitation, à laquelle vous aspirez depuis neuf années, va bientôt sonner pour vous!

Charles et Henri tressaillirent.

— Quoi! s'écria le premier, vous supposez...

— La vérité! interrompit Jacquet. Je vois clair, vous dis-je encore! J'ai tout calculé, tout supputé, je me suis tout rappelé. J'ai tout compris, c'est le *Roi du bagne* qui est l'auteur de tous les assassinats commis jadis à l'hôtel de Niorres! C'est le *Roi du bagne* qui, pour son complice, le comte de Sommes, et pour assurer à celui-ci l'immense fortune qu'ils devaient toucher tous deux, a tramé toute cette infernale intrigue. C'est le *Roi du bagne* qui a fait enlever la *Jolie Mignonne* pour s'assurer ensuite l'héritage des d'Horbigny, et qui a défiguré la pauvre enfant, afin que nous ne puissions la reconnaître. C'est le *Roi du bagne* enfin qui, à l'aide de ses sujets, a réussi à entasser contre vous les preuves qui vous ont perdus tous deux. C'est le *Roi du bagne* qui est votre plus mortel ennemi, et cet ennemi, nous savons où il est maintenant : nous savons où le trouver! Est-ce l'heure de désespérer?

Henri et Charles s'étaient dressés comme mus par un même ressort.

Les paroles de Jacquet, prononcées d'une voix vibrante et avec un accent de conviction auquel il n'y avait pas à se méprendre, avaient produit sur les deux interlocuteurs de l'agent de police l'effet d'une commotion électrique. Tout à coup, et au moment où leur situation paraissait la plus sombre et la plus désespérée, au moment où tous les maux paraissaient s'être réunis dans leur accablement, un lumineux rayon d'espoir se faisait dans les ténèbres du présent. Un mot, un seul mot, mais un mot splendide, fascinateur, enivrant, se traçait en caractères de flammes devant leurs yeux éblouis. Ce mot, dont ceux-là seulement qui ont été injustement condamnés peuvent comprendre toute la portée émouvante, était celui-ci : LA RÉHABILITATION!

Après dix ans de douleurs sans nombre, de tortures effrayantes, de chagrins incessants, voici l'heure du triomphe que faisait sonner la Providence! Tout ce qui se passa dans l'âme des deux amis durant les quelques secondes de silence qui suivirent les paroles prononcées par Jacquet ne pourrait s'exprimer. Durant ces quelques secondes, la réalisation de leurs rêves les plus chers leur apparut enivrante et terrible, et ils oublièrent la situation présente pour ne songer qu'à la joie qu'allaient éprouver les deux jeunes filles qu'ils retrouveraient. Aussi, saisissant les mains de Jacquet :

— Vous savez où est le *Roi du bagne* ? s'écria Henri.

— Et il est l'auteur des horribles forfaits qui nous ont été imputés ! dit Charles.

— Oui ! répondit Jacquet.

— Mais le véritable coupable dévoilé, c'est notre innocence démontrée à tous !

— C'est notre réhabilitation !

— C'est le but atteint ! dit Jacquet.

— Ah ! ajouta Henri avec véhémence, vous ne vous jouez pas de nous, vous ne vous illusionnez pas vous-même ?

— Je ne m'illusionne jamais : je raisonne !

— Pourquoi avoir attendu, alors ?

— Parce que je ne savais pas, je supposais seulement, et je voulais que ma conviction fût définitive avant de faire luire, à vos yeux, une espérance qui eût peut-être été vaine. Aujourd'hui, je sais et je l'affirme !

Charles parcourait la pièce avec une agitation extrême ; Henri demeurait immobile, debout en face de Jacquet.

— Oui, reprit celui-ci, à force de ruse, d'adresse, d'énergie, de patience, j'ai démêlé enfin tous les fils de cette intrigue. J'ai reconstitué le passé, j'ai compris le rôle que chacun avait joué, et ce que j'ignore encore, je l'ai deviné. Gorain et Gervais m'ont éclairé, car les deux pauvres machines ont joué leur rôle dans cette combinaison infernale. Aujourd'hui, aucun point n'est plus obscur pour moi, et la lumière s'est faite ; mais c'est cette lumière qu'il faut faire étinceler aux yeux de tous, afin qu'elle éclaire votre innocence à vous et la culpabilité des vrais criminels.

— Oui ! oui ! s'écria Charles. Les preuves ! Ce sont les preuves matérielles, indiscutables qu'il nous faut !

— Vous les aurez, dit Jacquet. Le temps nous aidera !

— Le temps ! fit Henri avec violence. Quoi ! ces preuves, vous ne les avez donc pas ?

— Non ! dit Jacquet, je suis convaincu, moi, mais j'avoue que les preuves palpables me manquent pour convaincre les autres.

Charles et Henri se regardèrent avec désespoir.

— Oh ! s'écria Charles, mais ce sont ces preuves qu'il nous faut !

— Ce sont ces preuves que nous devons jeter à la face de ceux qui nous ont condamnés ? ajouta Henri.

— Ces preuves ! répéta Charles avec découragement, nous ne les aurons jamais ! D'ailleurs, que nous importe maintenant la preuve de notre innocence ? Blanche et Léonore ne sont-elles pas perdues pour nous ?

— Où sont-elles ? où peuvent-elles être ! Dans quel lieu les détient-on ? s'écria Henri avec fureur.

— C'est à elles qu'il faut songer avant de songer à nous ! Pauvres victimes de notre amour ! Nous les avons un instant oubliées prisonnières pour les voir libres et heureuses !

— Oh ! s'écria Henri avec un redoublement de violence. Dix ans de ma vie ! je les donnerais sur l'heure pour me trouver face à face avec le bourreau !

— Cela peut se faire à meilleur marché ! dit tout à coup une voix sonore.

Les trois hommes se retournèrent à la fois : Mahurec venait d'ouvrir la porte de la chambre.

— Comme ça, monsieur Henri et vous, monsieur Charles, reprit le gabier en s'avançant, vous voulez savoir où qu'est mademoiselle Blanche et mademoiselle Léonore, pas vrai ? Eh bien ! aussi vrai que je suis bon matelot, vous allez le savoir.

— Hein ? firent les deux hommes en tressaillant.

Mahurec s'était retourné vers la porte :

— Amène le colis ! cria-t-il.

— Qu'y a-t-il donc ? demanda Jacquet en se levant.

— Tu sais où sont Léonore et Blanche ? ajouta Henri.

— Pas encore, répondit Mahurec, mais nous allons découvrir la vérité !

— Comment ? firent à la fois les trois hommes.

— Minute ! fit Mahurec.

Des pas lourds retentissaient dans la pièce voisine.

La Rochelle apparut, marchant à reculons, et paraissant soutenir un objet pesant.

— Eh donc ! que c'est moi, qué ! fit le Maucot qui suivait La Rochelle en soutenant l'autre extrémité du fardeau.

Ce que portaient les deux hommes n'était pas tout d'abord très facile à définir. C'était un paquet long, flexible, épais, recouvert d'une enveloppe laineuse, et qui paraissait être d'un poids assez respectable.

— Là ! fit Mahurec en désignant le milieu de la pièce.

Les deux matelots s'arrêtèrent et déposèrent sur le plancher le fardeau qu'ils soutenaient.

— Maintenant, poursuivit le roi des gabiers, largue les grelins et enlève la carapace.

Le Maucot s'agenouilla, et à l'aide de la lame de son couteau il coupa les liens qui retenaient la couverture. La Rochelle déroula lentement cette enveloppe et un corps humain, dont les membres supérieurs étaient collés au corps, apparut aux regards étonnés des trois hommes. Jambes, pieds, torse, mains, bras, étaient ficelés étroitement.

Une bande de toile humide recouvrait la bouche et ne permettait au patient de respirer que par les narines. Mais sans doute cette voie de la respiration était insuffisante, car le visage était violacé, le col gonflé et les yeux saillants et fixes. Son immobilité était celle d'un évanouissement, qui, se prolongeant, pouvait devenir dangereux. Mahurec saisit le couteau du Maucot, trancha le bâillon, dégagea la bouche et fit sauter les liens qui retenaient les bras et les jambes.

— As pas peur! dit-il, il ne peut pas se sauver!

Et, se tournant vers La Rochelle :

— Maintenant, matelot, ajouta-t-il, de l'eau en grand; mouille et baptise, afin de s'assurer que le particulier est chrétien.

La Rochelle, qui s'était emparé d'une carafe pleine, en versa le contenu sur le visage du prisonnier. Celui-ci fit un mouvement et ouvrit les yeux. Jacquet, qui s'était penché sur lui, recula en poussant un cri de joie.

— Roquefort! dit-il, tandis que ses yeux lançaient un double éclair.

— Cet homme?... quel est cet homme? demandèrent à la fois Charles et Henri.

— L'ami de Bamboula! répondit Mahurec, son lieutenant, son matelot, quoi! Celui qui sait tous ses secrets, et qui va nous les dire.

Charles et Henri joignirent les mains; ils se demandaient s'ils devaient croire. Tant d'espérances avaient été déçues, que les pauvres jeunes gens pouvaient douter.

— Roquefort! répétait Jacquet, Roquefort! Cet homme entre nos mains!...

Puis, courant à Mahurec :

— Où? comment? quand? pourquoi t'en es-tu emparé? demanda-t-il d'une voix frémissante.

— Où? répondit le matelot, au club des œufs rouges, donc. Comment? en le crochant solidement et en l'amarrant à quatre amarres avec les amis. Quand? Il y a trois jours, quand j'ai eu tiré mon plan à moi. Pourquoi? parce que je m'étais juré à moi-même de retrouver mademoiselle Blanche et mademoiselle Léonore, et que ce serment-là je le tiendrai. J'ai mon plan, que je vous dis, et c'est pas fini!

— Mais, s'écria Henri, pourquoi avoir attendu? pourquoi, depuis trois jours, avoir gardé cet homme sans nous prévenir?

— Parce que je voulais lui tirer les vers du nez, et

que le marsouin a tourné sa langue au taquet. Pas moyen de lui déballer seulement un morel !

— Il refuse de parler ? s'écria Jacquet.

— Plus muet qu'une dorade depuis trois jours.

— Mais il sait tout cela, mais il faut qu'il parle !

— Oh ! dit tranquillement Mahurec, il parlera. Nous avons tiré un plan ! Petit-Pierre, qui a habité chez les sauvages de la côte de Guinée, connaît un tas de moyens pour faire chanter les muets. Seulement, comme les moyens sont un peu drôles et que le requin pourrait avaler sa gaffe en jabotant, j'ai voulu l'amener à mes officiers, afin qu'ils soient témoins de la chose.

Charles et Henri étaient stupéfaits. Ils attendaient avec une anxiété effrayante. Jacquet, dont la physionomie mobile était étrangement animée, avait son regard rivé sur Roquefort, et il semblait combiner tout un plan nouveau à suivre.

— Si cet homme veut parler, dit-il en s'adressant à Henri et à Charles, nous saurons où sont celles que nous cherchons, nous retrouverons Blanche et Léonore, nous nous emparerons de Bamboula, et ces preuves de la complicité du *Roi du bagne* qu'il faut avoir, nous les obtiendrons ; seulement il faut que cet homme parle !

— Il parlera ! dit Mahurec.

Et, se tournant encore vers la porte demeurée ouverte :

— Ohé ! Petit-Pierre ! héla-t-il, amène, amène la ferraille et commence la danse !

Un cliquetis sourd retentit au dehors. Presque aussitôt Petit-Pierre entra dans la pièce, portant un panier d'osier rempli d'instruments de fer de formes les plus bizarres.

— Faut faire bon feu, dit le matelot en s'adressant à La Rochelle et en posant près de Roquefort le panier qu'il portait.

Charles et Henri, s'étreignant mutuellement, n'osaient rien dire : ils attendaient.

XVI

CINQ HEURES

Blanche était encore étendue, sur son fauteuil, pâle et en proie à une prostration qui l'anéantissait.

Léonore, qui était en face d'elle, avait les regards fixes et arides de larmes.

C'étaient les deux statues de la Douleur.

— Il fallait me laisser mourir ! dit Léonore avec un accent de reproche.

Blanche regarda sa sœur.

— A ma place, dit-elle, m'eusses-tu laissé tuer ?

Léonore détourna la tête.

— Tu le vois, poursuivit Blanche, j'ai fait ce que je devais faire.

— Du courage ! murmura Léonore.

— Je n'en ai plus !

— Dieu ne peut nous abandonner à ce point !

— Dieu ne voit plus la France ! Entre lui et nous, il y a des nuages de sang.

— Cependant...

Blanche saisit la main de sa sœur.

— Oh ! fit-elle avec un sourire amer, vas-tu me dire d'espérer ?

Léonore cacha sa tête dans ses mains.

— Espérer ! reprit Blanche, et que puis-je espérer maintenant ; tout n'est-il pas accompli ? Ne suis-je pas unie à ce misérable par des liens indissolubles !... Un prêtre n'a pas béni notre union !... Oh ! Dieu dans sa colère n'aurait pas laissé accomplir une semblable profanation !... Mais, par la loi de la république, je suis mariée !... Mariée !... répéta Blanche avec un accent de désespoir effrayant ; mariée !... moi !... unie à cet homme !... à celui qui a fait périr les nôtres !... à celui qui a peut-être empoisonné notre mère ! Oh...

Et la jeune fille, se dressant brusquement, demeura immobile, les yeux hagards, en proie évidemment aux plus épouvantables pensées. Léonore, effrayée, se précipita vers sa sœur, la saisit dans ses bras et la couvrit de baisers.

— Blanche ! dit-elle, Blanche ! tu vois bien qu'il fallait me laisser mourir !

— Mourir ! répéta Blanche, qui n'avait compris que ce dernier mot. Mourir !... oui !... oui ! je veux mourir !... Oh ! le sommeil de la tombe !... le repos éternel !...

— Se tuer ! s'écria Léonore.

— Oui !

— La damnation !

— Non, non ! ce serait impossible ! dit Blanche avec violence. Dieu m'absoudra. Il me voit ! il m'entend ; il sait ce que je souffre ! Le divin Maître ne peut demander à une créature humaine plus qu'il n'a exigé de moi. Ne suis-je pas souillée, depuis que cet homme a saisi ma main pour la placer dans la sienne ! La mort est mon seul refuge, et Dieu ne peut, dans sa miséricorde, me refuser cette grâce suprême ! D'ailleurs, notre mère est près du Tout-Puissant ! Elle priera pour moi !

Et Blanche, le visage transfiguré, sublime d'expression angélique, étendit la main vers le ciel. Léonore frissonna.

— Eh bien ! dit-elle d'une voix ferme, tu veux mourir, tu as raison. Mourons ensemble !

Blanche saisit la main de sa sœur.

— Pourquoi mourir, toi ? s'écria-t-elle. Ta vie n'est pas brisée ! Tu es libre, tu peux espérer ! Mon sacrifice payera ton bonheur à venir ! Il faut que tu vives, Léonore ; il faut que tu vives pour prier pour moi sur cette terre où tu aimes celui qui t'aime et où vous serez réunis... Il faut que tu vives, ajouta-t-elle avec une émotion extrême, pour consoler ceux qui souffrent, ceux que ma mort réduira au désespoir!

— Vivre sans toi! s'écria Léonore.
— Il le faut!
— Jamais!
— Ma sœur!...
— Jamais, te dis-je! Mourons ensemble ou vivons l'une près de l'autre. Soyons deux à supporter la douleur; soyons deux à souffrir, deux à pleurer!
— Mais puis-je vivre encore, moi? s'écria Blanche. Puis-je accepter une existence à jamais entachée?
— Ce nom, tu ne le porteras pas!
— Mais je suis mariée!
— Cet homme te laisse libre: il te l'a juré. Il n'exige de toi que ta fortune. Partons, fuyons en Allemagne... un cloître nous recevra!
— Mais j'aurai brisé ta vie comme il a brisé la mienne.
— Nous souffrirons ensemble.
— Mais tu oublies Henri!
— Charles n'est-il pas perdu pour toi
— Non, non! Ton sacrifice, Léonore, redoublerait ma douleur. Promets-moi que tu vivras, que tu reverras Charles, que tu le conseilleras...
— Blanche!
— Laisse-moi mourir!
Léonore se tordait les mains.
— Laisse-moi mourir! et aide-moi à trouver ce qu'il me faut pour échapper à la honte!... dit Blanche en regardant les murailles nues. Rien!... rien!... Toutes les précautions ont été prises!... Les fenêtres sont cadenassées; tout a été prévu.

Et, en proie à une agitation effrayante, Blanche se mit à parcourir la pièce, les yeux fixes, les mains frémissantes.

— Comment puis-je mourir?...
Léonore la considérait avec stupeur.
Elle se rappelait madame de Saint-Gervais, Laure,

la pauvre insensée que soignait le bon docteur, et elle murmurait en regardant sa sœur :

— Seigneur, mon Dieu ! ayez pitié de nous ! rendez-lui la raison !

Blanche parcourait toujours la pièce ; sa respiration rauque sifflait dans sa gorge et faisait frémir ses épaules avec des saccades brusques et désordonnées. Sa bouche était crispée : ses membres étaient roidis par une perturbation qui envahissait tout son être. Puis elle revint vers une fenêtre et elle appuya son front brûlant sur une vitre. Le frais du verre parut calmer un peu la surexcitation à laquelle elle était en proie. L'expression de son regard changea, et il devint moins effrayant. Et cependant elle répéta à voix basse :

— Je veux mourir !

XVII

LES ACTES

Si, à cinq heures du matin, le jour naissant éclairait les étages supérieurs des maisons adossées sur le jardin du Palais-Egalité, il pénétrait à peine jusqu'au rez-de-chaussée. La boutique de la rue Beaujolais était plongée dans une obscurité provoquée par les contrevents fermés. Une chandelle graisseuse, plantée dans un flambeau de cuivre, projetait sa lueur rougeâtre sur le comptoir devant lequel était assis un homme élégamment vêtu.

Placé en face de lui, agenouillé sur une chaise, les deux coudes appuyés sur le dessus, se tenait un gecond personnage ; et sur une table, étaient une épée, une paire de pistolets et un poignard.

— Donc, disait Pick, Roquefort a disparu ?
— Complètement ! répondit Bamboula.
— Et pas de nouvelles ?
— Aucune depuis cinq jours.
— C'est dans la soirée du 6 que nous l'avons vu tous deux.
— Oui..., et nous sommes le 12.
— Qu'a-t-il pu lui arriver ?
— De deux choses l'une : ou il a été pris, ou il a été tué.
— Et tu penses, toi ?... demanda Pick.
— Qu'il aura été tué ! répondit froidement Bamboula.
— Le diable t'entende !
— Tu as l'air de douter !
— En effet... je suis moins rassuré que toi.
— Pourquoi ?
— Parce qu'il y a une troisième supposition que tu n'as pas faite et qui me semble, cependant, à moi, fort logique.
— Quelle supposition ?
— C'est que Roquefort n'ait été ni pris ni tué, mais qu'il ait trahi.

Bamboula haussa les épaules.
— Impossible !
— Pourquoi ?... s'il y avait son intérêt ?... fit Pick avec une naïveté d'expression qui prouvait en faveur de la haute estime dans laquelle il tenait ses complices.
— Qu'il ait été pris ou qu'il ait trahi, dit Bamboula de sa voix brève et cassante, la chose reviendrait exactement au même pour nous, puisqu'elle profiterait à nos ennemis. Or, dans ma sagesse, c'est la première supposition que j'aie dû faire et que j'aie faite et que, je l'avoue, jusqu'à hier, j'aie cru tenir pour bonne. Mais les circonstances m'ont fait réfléchir et m'ont éclairé. Qui pouvait s'emparer de Roquefort ?

Camparini, n'est-ce pas ? En faveur de qui pouvait-il nous trahir ? De Camparini, toujours.

— Sans doute ! dit Pick.

Les deux jeunes gens ne sont pas assez forts pour avoir tenté un pareil coup, et Jacquet n'aurait pu l'accomplir sans que nos espions nous l'eussent appris.

— Cependant, fit observer Pick, Roquefort était notre seul point de relation avec les gens du cabaret de la rue aux Fèves, et nous ignorons absolument, depuis qu'il a disparu, ce qui s'est passé parmi eux.

— Que nous importe !

— Mais songe donc...

— Ecoute, interrompit Bamboula, si Roquefort a été pris, c'est par Camparini ; s'il a trahi, c'est auprès de Camparini ; telle est ma sincère conviction. Admettons un moment que je me trompe et que tu aies raison ; admettons que Roquefort ait été enlevé par les marins, ou qu'il soit aux mains de Jacquet ou de Fouché ; admettons enfin qu'il vive, qu'il soit auprès de nos ennemis, et que ceux-ci l'aient contraint à parler, soit en le menaçant, soit en l'achetant. Or, voilà cinq jours pleins que Roquefort a disparu !... Crois-tu que, depuis cinq jours, ceux qui auraient Roquefort à leur disposition ne l'eussent pas forcé à parler, ne lui eussent pas arraché nos secrets ? Figure-toi l'un de nous, toi ou moi, ayant à notre discrétion un homme dont il faudrait à tout prix que nous fouillassions la conscience, que cet homme soit à nous seulement depuis quarante-huit heures.

— Nous saurions tous ses secrets, interrompit Pick.

— Naturellement. Donc, si Roquefort était tombé entre les griffes de Jacquet ou entre celles du *Roi du bagne*, il y a longtemps que nos secrets seraient révélés, et, si nos secrets étaient révélés, nous ne serions pas aussi tranquilles.

— C'est vrai.

— Pense qu'il y a cinq jours !

— Tu as raison.

— Aussi ma conviction est-elle que Roquefort est mort.

— Qui l'aurait tué?

— Oh! cela m'est parfaitement indifférent. Songerais-tu à venger sa mort?

— Moi? s'écria Pick, je récompenserais plutôt ceux qui nous en auraient débarrassés.

— Et tu ferais bien, car il devenait gênant.

— Nous n'avions plus besoin de lui.

— D'ailleurs, lors même qu'il existerait, qu'il aurait tout vendu, tout raconté, que nous importe aujourd'hui? N'avons-nous pas atteint le but? Blanche n'est-elle pas ma femme? Notre mariage n'a-t-il pas été célébré civilement et civiquement, suivant les institutions du pays? Blanche n'a-t-elle pas signé l'acte que nous avions fait dresser? Ne m'a-t-elle pas abandonné, à moi son époux, par une donation entre vifs et parfaitement approuvée par la loi, tout ce qu'elle possédait dans le présent et ce qu'elle pourrait posséder dans l'avenir? Donc, notre œuvre est remplie. Que nous peuvent faire nos ennemis?

Bamboula reprit sur le comptoir les papiers qu'il avait rejetés.

— Tiens! continuait-il en montrant à Pick les actes qu'il plaçait successivement à la hauteur de ses yeux; tiens, regarde! Voici d'abord un extrait en bonne forme du mariage contracté, le 9 germinal, entre Marcus-Tullius Sommes et Blanche Niorres; l'un ci-devant comte, l'autre ci-devant noble, mais tous deux n'ayant pas émigré et rayés tous deux de la liste de proscription. Voilà un second acte constatant que la citoyenne Blanche Niorres et sa sœur, la citoyenne Léonore, n'ayant jamais quitté la France depuis 1789, sont et demeurent en possession de leurs biens qui n'ont pu être mis sous séquestre comme biens d'émigrés, puisque les propriétaires n'avaient pas abandonné le sol national. Troisièmement: donation pure, simple et entière de tout ce qu'elle possède, faite par la citoyenne Léonore en faveur de la citoyenne Blanche sa sœur, ce qui rend Blanche parfaitement maîtresse de toute la fortune des Niorres. Quatrièmement : testament olographe de la citoyenne Laure, ci-devant de Morandes, femme Saint-Gervais, qui, en parfait état de raison, lègue à Blanche Niorres tout ce qu'elle possède. Testament valable, attesté véridique par les témoins et fait dans les formes voulues. Cinquièmement : ce papier que je me suis procuré à Nantes par les soins de Pinard, et qui n'est autre que la première donation faite par Laure en faveur du marquis d'Horbigny, avec cette clause spéciale que si la citoyenne Gervais recouvrait jamais la plénitude de ses facultés intellectuelles, elle rentrerait à l'heure même en possession de tous ses biens, meubles et immeubles, et en disposerait ainsi qu'il lui conviendrait ultérieurement. Or, la citoyenne Gervais n'a jamais émigré : elle est morte en France, donc ses biens lui appartiennent sans discussion. Tout cela est-il en règle ?

— Parfaitement ! dit Pick, qui examinait soigneusement chaque papier.

— Maintenant, poursuivit Bamboula en frappant sur une énorme liasse de feuillets, voici toutes les pièces relatives à l'héritage des Niorres. Donc il résulte de tout cela que, par héritage et par donation, Blanche est aujourd'hui seule et unique propriétaire de la fortune des Niorres et de celle des Saint-Gervais. Cela est évident et indiscutable.

— Parfait !

— Quels sont les autres papiers que tu tiens encore ?

— Celui-ci est la donation faite à mon profit par ma femme, la citoyenne Blanche Niorres.

— Bravo ! Et ce dernier papier ?

— Une donation faite par moi, à mon ami le citoyen Pick, de la somme d'un million de livres dont il entrera en possession le jour même où je serai, moi, libre possesseur de tous mes biens !

— Et le million que tu devais donner à Roquefort ?

— Dame ! nous en héritons, nous !

— De sorte que...

— Nous le partagerons également.
— Très bien !
— Tu es content ?
— Tout à fait ! Tu tiens tes promesses !
— Tu auras donc quinze cent mille francs pour ta part ?
— Oui ; et comme la fortune des Niorres et celle des Saint-Gervais réunies feront au moins cinq millions de livres, c'est trois millions cinq cent mille francs qui te restent.
— Voilà ! Cela valait-il la peine d'attendre dix ans ?
— Sans doute !
— Crois-tu qu'avec une pareille force entre nos mains nous ayons à redouter quelqu'un ou quelque chose ?
— Non, si nous sommes intelligents et adroits ; car maintenant reste le plus difficile...
— Quoi ?
— Signifier la chose à Camparini et lui démontrer que sa femme n'a qu'à rendre gorge et à restituer la portion des d'Horbigny.

Bamboula prit ses pistolets et les glissa dans les poches de son habit.

— C'est ce que je vais faire, dit-il.
— Quand ? demanda Pick.
— A l'heure même !
— Tu vas chez Camparini ?
— De ce pas !
— Avec tous ces papiers ?
— Non, avec les doubles de ces papiers. Ces actes resteront ici dans une cachette connue de moi seul, et que le diable en personne ne découvrirait pas.
— Mais le Roi du bagne va entrer dans une colère formidable, et il te tiendra.
— Bah ! il me lâchera !
— Prends garde ! Camparini est un colosse de puissance et de ruse !

Bamboula haussa les épaules.

— Il m'a déjà battu trois fois, dit-il, mais il ne me battra plus ! Crois-tu que j'aie travaillé dix ans ainsi que je l'ai fait pour atteindre le but, et que, ce but atteint, j'aille niaisement me jeter dans un piège? Crois-tu que moi, possesseur d'une fortune énorme, j'aille risquer sottement ma vie en me mettant à la merci d'un ennemi? Si je vais affronter la colère de Camparini, c'est que j'ai le moyen de braver impunément cette colère qui sera terrible. Si je me rends chez lui, c'est que j'ai le moyen d'en sortir. Si j'entre en lutte directe enfin aujourd'hui, c'est que je joue d'avance partie gagnée et que j'emporte avec moi la victoire!

Pick regarda Bamboula.

— Et ces moyens, dit-il, quels sont-ils?

— Tu n'as pas besoin de les connaître; je les ai, c'est tout ce qu'il faut que tu saches.

Pick s'inclina profondément.

— Décidément, dit-il, je crois que tu grandis à chaque pas, et je suis ton dévoué serviteur.

— Et tu t'en trouveras bien! Compte sur moi comme je compte sur toi! Maintenant tu vas attendre ici à la garde de ces papiers; je vais, moi, chez Camparini.

— Et Roquefort... s'il reparaissait?

— S'il reparaissait... il faudrait qu'il disparût encore; mais cette fois pour ne plus revenir.

— Compris!

— C'est ton avis?

— Tout à fait: nous sommes riches, nous ne devons plus nous encanailler!

— Dans deux heures, dit Bamboula, je te rapporterai la renonciation de la citoyenne Camparini à toute la fortune de son mari.

Et Bamboula, prenant l'épée et le poignard demeurés sur le comptoir, passa l'une dans son baudrier qui s'adaptait à son costume d'une coupe un peu militaire et glissa l'autre dans sa ceinture. Puis, passant dans l'arrière-boutique, il revint bientôt portant sous son bras un paquet de papiers: les doubles des actes qu'il venait de lire à son complice. Adressant un geste de protection amicale à celui-ci, il marcha vers la porte donnant sur la rue, fit jouer le pêne dans sa gâche et s'élança légèrement au dehors. Il était alors cinq heures et demie, et les rues de la capitale étaient encore désertes. Bamboula gagna la rue de la Loi (rue de Richelieu), et se dirigea d'un pas rapide vers les quartiers de la Chaussée-d'Antin.

XVIII

LES CHACALS

La rue de la Victoire se nommait alors la rue Chantereine. En 1770, deux des plus beaux hôtels de cette rue appartenaient à deux célébrités de la mode galante : mademoiselle Duthé, mademoiselle Dervieux.

En 1775, Cagliostro, et, en 1778, Mesmer habitèrent successivement cette même rue.

Talma occupait un hôtel qu'il céda à madame Beauharnais en 1794.

Et à cette même époque où elle recevait les visites du général Bonaparte, un autre hôtel appartenait au citoyen Camparini, qui avait pour femme la Romaine.

Pendant cette nuit du 12 germinal, la demeure de Camparini avait été agitée. Des ombres avaient circulé de distance en distance à l'extrémité de la rue.

A l'aube du jour, cette animation silencieuse sembla redoubler, et de la maison s'élancèrent des sortants qui, tous, suivant un chemin tracé, disparurent. A cinq heures, les allées et venues étaient plus rares, mais ceux qui entraient ou sortaient paraissaient de plus en plus empressés, de plus en plus désireux de dissimuler leur présence. La porte d'entrée n'était ni fermée ni ouverte, elle était soigneusement poussée. Cette porte communiquait avec un grand vestibule qui s'ouvrait sur une cour spacieuse. Au rez-de-chaussée, donnant sur cette cour, une pièce était éclairée intérieurement.

A cette heure de cinq heures, Camparini était assis devant une table surchargée de papiers. Des morceaux de fer aplatis, contournés étrangement et comme taillés à l'emporte-pièce, gisaient à terre dans une caisse ouverte. Camparini ne s'était pas couché, il n'avait pas dormi une seule minute depuis l'avant-veille, mais telle était la merveilleuse organisation de cet homme, si parfaitement créé pour le mal, que la plus légère trace de fatigue morale ou physique n'apparaissait pas sur son front.

— Dans quelques heures, se dit-il en se parlant à lui-même, la conspiration des œufs rouges éclatera ! Dans quelques heures, la Convention sera assaillie par le peuple en armes ! Sera-ce une révolution nouvelle ? Sera-ce un 21 mai ? De part et d'autre la balance est également chargée. Si Fouché a lu dans mon jeu, j'ai lu, moi, dans le sien. Pourquoi cet homme est-il contre nous ? Oh ! s'il avait voulu ! quel triomphe avait enfin la cause de l'anarchie !... Mais non ! ce stupide amour de l'ordre a donc plus de racines en France que je ne le croyais ! Quoi ! le mal est-il donc si peu puissant qu'il ne sache triompher quand l'occasion se présente !... C'est à se demander si ce n'est pas une duperie de ne pas se faire honnête homme ! Si la partie est perdue aujourd'hui, qui sait quand elle se présentera encore !... Une police !... Il ne manquerait plus que ce Fouché fût à la tête d'une police organisée !... Cornes du diable ! la lutte serait incessante et dangereuse avec un tel adversaire ! Comme il a rusé ! comme il a failli me tromper ! Tout autre à ma place eût été jeté dans le piège ! Il sait tout, néanmoins ! je n'ai rien pu cacher ! Il connaît le jour, l'heure, le nombre des conjurés ! Quelle force a-t-il pour résister ? Aucune, heureusement, et c'est là ma chance favorable ! Il faut aujourd'hui brûler la Convention, jeter dans les cachots tous ceux qui possèdent, remonter la guillotine et verser le sang à flots ! Une nouvelle Terreur, mais plus longue et plus réelle que l'ancienne ? Écraser tous ceux qui résistent, prendre à tous ceux qui ont, se gorger de sang et de richesses, puis, vendre aux agents anglais et prussiens l'entrée de nos ports et de nos villes, leur livrer la France à tant l'arpent ! Voilà ce qu'il faudrait ! voilà ce que je rêve, et voilà ce qui sera si nous triomphons aujourd'hui ! Alors, je serai bien véritablement roi !

Et l'infernal personnage parcourut la pièce à grands pas. On voit jusqu'où s'étendait l'effrayant génie de cet homme, ce qu'il rêvait, ce qu'il voulait. Tuer et voler les hommes, suivant la maxime de toute sa vie passée. Vendre son pays à l'ennemi !

— Pourquoi Fouché est-il contre moi ! s'écria-t-il après un moment de silence. C'est un trop rude adversaire. Il faut qu'il disparaisse...

Et Camparini, marchant vivement vers un cordon de sonnette, saisit le gland comme pour l'agiter. Une réflexion le retint et il lâcha le cordon.

— On ne sait pas ! reprit-il. Plus tard, on peut se faire un ami... Voyons !... si la conspiration échoue, tout est bien prévu !

Il revint vers la table et prit un carnet qu'il ouvrit :

— La fortune de la marquise réalisée, dit-il en consultant des notes manuscrites, peut monter à près de trois millions... mais il faut réaliser et vendre dans ce moment, c'est impossible. J'ai un million à Brest... un autre à Paris. Ceux-là peuvent s'emporter facilement. En cas de non réussite, ces deux millions peuvent permettre d'attendre des temps meilleurs et de réaliser l'autre fortune. De deux choses l'une : ou l'anarchie ou l'ordre triomphera aujourd'hui. Si l'anarchie triomphe, je suis tout-puissant et que m'importe le reste !... Si l'anarchie est vaincue, c'est que décidément la France veut arranger ses affaires. L'ordre reviendra avant peu et avec lui les fortunes privées se rétabliront. Dès lors les biens des d'Herbigny seront facilement reconstitués. Dans tous les cas, rien à perdre et tout à gagner : donc la situation est bonne. Reste même la fortune des Niorres. Il ne s'agit que de retrouver l'enfant qui est aux Antilles, de le faire reconnaître et de le frustrer dès qu'il aura hérité. Rien n'est plus facile. Ainsi, en mettant les choses au pis : Deux millions liquides. Trois millions des d'Herbigny appartenant à ma femme. Deux millions des Niorres à faire rentrer plus tard. Total sept millions sans compter les revenus du Bagne !... Bon nombre se contenteraient sans doute de ce pis aller, et à la rigueur je ne puis en être mécontent. J'aurai les richesses et je garderai la puissance ! N'importe ! reprit-il après un nouveau silence, pourquoi Fouché est-il là comme une barrière ! Ah ! si nous triomphons aujourd'hui !... Mais si la partie est perdue, je n'en risquerai pas une nouvelle. Je réaliserai et j'attendrai.

En ce moment, une petite statuette de bronze placée sur la table au milieu des papiers tourna sur elle-même, comme mue par un ressort caché, et fit entendre une sorte de cri plaintif. Camparini alla à la table, posa la main sur la statuette et renversa la tête, qui retomba sur le dos, maintenue au col par une charnière habilement dissimulée. La statuette était creuse, et un tube était placé au centre du corps. Ce tube passait bien probablement par l'un des pieds de la table, car la statuette était précisément placée au-dessus de l'un d'eux.

Camparini se pencha, appuya ses lèvres sur l'ouverture du tube et murmura quelques mots qui se perdirent dans le tube conducteur. Tournant la tête alors, sans se redresser, il appliqua son oreille là où tout à l'heure il avait posé sa bouche. Il demeura quelques secondes immobile, puis ses yeux s'ouvrirent avec un sentiment de moquerie, et une exclamation railleuse s'échappa de ses lèvres.

— Bamboula ! murmura-t-il ; ah ! je l'attendais !... Qu'il vienne !

Appuyant de nouveau sa bouche sur l'orifice, il

parut transmettre un ordre, puis il se releva, rabattit la tête de la statuette qui reprit sa place ordinaire; et parcourut la pièce en réfléchissant. S'arrêtant subitement, il parut avoir pris un parti.

Sa main droite, s'enfonçant sous sa chemise, chercha si la cotte de fines mailles, qu'il portait ordinairement dans les grandes circonstances où sa vie pouvait être en jeu, était toujours sur sa poitrine. Puis, se dirigeant vers une armoire, il en ouvrit la porte, prit deux pistolets qu'il glissa dans les poches de son pantalon et un flacon de verre qu'il mit dans celle de son gilet. Ensuite il se retourna et attendit. La porte d'entrée s'ouvrit presque aussitôt.

Bamboula était sur le seuil, jetant un regard rapide autour de lui avant d'entrer. Camparini devina sa pensée.

— Ne crains rien, dit-il en souriant ironiquement.

— Je ne crains rien, répondit Bamboula.

— Sans doute ; n'es-tu pas chez un ancien ami ?...

— C'est ce que je pensais.

— Et même, continua Camparini, n'y a-t-il pas entre nous un lien plus doux que celui de l'amitié ?

— Cela est vrai.

— Ah ! tu as bonne mémoire ! D'ailleurs, si tu l'avais oublié, je t'aurais rappelé, moi, que j'étais ton père !

Le *Roi du bagne* appuya sur ce dernier mot avec une affectation évidente. Bamboula ne sourcilla pas. Jusqu'alors les deux hommes étaient demeurés debout, face à face, à une certaine distance l'un de l'autre, dans la situation enfin de deux adversaires qui s'examinent, s'étudient, cherchent à se deviner avant d'en venir aux mains. Camparini, calme, impassible et railleur, attira à lui un siège et s'y laissa tomber gracieusement en invitant du geste Bamboula à prendre un fauteuil placé derrière lui.

— Donc, mon cher fils, reprit le *Roi du bagne* en croisant les jambes l'une sur l'autre avec une aisance parfaite ; donc, tu as éprouvé le besoin de revoir l'auteur de tes jours ? C'est bien, cela ! Le fait est qu'il y a pas mal d'années que les circonstances nous ont brusquement séparés l'un de l'autre. A propos, comment te nommes-tu maintenant ?

— Toujours comme autrefois, répondit Bamboula.

— Mais autrefois tu avais deux noms.

— Eh bien ! je les ai encore.

— Et, entre nous, à qui ai-je l'honneur de parler ! Est-ce à Bamboula le galérien ou au ci-devant comte de Sommes ?

— A celui qui te plaira.

— Oh ! fit Camparini, tu sais bien que je n'ai pas de préférence.

Il était évident que chacun des deux hommes parlait uniquement pour formuler des sons et pour déguiser sa pensée. Les deux athlètes, connaissant mutuellement leur force, se tâtaient et cherchaient à gagner du temps avant d'entreprendre une lutte que chacun savait devoir être terrible, car elle devait entraîner la perte de l'un d'eux. Seulement, Bamboula avait sur Camparini un avantage marqué. Il savait ce qu'il voulait faire, il connaissait le but vers lequel il tendait. Camparini, lui, en était réduit à deviner sans savoir comment et à quel propos commencerait l'attaque, et même de quel genre serait cette attaque. Mais en lutteur habile, confiant en ses forces, convaincu de sa supériorité, il attendait, ne voulant pas porter le premier coup, et prêt à la parade et à la riposte. Bamboula examinait curieusement la pièce dans laquelle il se trouvait.

— L'hôtel que tu habites est fort beau, dit-il enfin. C'est à toi ou à ta femme ?

— A elle, il est vrai, mais nous faisons si bon ménage !

— C'était donc une propriété des d'Horbigny ?

— Oui.

— Ah ! très bien !... Mais à propos des d'Horbigny, et ma chère belle-mère, ne la verrai-je pas ?

— Tu as donc à lui parler ?

— Oui, de choses intéressantes.

— Pour elle et pour toi ?

— Pour elle et pour moi !

— Eh bien ! conte-moi ce qui l'amène, mon cher Bamboula, je lui transmettrai tes propres paroles. Mais cette chère belle est tellement impressionnable que, n'étant pas préparée à te revoir, je craindrais que ta présence ne lui causât une émotion trop violente. Voyons ! parle. Comme père et comme mari, je puis bien entendre ce que mon fils a à communiquer à ma femme !

— Je voulais, dit Bamboula, la prier de me donner quelques renseignements sur la fortune des d'Horbigny, fortune dont elle a hérité...

— Ah ! ah ! fit Camparini en voyant venir son adversaire.

— La citoyenne, aux termes du testament du vieux marquis, n'est qu'usufruitière de sa fille ?

— Cela est vrai.

— Et cette fille ?

— On ne sait ce qu'elle est devenue.

— Alors, cela est inquiétant...

— Pourquoi ?

— Si elle était morte !

— On n'en sait rien : donc, on doit supposer qu'elle est vivante, et jusqu'à preuve du contraire, la citoyenne restera en possession de ses millions.

Bamboula se mit à rire.

— Corbleu ! dit-il, tu prends ton rôle au sérieux, sais-tu bien ! On croirait, à t'entendre, que nous n'avons pas opéré ensemble la substitution de la *Jolie Mignonne*.

— Je ne sais pas ce que tu veux dire.

— En vérité ?

— En vérité !

Bamboula regarda Camparini. Celui était toujours impassible et paraissait parler le plus sérieusement du monde.

— Allons ! dit Bamboula avec un peu d'impatience, pourquoi jouer cette comédie entre nous ?

— Je ne joue aucune comédie, répondit Camparini.

— Mais la *Jolie Mignonne* dont je te parle...
— Je ne connais pas cette histoire, interrompit le *Roi du bagne*.
— Ah ! c'est ainsi, fit Bamboula. Eh bien! passons à autre chose ; aussi bien le temps presse.
— Je t'écoute avec le même intérêt.
— La fortune de ta femme provient du marquis d'Horbigny, n'est-ce pas?
— Sans doute.
— Le marquis lui-même ne tenait cette fortune que des mains de mademoiselle de Morandes, ou mieux de madame de Saint-Gervais..
— D'accord !
— Elle était folle... archifolle. Deux fois elle a failli recouvrer la raison, et deux fois tu as mis bon ordre à cette tentative du hasard. Mais elle n'avait fait cette donation au marquis qu'à la condition, dans le cas où elle guérirait de sa folie, de rentrer en possession de tous ses biens, dont elle pourrait dès lors disposer à sa guise...
— Je sais cela.
— Donc, si madame de Saint-Gervais vivait encore et recouvrait la raison, elle pourrait venir dépouiller ta femme ?
— Incontestablement !
— Eh bien! madame de Saint-Gervais est morte.
— Je le sais.
— Elle a recouvré la raison avant de mourir.
— Bah !
— Son médecin l'a attesté par acte authentique signé de deux témoins.
— J'en suis bien aise pour elle.
— En rentrant dans la plénitude de ses facultés, elle rentrait dans la possession de sa fortune, donc, elle pouvait disposer de cette fortune...
— Et elle en a disposé ? acheva Camparini sans la moindre émotion apparente.
— Tu as deviné.
— Et qui a-t-elle institué pour légataire?
— Une jeune fille...

— Qui est mariée maintenant, n'est-ce pas ?
— Oui.
— Et cette jeune fille, c'est ?...
— Blanche de Niorres...
— Et le mari de Blanche de Niorres...
— Blanche lui a fait une donation pleine et entière, dit Bamboula.
— De sorte, poursuivit Camparini, toujours du même ton froid et calme, qu'aujourd'hui c'est le mari de Blanche qui hérite de madame de Saint-Gervais.
— Précisément, et ce mari c'est...
— Parbleu ! c'est toi ! interrompit Camparini.

Bamboula tressaillit.

— Tu le savais ! dit-il.
— Non, mais je l'ai deviné, répondit Camparini.
— Alors...
— Alors, mon cher, tu viens simplement ici dans l'intention de prier ma femme, ou plutôt moi-même, de te restituer la fortune du marquis d'Horbigny ?
— Je te rends grâce de m'éviter une explication pénible. Et maintenant, que réponds-tu ?
— Mon Dieu ! j'aurais beaucoup de choses à te répondre. La première serait que tu es un mauvais fils, car enfin, tu veux dépouiller ton père.
— Oh ! interrompit Bamboula avec une colère sourde, assez de railleries ! J'ai été ta dupe deux fois déjà ; crois-tu que je veuille continuer ?
— Hein ? fit Camparini en se redressant.
— Tu sais bien, et je sais maintenant comme toi, que je ne suis pas plus ton fils que tu n'es mon père !

Camparini regarda Bamboula.

— Ah ! dit-il, le vent souffle de ce côté !
— Oui !
— Tu sais que tu n'es pas mon fils ?
— Je le sais.
— Tu te trompes !
— J'ai les preuves.
— Lesquelles ?

— Celles que l'enfant de la Madone est mort. Roquefort m'a donné l'acte de décès.

Camparini se contint.

— Eh bien ! dit-il, si tu n'es pas mon fils, je ne t'en aime pas moins, et je m'intéresse à toi de la façon la plus extraordinaire ! La preuve en est que je t'écoute avec un vif plaisir. Ah ! tu as épousé mademoiselle Blanche ! Belle affaire, par ma foi ! Je suis certain que sa sœur Léonore a fait une renonciation en sa faveur aux biens provenant des Niorres.

— Tu as deviné. Voici le double de cette renonciation.

— Très bien ! fit Camparini en prenant le papier. Parfaitement en règle ; de sorte que tu vas hériter aussi des Niorres ?

— Naturellement !

— C'est superbe ! Reçois mes compliments les plus sincères !...

Et Camparini, se levant, s'inclina devant Bamboula avec une exagération de politesse insultante. Bamboula se dressa comme s'il eût été piqué par un serpent.

— Enfer ! s'écria-t-il, tu me railles ! Ne m'as-tu donc pas compris ?

Le *Roi du bagne* se croisa les bras sur la poitrine.

— En vérité, dit-il, t'es-tu cru assez fort pour lutter avec moi ? M'as-tu cru assez sot pour me laisser distancer par tes ruses ? Allons donc, Bamboula, réfléchis ! Tu dois mieux me connaître. Regarde-moi, si tu ne te souviens plus.

Et Camparini, l'œil étincelant, le geste dominateur, la voix sifflante, se campa devant son interlocuteur, qui, involontairement, recula d'un pas.

— Quoi ! reprit le terrible *Roi du bagne* en apparaissant dans toute sa majestueuse puissance, tu as pu, toi, espérer me jouer ! Cette fortune des d'Horbigny, celle des Niorres que j'ai mis, moi, quinze ans à acquérir, tu as pu supposer que je me la laisserais ravir ! Tu as pensé, sot que tu es, qu'occupé comme je l'étais d'intrigues politiques, je laisserais se tramer dans l'ombre des complots contre moi! Le *Roi du bagne* est-il donc un mannequin que l'on repousse à sa guise? Tu es fou! Si j'avais eu quelque chose à craindre de toi, tu serais mort à cette heure, et je t'ai laissé vivre, bien que tu aies levé l'étendard de la révolte et qu'avec Pick et Roquefort tu te sois ligué contre ma puissance! Mais penses-tu que tes actes me fussent inconnus? Je te suivais pas à pas dans l'ombre dans laquelle tu tramais tes ruses. Je t'ai laissé faire, car tu ne pouvais me nuire, car tu m'étais indifférent. Le moment venu, je savais que je pourrais te ressaisir dans ma main et t'étreindre jusqu'à ce que tu demandasses grâce. Eh bien! le moment est venu, Bamboula, et tu vas plier les jarrets et implorer ton pardon!

— Moi! fit Bamboula avec rage.

— Toi-même!

— Allons donc, Camparini, à ton tour tu es fou! Crois-tu, parce que je suis ici, me tenir en ta puissance! Mes précautions sont prises; tu me tuerais aujourd'hui, que demain tu serais perdu! Tous les secrets de la terrible association dont tu es le chef sont entre mes mains, et Fouché les aurait entre les siennes...

— Silence! dit le *Roi du bagne*. Un mot encore et je ne pourrais te pardonner! Tu connais nos lois: la mort est prompte et elle te frapperait sans pitié! Ne menace pas; écoute! Tu parles de l'héritage des Niorres! Tu as épousé Blanche pour obtenir cette fortune, tu t'es ingénié pour devenir possesseur de ces richesses! Mais sache donc que cet héritage n'appartient ni à Léonore ni à toi. Cet héritage est tout entier entre mes mains! Des deux enfants morts jadis avec madame de Versac, l'un était son fils, mais l'autre n'était pas son neveu...Le véritable petit-fils de M. de Niorres existe encore à cette heure! Saint-Jean l'avait sauvé, d'accord avec son maître. Cet enfant vit, je le répète, j'ai toutes les preuves nécessaires pour établir son identité. Pour le monde il est mort; mais le jour où je le voudrais, je le produirais à la lumière.

Celui-là seul est l'héritier des Niorres! Donc, voici pour toi une première déception; qu'en penses-tu?

Bamboula recula atterré par cette révélation inattendue, qui faisait crouler la moitié de ses espérances.

— Quant à l'héritage des d'Horbigny, poursuivit le *Roi du bagne*, sans doute il appartient à Blanche, et Blanche a le droit de disposer de ses biens en faveur de son mari. Or, je connaissais ton mariage, Bamboula. Je l'ai lu sur le registre de l'état-civil. Tiens, veux-tu le relire toi-même?

Et Camparini, ouvrant l'armoire dans laquelle il avait pris les pistolets, en tira un énorme registre in-folio qu'il ouvrit. Bamboula le regardait avec des yeux démesurément dilatés.

— Eh bien! ce mariage... fit-il d'une voix rauque; car il commençait à s'apercevoir que le *Roi du bagne* était toujours le terrible colosse de puissance qu'il avait connu jadis.

— Ce mariage? poursuivit Camparini en riant. Pour qu'il soit valide, il n'y manque absolument que deux petites formalités...

— Hein? dit Bamboula dont le sang envahissait le cerveau au point de lui donner un commencement de délire.

— Mon cher, poursuivit le *Roi du bagne* de ce ton froidement railleur qui lui était habituel, alors qu'il voulait écraser de sa supériorité un ennemi qui osait entrer avec lui en lutte ouverte; mon cher Bamboula, la trop grande estime que tu as de tes propres forces t'a, cette fois encore, entraîné trop loin. Voici quinze ans que nous nous connaissons, et, depuis l'époque de notre rencontre, tu as cherché nombre de fois à secouer le joug que t'imposait ma supériorité. Chaque tentative t'a montré ta faiblesse, et cependant tu n'as jamais été convaincu de ton impuissance. La preuve de ta faiblesse est pourtant évidente. Si j'avais à te craindre, crois-tu que tu existerais encore? Non! tu vis, quoique tu cherches à lutter, donc c'est que je n'ai rien à redouter pour l'issue de cette lutte! Je t'ai toujours pardonné, je te pardonne encore, car j'ai besoin de toi dans l'avenir, je te réserve un rôle dans une partie nouvelle que je veux entreprendre. Mais, cependant, un avertissement, et tu sais que mes avertissements sont uniques et sérieux.

Camparini appuya sur ces deux mots de façon à leur donner une signification terrible et menaçante.

— Tu as osé menacer tout à l'heure; tu as parlé de secrets que tu aurais entre les mains et que tu pourrais faire passer entre celles de nos ennemis. Il faut que tu sois édifié sur la portée de tes menaces. Les secrets dont tu parles, et que tu possèdes, vingt autres les ont comme toi. Que valent-ils? Rien! Crois-tu qu'une association comme celle dont je suis le chef irait se mettre à la merci du premier traître que soudoierait la police? Tu as trop d'intelligence pour supposer cela! Que sais-tu? Des choses sans importance: des lieux de rendez-vous, des mots de ralliement, les noms de quelques affiliés! Mais ces lieux de rendez-vous sont changés chaque jour; mais les mots de ralliement sont métamorphosés chaque nuit; mais les noms que tu connais ne peuvent compromettre que quelques individus. Tu voudrais me livrer, moi? Allons donc! Si tu crois réussir, je t'autorise à le faire. Quelles preuves aurais-tu contre moi? Pas une seule que ta parole; et que vaut ta parole, mon pauvre Bamboula? D'ailleurs, en me livrant tu te livrerais; mais le puisses-tu même, poussé par une rage aveugle, voudrais-tu essayer de me perdre en te perdant, que tu ne réussirais pas! Tu ignores encore quel homme je suis! Place-moi en face d'un directeur de police quel qu'il soit, et, dix minutes après, il aura reconnu qu'il a besoin de mes services, et il payera ces services du prix que je fixerai moi-même. Ne menace donc plus, Bamboula! Tes menaces seraient vaines, et tu me forcerais à te rappeler que l'un des articles de nos lois dit: « La mort sans hésitation à celui-ci qui menacerait un chef! » Or, je ne veux pas te tuer, Bamboula; car, je le répète, j'aurai bientôt besoin de toi! maintenant, très cher, revenons à la situation présente! Sais-tu que tes petites combinaisons ne manquaient pas d'une certaine lucidité d'esprit ! Vive Dieu ! tu as une certaine dose de rouerie, je le reconnais; mais l'amour-propre te perd; tu te crois trop fort ! Héritage des Niorres, héritage de d'Horbigny : cinq millions au moins ! Beau denier, par ma foi; et qui méritait, je le confesse, quelques tentatives. Ton mariage avec Blanche était une assez jolie intrigue; mais j'étais là, Bamboula, et je suivais pas à pas tes démarches. Le municipal qui t'a marié est l'un de mes dévoués, recommandé jadis, par moi, à Robespierre. Il avait conservé sa place, grâce à mon crédit, et c'est sur mes ordres qu'il a mis une certaine facilité à t'être agréable. Ton jeu était beau; mais je lisais dans tes cartes à livre ouvert. Le municipal t'a donc marié, toujours par mon ordre; mais, ainsi que je le disais, ce mariage est absolument nul, pour deux causes: la première c'est que, la veille au soir, le municipal n'était plus municipal. Il avait envoyé sa démission qu'il tenait toute prête pour cette circonstance. Donc, n'étant plus officier civil, il ne pouvait te marier sérieusement; la seconde, c'est que le registre qu'il t'a présenté, et sur lequel tu as signé ainsi que Blanche, est un faux registre!

— Un faux registre ! s'écria Bamboula.

— Mais oui. Bien imité, il est vrai : mais regarde, le voilà. C'est une copie du véritable registre de la section! Tu vois, mon très cher, que tout avait été parfaitement prévu et préparé par moi! Maintenant, reste la donation. Elle est bien faite, celle-là; mais, pour qu'elle soit valable, il faut que tu sois l'époux de Blanche, et... tu ne l'es pas! Comprends-tu?

Le visage de l'ex-comte de Sommes était effrayant à contempler. Tout ce qui s'accomplissait tumultueusement dans son esprit se reflétait sur sa physionomie et la décomposait d'une manière horrible. Cet homme, qui un moment avait rêvé l'accomplissement de tous ses rêves, qui croyait au but, qui étendait déjà ses doigts ouverts pour se saisir de cette fortune immense, objet de sa plus chère convoitise; cet homme enfin, qui avait entassé crimes sur crimes, ne reculant devant rien, suivant les voies les plus horribles pour arriver à satisfaire sa passion insatiable, cet homme voyait tout à coup lui échapper le prix de ses efforts, de ses luttes, de ses machinations. Entre lui et la réalisation de ses espérances se dressait subitement une barrière infranchissable ; entre lui et la victoire se plantait, menaçant, un géant invincible. Il demeurait là, foudroyé, anéanti, étouffant de rage impuissante, de colère furieuse, cloué sur le parquet de cette pièce dans laquelle il entrait, quelques instants plus tôt, le sourire de l'orgueil aux lèvres, la conscience de sa supériorité au cœur. Et cet orgueil était brisé, anéanti, détruit, et cette supériorité se métamorphosait en esclavage.

Bamboula regarda le *Roi du bagne*, et, telle était l'extrême violence des sentiments qui grondaient en lui, qu'il se prit à trembler. Camparini, cette incarnation du génie du mal, considérait d'un air calme son adversaire vaincu et reconnaissant sa défaite.

— Cette fois, dit-il, je crois que la leçon aura été bonne, et que tu n'essayeras plus de te soustraire à ma domination. Tu te croyais tout : tu n'es rien ! Allons, Bamboula ! je suis bon prince, et je te fais grâce... Je te fais grâce... Je te le répète : j'ai besoin de toi !

Bamboula ne répondit pas ; les pensées les plus folles germaient dans son cerveau.

— Eh ! sans doute, j'ai besoin de toi ! répéta le *Roi du bagne*. Ne sommes-nous pas menacés tous deux de perdre la fortune des Niorres, cette fortune que tu voulais pour toi seul ? Cet enfant dont je te parle et dont je t'ai révélé l'existence, cet enfant n'existe pas seulement pour nous ; d'autres le connaissent !

— D'autres connaissent cet enfant ! s'écria Bamboula, rappelé subitement à la question.

— Oui.
— Qui donc ?
— Le marquis d'Herbois.
— Il sait qu'il existe un petit-fils des Niorres ?

— Oui; il l'a vu, et je crois qu'il l'a même sauvé d'un danger.

— Tu lui as parlé ?

— Sans doute. Il ne savait même pas au juste quel était cet enfant, et c'est moi qui lui ai révélé son identité.

Bamboula recula de surprise.

— Quoi ! s'écria-t-il, il existe un descendant des Niorres, et c'est toi, toi Camparini, qui révèles cette existence à nos ennemis ! Tu es fou ou tu te moques de moi !

— Ni l'un ni l'autre ! Cet enfant existait, mais j'ignorais là où il pouvait être. Pour le savoir, il fallait bien interroger : or, le hasard a fait que celui que je devais interroger était précisément le marquis d'Herbois. Pour lui donner confiance, je lui ai dit la vérité, et par ce moyen j'ai appris ce que je voulais apprendre.

— Mais...

— Tu avais Blanche entre les mains, poursuivit Camparini, et je t'avais entre les miennes dès que je le voulais ; donc j'étais maître du marquis et je le suis encore. D'ailleurs, j'avais mes raisons pour le faire parler. Je voulais avoir des renseignements précis sur les Antilles, sur un certain capitaine anglais, lord Ellen, qu'une jeune fille caraïbe avait juré de tuer... mais revenons au présent : cette affaire ne te concerne pas encore.

Bamboula regarda le *Roi du bagne* : il était stupéfait de ce qu'il entendait. Il savait Camparini profondément puissant, mais jamais jusqu'alors il n'avait supposé toute l'étendue de son infernal génie. Camparini, toujours impassible, s'était jeté sur un fauteuil.

— Maintenant que nous nous entendons comme par le passé, reprit-il, voici ce que nous devons faire. Deux êtres nous gênent désormais. Blanche d'une part, comme héritière de Laure de Morandes ; de l'autre, l'enfant, descendant du conseiller. Blanche est à Paris, elle est en ta puissance... la chose te regarde donc directement. Il faut qu'elle disparaisse sur l'heure... pour ne reparaître jamais. Tu entends?

Bamboula fit un signe affirmatif.

— Quant à l'enfant, je m'en charge. Il est aux Antilles, j'irai le chercher moi-même. Si je ne puis le faire, tu agiras en mon lieu et place : je te donnerai toutes les instructions suffisantes.

— Mais si le marquis d'Herbois sait que cet enfant existe, qu'il est aux Antilles, il peut envoyer, écrire, prévenir nos démarches...

Camparini sourit.

— Léonore n'est-elle pas ta prisonnière?... dit-il.

— C'est vrai!

— Ce soir même elle sera ici, et si le marquis ou ses amis agissent avant nous, il faudra bien qu'ils consentent à un échange!

Bamboula leva les bras au ciel.

— Tu avais donc tout deviné, tout prévu?... dit-il avec un sentiment d'admiration qu'il ne cherchait plus à cacher.

— Naturellement! répondit Camparini.

Bamboula était bien vaincu et il le reconnaissait.

— Et, reprit-il, cette fortune...

— Si tu me sers bien, fit le *Roi du bagne*, tu en auras la moitié.

— Et Pick?

— J'en fais mon affaire.

— Et Roquefort?

— Je lui parlerai.

— Tu sais donc où il est?

— Qui? demanda le *Roi du bagne*.

— Roquefort!

— N'est-il pas auprès de Pick?

— Il est donc revenu?

— Comment!.. d'où?.. que veux-tu dire?.. Où était Roquefort?

Et Camparini saisit la main de Bamboula et la pressa avec une énergie dénotant toute l'importance qu'il mettait à ces questions.

— Mais Roquefort avait disparu! dit Bamboula.

— Disparu ! s'écria le *Roi du bagne*.
— Oui !
— Quand cela ?
— Il y a cinq jours, le 6.
— Où ?
— En sortant du club des œufs rouges.
— Et tu ne l'as pas revu depuis ?
— Non.
— Et Pick ?
— Pick ne l'a pas revu non plus.
— Vous ignorez où il est ? ce qu'il est devenu ?
— Nous l'ignorons.

Camparini frappa le parquet d'un vigoureux coup de talon de sa botte.

— Tonnerre ! s'écria-t-il, j'ignorais cela ? Vite ! dis-moi ce que tu sais, ce que tu supposes !

Bamboula s'empressa de raconter rapidement ce qu'il savait de la disparition de son complice. Camparini, l'œil enflammé, l'écoutait avec impatience.

— Il y a du Jacquet là-dessous ! fit-il en réfléchissant ; ces deux hommes se détestaient.

— Alors ?... fit Bamboula.

— Alors, tout peut être perdu ! Alerte, Bamboula ! retourne rue de Beaujolais, prends une voiture, la mienne est attelée... brûle le pavé, et ramène-moi Pick et Léonore !... Tonnerre ! pourvu qu'il ne soit pas trop tard !

— Que crains-tu donc ? demanda Bamboula.
— Tout ?
— Mais...
— Va donc !
— Bamboula s'élança.
— Et Blanche ? dit-il en s'arrêtant sur le seuil de la porte.

Camparini fouilla dans sa poche et y prit le flacon qu'il avait retiré de l'armoire avant l'arrivée de Bamboula.

— Fais-lui boire cela ! dit-il.
— Tout ? demanda Bamboula.

— Non, quelques gouttes seront suffisantes, mais hâte-toi !

Bamboula s'était emparé vivement de la fiole et disparaissait en courant vers le vestibule de l'hôtel. Une voiture était attelée dans la cour. Camparini ouvrit la fenêtre de la pièce.

— Obéis au citoyen ! cria-t-il au cocher au moment où Bamboula s'élançait vers la portière du carrosse. Rue de Beaujolais, et brûle le pavé !

XIX

LE NUMÉRO DEUX

De la rue Chantereine à la rue de Beaujolais, la distance était courte ; la voiture, entraînée au grand trot d'un vigoureux attelage, franchit cette distance avec une rapidité attestant l'importance que le *Roi du bagne*, toujours prévoyant, mettait à la vélocité de ses chevaux. Bamboula, encore mal remis de la scène qui venait d'avoir lieu et replacé comme un tigre dompté sous la verge puissante du terrible chef, Bamboula, la tête pleine, le cerveau surexcité au plus haut point, Bamboula traversa cette partie de Paris sans accorder la moindre attention à ce qui se passait autour de lui, sans remarquer l'animation extrême qui régnait sur sa route. Il était près de huit heures du matin. La disparition de Roquefort, cette disparition à laquelle l'ex-comte de Sommes n'avait attaché qu'une importance minime alors qu'il se croyait triomphant dans la lutte, lui apparaissait, maintenant qu'il se sentait vaincu, remplie de menaces nouvelles.

Les paroles rapides prononcées par Camparini attestaient également la crainte que cette disparition de l'un des complices de Bamboula ne s'expliquât que par un malheur pour l'association des galères. Bamboula connaissait le *Roi du bagne*. Il savait combien peu cet homme extraordinaire se laissait aller aux vulgaires sentiments. S'il redoutait quelque chose, il fallait qu'un péril effrayant lui apparût, et ce péril devait être réel. Mais quel pouvait être ce péril? Bamboula l'ignorait absolument. La voiture s'arrêta alors rue de Beaujolais. Bamboula s'élança sur le pavé.

La boutique de bijouterie était fermée.

Bamboula heurta doucement d'abord, puis violemment ensuite à la porte... Personne ne répondit!... Bamboula prit une clef dans sa poche, s'élança dans l'allée et ouvrit une porte communiquant avec l'intérieur du magasin. Les volets de la devanture étant fermés, l'obscurité était complète dans l'intérieur. Bamboula siffla doucement, il écouta... rien!

— Pick, fit-il s'avançant vers les ténèbres.

Même silence.

— Pick! répéta-t-il.

Puis, comme il ne recevait aucune réponse, il saisit un briquet sur un meuble, fit du feu et alluma une chandelle. La lueur vacillante éclaira l'arrière boutique... La pièce était vide. Bamboula passa dans le magasin principal. Il était également désert.

— Il devait cependant m'attendre ici, murmura Bamboula d'une voix frémissante.

Alors, s'élançant dans l'allée, sans même refermer la porte de communication, il gravit rapidement les marches de l'escalier. Il atteignit le troisième étage. Une porte était en face de lui... cette porte était entr'ouverte... Bamboula lança dans l'air un formidable juron.

— Qui donc est entré? se dit-il. Moi seul en ai la clef.

Puis, après une minute de réflexion...

— Roquefort l'avait aussi! ajouta-t-il.

Bamboula fouilla dans ses poches, prit de chaque main un pistolet qu'il en tira. Il fit jouer les batteries, arma les chiens et s'assura que l'amorce était bonne. Alors, poussant la porte à demi fermée, il pénétra dans l'appartement que nos lecteurs connaissent, car c'est dans cet appartement que le matin même de ce 12 germinal, nous avons assisté à la scène poignante qui s'était passée entre les deux sœurs. La première pièce dans laquelle Bamboula pénétra était entièrement vide. Bamboula passa dans la seconde... elle était également déserte. Revenant alors sur ses pas, il retourna vers la porte d'entrée, comme poussé par une réflexion subite, et examina soigneusement la serrure.

— Elle n'a pas été forcée, dit-il. Donc, c'est avec une clef que l'on est entré.

Et refermant la porte, il traîna devant elle un lourd bahut placé dans un angle. Cette précaution prise, il recommença ses investigations.

La chambre dans laquelle il avait emprisonné les deux jeunes filles (celle dans laquelle nous avons pénétré quelques heures plus tôt) était éclairée sur le jardin, et elle se trouvait la plus éloignée de l'entrée de l'appartement. Bamboula, l'œil au guet, l'oreille aux écoutes, ses pistolets aux poings, s'avança légèrement dans la troisième pièce. C'était sur celle-ci que s'ouvrait la porte communiquant avec la chambre de Blanche et de Léonore. Arrivé devant cette porte, Bamboula s'arrêta, se pencha et écouta attentivement. Il n'entendit rien! Il plaça son œil à la hauteur du trou de la serrure... Il ne vit rien!... Bamboula se redressa en frémissant de tout son être.

— Démons de l'enfer! s'écria-t-il avec rage.

Et poussant brusquement la porte, il l'ouvrit toute grande... La chambre était déserte...

— Pick a trahi! dit-il en s'avançant.

Mais il n'avait pas fait un pas dans la chambre qu'un double coup frappé avec une précision et une violence inouïes, faisait voler de ses mains les armes qu'il tenait... En même temps et avant qu'il pût pousser un cri, il sentait ses épaules surchargées d'un poids formidable et, pliant sur les jarrets, il tombait à genoux, terrassé par une force invincible. Puis une corde passa autour de son corps, enroula ses membres et l'attacha avec une rapidité et une solidité telles qu'il ne put ni opposer un mouvement, ni même se rendre compte de l'événement survenu.

— Amarre ! dit une voix sonore.
— Vire ! dit une autre voix.

Bamboula, enlevé violemment, fut retourné comme on retourne un paquet. Son dos retomba lourdement sur le plancher et son visage reçut, en plein, les rayons lumineux pénétrant par une fenêtre qui lui faisait face. Les regards effarés du bandit parcoururent rapidement la pièce. Deux hommes étaient en face de lui : l'un tenant encore à la main l'extrémité de la corde, qui enroulait Bamboula ; l'autre le corps penché en avant, les deux mains sur les hanches et ayant, passé sous le bras, un long bâton flexible.

— T'es croché, failli chien de pirate ! dit le premier des deux hommes.

— Eh qué ! fit l'autre, il n'y a plus qu'à relever un bout de vergue pour passer l'amarre.

— As pas peur ! on le relèvera ! Maintenant... au numéro 3 !

XX

LE 12 GERMINAL

A neuf heures du matin, le volcan qui grondait sourdement sous Paris depuis quelques jours était prêt à faire irruption, et la lave torréfiante de la révolution se répandait déjà en flots brûlants et tumultueux dans les rues les plus populeuses de la capitale. Comme la veille, des femmes, des enfants s'étaient soulevés dans la section de la Cité et s'étaient réunis aux portes des boulangers pour empêcher ceux qui s'y trouvaient d'accepter la ration et tâchant d'entraîner tout le monde vers les Tuileries. Les meneurs continuaient en même temps à répandre toutes sortes de bruits.

La population du Temple et du faubourg Saint-Antoine se leva à l'appel des jacobins de la Cité. Les patriotes de Saint-Marceau et de Montreuil descendirent aussitôt en tumulte. Dans les quartiers Saint-Denis, Saint-Martin, du Temple et surtout de la Cité, les patriotes faisaient retentir toutes les cloches dont ils pouvaient disposer, battant le tambour avec un redoublement de fureur et tirant le canon. Dans le même instant le tocsin sonnait au pavillon de l'Unité par ordre du comité de sûreté générale, et les sections fidèles commençaient à se réunir. Mais celles qui se trouvaient dans le complot étaient formées depuis longtemps déjà et elles marchaient en armes bien avant que les autres n'eussent même été averties. Le rassemblement grossissait toujours, s'avançant peu à peu vers les Tuileries, vociférant, hurlant, menaçant vers le but indiqué à tous : la Convention.

Les députés, accourus en toute hâte, étaient à leur poste.

Les membres de la Montagne, qui étaient sans communication avec le comité d'insurrection, n'avaient pas été avertis, car on voulait aussi les anéantir, et, comme leurs collègues, ne connaissaient le mouvement que par les cris de la populace et le retentissement du tocsin. Ils étaient même en défiance, craignant que le comité de sûreté générale n'eût tendu un piège aux patriotes et ne les eût soulevés que pour avoir occasion de sévir contre eux. Les tribunes de la Convention avaient été envahies de bonne heure.

Deux camps ennemis étaient là en présence : d'une part, les muscadins ; de l'autre, les furies et les jacobins.

La Convention entrait en séance : un peu de calme se fit.

Boissy-d'Anglas monte à la tribune pour lire un rapport sur les divers systèmes adoptés en matière de subsistances. Dans ce moment, un bruit formidable éclate au dehors : c'est l'insurrection qui s'avance ! On entend gronder les flots de la populace. Les huissiers et la garde se précipitent, mais ils sont violemment repoussés. Des hommes, des femmes se ruent en avant dans les couloirs, dispersant tout ce qui peut leur résister. Les tribunes sont envahies. Le vacarme est horrible ; la confusion est partout.

Les ais de la porte crient, des plâtras tombent.

— Mourons à nos places ! dit un député.

— Oui ! oui ! répond-on.

Le président, s'adressant aux tribunes, enjoint à tous les bons citoyens qui les occupent d'en sortir et déclare que l'on va employer la force pour les faire évacuer. Beaucoup sortent, mais les furies restent en poussant des hurlements sinistres. En ce moment, un député qui n'avait pas encore paru dans l'assemblée, y pénètre par une porte dérobée. Cet homme, c'est Fouché.

Quelques muscadins le suivent ; ceux-là sont armés de longs fouets. Sur un geste du membre du comité de sûreté générale, ils s'élancent vers les tribunes, les escaladent et flagellent les furies qui fuient en poussant des cris épouvantables, et aux grands applaudissements d'une partie de la Convention. Mais à peine les tribunes sont-elles évacuées, que le bruit à la porte de gauche redouble. La foule est revenue à la charge ; elle attaque de nouveau la porte qui cède à la violence, éclate et se brise.

La Convention est envahie. Le peuple se répand partout, escalade les tribunes, va s'asseoir à côté des députés. Le président se couvre... On entend des cris plus effrayants dans le salon de la Liberté : c'est un nouveau flot populaire qui déborde sur le premier, c'est une seconde irruption d'hommes, de femmes et d'enfants, criant tous à la fois :

« Du pain ! du pain ! »

Alors commence une scène de confusion impossible à décrire. Chacun veut parler et crie en vain pour se faire entendre. Les tambours battent au dedans, et, au dehors, la foule augmente d'instant en instant.

En ce moment, l'insurrection paraissait absolument maîtresse de l'assemblée. Les meneurs allaient, causaient, excitant, poussant, soufflant partout le feu de la discorde.

Parmi ces meneurs, se glissant dans les groupes comme des serpents dans les haies, il en était un qui par son activité fébrile, son agitation, sa souplesse, se faisait remarquer de tous, car il semblait être partout à la fois. Celui-ci parlait à certains hommes et leur désignait à tous un même point de l'assemblée, celui qu'occupait Fouché. Bientôt ces hommes se réunirent au milieu du tumulte et, se frayant un passage, se ruèrent dans la direction de Fouché ! En un clin d'œil le membre du comité chargé de la police fut entouré et disparut dans le flot des furieux.

Arraché de son banc, il allait être précipité, écrasé, étouffé, lorsque des jeunes gens bondirent à son secours. Parmi ces jeunes gens, il en était un portant un uniforme étrange et un autre vêtu en muscadin. Tous deux, armés de lourds bâtons, furent les premiers auprès du représentant assailli, et lui prêtant vigoureusement leur aide, le délivrèrent, repoussèrent la populace et lui firent un rempart de leur corps.

— Merci, citoyens ! Le Bienvenu et Bonchemin sont mieux nommés que jamais ! dit simplement Fouché, tandis que son œil sombre enveloppait d'un regard haineux le flot qui reculait.

En cet instant, un homme, se faufilant au milieu des groupes, atteignit l'endroit où était Fouché.

— Jacquet ! murmura celui-ci.

Un second homme vint rejoindre le premier.

— Pâquerette ! dit vivement Jacquet à celui qui le suivait, tiens ton serment ! *Le Roi du bagne* ! Il nous le faut !

Pâquerette fit un signe affirmatif et s'élança dans la foule. Le tumulte augmentait d'intensité. C'était un charivari effroyable, quelque chose d'indescriptible.

— Mes amis ! s'écria Vanier, retirez-vous ! Laissez-nous discuter. Vous exposez le peuple à manquer de pain en nous empêchant de prendre des mesures pour les arrivages !

— C'est de la tactique ! s'écria une voix. Il y a trois mois que l'on nous dit cela !

Alors des cris s'élèvent de toutes parts du sein de cette multitude en délire.

Enfin, l'homme dont nous avons déjà parlé, celui qui avait lancé sur Fouché quelques-uns des insurgés, cet homme fit circuler rapidement l'avis de faire descendre les députés des hautes banquettes sur lesquelles ils s'étaient réfugiés et de les réunir au milieu de la salle pour les forcer à délibérer. Aussitôt la proposition est adoptée. On se précipite, on se rue, la lutte recommence. Les défenseurs de la Convention sont encore une fois repoussés. On pousse les députés hors de leurs sièges, on les fait descendre brutalement, on les parque comme un troupeau dans l'espace qui sépare la tribune des banquettes inférieures. Des hommes s'efforcent de les entourer et de les enfermer en formant une chaîne avec leurs piques. Les députés protestent; le vacarme devient effrayant. Le sang n'a pas coulé encore, mais c'est par un miracle! En ce moment, Pâquerette revient près de Jacquet, lequel n'a pas quitté Fouché.

XXI

L'INSURRECTION

A cette insurrection du 12 germinal, les grands chefs politiques faisaient absolument défaut; ceux qui excitaient le peuple et le trompaient en le poussant n'étaient que des moteurs d'anarchie, n'obéissant à aucune conviction et voulant le mal, uniquement pour le mal. Aux émeutes précédentes, il y avait eu des hommes en présence : là il n'y en avait pas. Aussi, montagnards et modérés se cherchaient-ils mutuellement du regard, afin de se prêter une mutuelle assistance au moment du danger.

— La constitution de 93! hurlait-on de toutes parts au milieu du plus affreux concert. En ce moment, l'homme dont nous avons parlé déjà, celui qui semblait être l'un des principaux chefs de l'insurrection, passa devant Fouché.

Pâquerette tressaillit et saisit le bras de Jacquet :
— C'est lui! murmura-t-il.
— Tu en es sûr? fit Jacquet.

— J'en réponds.

Jacquet se retourna vers Fouché et lui parla bas rapidement. Deux hommes, ceux-là même qui étaient accourus les premiers au secours du membre du Comité de sûreté générale étaient encore près du représentant, et ils entendirent les paroles prononcées par Jacquet. Un même éclair brilla dans leurs regards, et ils firent, tous les deux à la fois, un même mouvement pour s'élancer. Mais deux mains vigoureuses les retinrent sur place.

— Minute ! dit une voix forte. C'est mon affaire ! As pas peur ! les gabiers sont là ! Bougez pas !

Et Mahurec, car c'était lui qui venait de parler, bondit en avant. Trois hommes le suivirent : c'étaient le Maucot, Petit-Pierre et La Rochelle. Tous quatre étaient entrés dans la salle, à la suite du peuple, et avaient jusqu'alors paru agir en vertu d'un plan combiné d'avance. Mahurec fit un signe à Petit-Pierre et à La Rochelle, puis il s'élança avec le Maucot sur les pas de celui que venait de désigner Pâquerette. Les deux autres matelots, fendant la foule, se ruèrent vers le salon de la Liberté.

La fureur générale semblait accroître. Le tocsin sonnait à toutes volées au pavillon de l'Unité, et son glas lugubre se mêlait au tumulte assourdissant et aux roulements incessants des tambours. Les comités, exécutant les lois de la *grande police*, faisaient, au-dehors, réunir les sections. Les bruits les plus inquiétants circulaient dans Paris. Il y avait quatre heures que le peuple avait envahi la Convention.

— Président ! s'écrie Duhem, engage donc les bons citoyens à sortir, pour que nous puissions délibérer.

Puis, s'adressant au peuple :

— Le tocsin sonne, ajoute-t-il, la générale a battu dans les sections, et, si vous ne nous laissez pas délibérer, la patrie est perdue !

Choudiers veut prendre une femme par le bras pour la faire sortir. Elle le repousse brutalement.

— Nous sommes chez nous ! s'écrie-t-elle avec fureur.

Choudieu interpelle le président, et lui dit que s'il ne sait pas remplir son devoir et faire évacuer la salle, il n'a qu'à céder sa place à un autre. Il parle de nouveau à la foule :

— On vous tend un piège ! s'écrie-t-il, retirez-vous, pour que nous puissions accomplir vos vœux.

Le peuple, en voyant les marques d'impatience données par la Montagne, semble hésiter, mais de nouveaux flots survenus le poussent et l'entraînent.

Jamais péril n'avait été aussi grand pour la Convention ; les heures s'écoulaient, la nuit pouvait venir, et de quoi ne pouvaient se rendre coupables sur la personne des députés modérés des furieux qui méconnaissaient toutes les lois, et dont la majorité paraissait emportée par les passions les plus mauvaises.

Alors le pas de charge retentit dans le salon de la Liberté : ce sont les sections fidèles qui arrivent au secours de la Convention menacée. Le peuple se prépare à la résistance : la garde nationale paraît...

On somme la multitude de se retirer, le président l'y invite au nom de la loi : des huées et des insultes lui répondent ; Fouché a quitté ses amis : il va, il vient, il est partout.

— Dégagez l'Assemblée ! crie-t-il aux sections.

Celles-ci croisent la baïonnette :

— A nous, sans-culottes ! crie le peuple.

Une partie des patriotes s'élance et charge avec violence le détachement qui avait pénétré. Un instant ils ont l'avantage, mais un renfort arrive et repousse les insurgés... Le meneur, que nous avons vu à l'œuvre, s'est mis à la tête d'une troupe d'hommes déterminés. Avec eux il fait merveille : il rallie le peuple, il menace les gardes nationaux.

Déjà une section a été repoussée : la victoire est incertaine et semble même pencher en faveur de l'insurrection. En cet instant la section repoussée s'entr'ouvre comme pour faire place, et une troupe d'hommes armés de bâtons ferrés se ruent en avant. Quatre hommes, quatre matelots se distinguent en tête. Ils fondent sur la troupe du meneur. La lutte devient terrible ; on se bat dans toutes les parties de la salle.

Mais le pas de charge retentit de nouveau : des grenadiers s'avancent. Fouché s'est élancé vers eux, il les excite et les dirige. Un uniforme de général domine les rangs des grenadiers, le nom de Pichegru est prononcé et vole de bouche en bouche... La lutte touche à son apogée...

— En avant, les grenadiers ! crient les sections.
— A nous ! disent les députés. Vive la nation !...

L'insurrection est repoussée de toutes parts ; elle faiblit... elle cède... Le principal meneur a disparu... ses hommes ont été dispersés... A cinq heures la salle est évacuée, et les députés reprennent leurs places. L'assemblée reprend sa séance et ordonne la continuation du rapport de Boissy d'Anglas qu'avait interrompu l'invasion de la multitude. Les Romains eussent-ils fait plus ? eussent-ils fait mieux ?...

Cette Assemblée, qui se réunit le matin au milieu de l'insurrection éclatant de toutes parts, qui discute, qui écoute ; qui, violée, envahie, menacée, soutient une lutte de SEPT HEURES, et qui, cette lutte épuisée, sa salle évacuée, reprend aussitôt, dans un calme imposant, la continuation de ses travaux !

Quel peuple a donc dans ses annales un exemple semblable à citer, et quels hommes étaient-ce donc que ceux de cette époque ?... Certes, nous ne reculerons jamais quand il s'agira de flétrir le crime et l'anarchie ; mais quelles louanges assez puissantes pourrons-nous prodiguer quand nous rencontrerons de pareilles scènes ?... Époque de géants que cette époque de notre histoire ! Tout était grand : le crime et la gloire !

XXII

RÉHABILITATION

Le soir de cette journée du 12 germinal, il y avait, dans l'appartement du troisième étage, une réunion d'une société dont les visages étaient éclairés.

Blanche et Léonore, libres, délivrées de tous dangers, étaient là, entourées, fêtées, recevant de nombreuses marques d'intérêt et de sympathie. Charles et Henri avaient la physionomie rayonnante. La citoyenne Lefebvre, la femme du général célèbre, tenait près d'elle la *folle mignonne*. Brune, Augereau, Ney, Lannes et Soult, ces brillants généraux dont les lauriers ceignaient le front, étaient heureux de ce bonheur. Dans l'angle se tenaient Gervais et Gorain, tandis que la citoyenne Gervais était assise derrière la citoyenne Lefebvre. Les deux dignes bourgeois semblaient penauds, honteux, contrits, et désireux de ne pas attirer les regards de leurs compagnons.

Il était alors minuit. Depuis huit heures du soir tout ce monde était rassemblé dans la modeste demeure. Par qui Blanche et Léonore avaient-elles été délivrées ? Le roi des gabiers avait tenu son serment et exécuté le plan hardi qu'il avait conçu dans son esprit naïf. Roquefort avait tout révélé ; Mahurec et ses amis avaient agi. La nouvelle de la délivrance des deux jeunes filles s'était répandue rapidement parmi ceux qui s'intéressaient à elles. Charles et Henri, voulant jouer leur rôle dans la journée qui se préparait, et voulant en même temps mettre à l'abri de tous dangers celles qu'un miracle venait de leur rendre, Charles et Henri avaient conduit sans hésiter Blanche et Léonore à la citoyenne Lefebvre.

L'excellente femme, à demi au courant des événements passés, avait ouvert ses bras et sa maison. Demeurée seule avec les deux jeunes filles, elle avait appris de leur bouche toute l'histoire de leur infortuné passé et celle des malheurs du marquis et du vicomte. Intéressée au plus haut point, la citoyenne avait envoyé quérir madame Gervais et la *jolie mignonne*. Celles-ci avaient dit également le peu qu'elles savaient. On avait passé ensemble les heures d'angoisses durant lesquelles l'insurrection mettait la République à deux doigts de sa perte ; puis, le calme survenu, les conjurés vaincus, Charles et Henri étaient accourus, et la citoyenne Lefebvre avait voulu, sans plus tarder, voir clair dans cette ténébreuse affaire.

On était retourné rue des Lombards. La charitable femme avait immédiatement envoyé chercher Gorain et Gervais, et fait prier Bruno, Soult, Augereau, Michel et Jean de venir la trouver. Tous étaient accourus ; et là, devant tous ces gens qui avaient des indices sur cette lugubre histoire, les explications claires, précises avaient commencé.

— Il faut obtenir votre réhabilitation, avait dit la citoyenne Lefebvre, et l'obtenir dès demain si cela se peut.

Mais Blanche, au milieu de la joie qui éclatait sur tous les visages, Blanche semblait triste et sombre. La pauvre enfant ignorait ce qu'avait fait le *Roi du bagne* ; elle ignorait que Bamboula avait été trompé, elle se croyait mariée, et, bien que cette union n'eût pas reçu la sanction divine, elle la croyait au moins légale. Charles comprenait ce qui se passait en elle, et il s'efforçait de lui faire entrevoir l'avenir sous un plus favorable aspect.

— Ce mariage a été contraint, disait-il ; votre consentement a été arraché par la violence ; c'est la vue de la mort suspendue sur la tête de votre sœur qui vous a fait prononcer le oui fatal ; cette union sera dissoute. Quel est le tribunal qui la déclarerait valable ?

— Puis, ajoutait Henri, cet homme, ce monstre, n'est-il pas entre nos mains ainsi que son complice ? Il appartient à la justice humaine, et la justice, cette fois, ne nous fera pas défaut !

— Espère, espère, chère petite ! disait la jolie mère Lefebvre en se rapprochant de Blanche. La République a du bon, et il y a pour te protéger et te défendre des gaillards qui ne sont pas manchots ! Pas vrai, Brune ? pas vrai, Augereau ?

— Certes, répondit Brune, ce que nous pourrons faire, je vous promets en mon nom et au nom de mes amis que nous le ferons.

Gervais et Gorin se regardaient sans oser prendre part à la conversation, sans même prononcer une parole. Les deux malheureux bourgeois avaient l'aspect de deux êtres complétement hébétés. A eux comme aux autres, on avait expliqué si clairement, si nettement, toute l'histoire de Bamboula et celle de Camparini que, bon gré, mal gré, ils avaient dû comprendre le rôle qu'ils avaient joué dans cette intrigue. Jacquet avec son intelligence supérieure, Jacquet qui, depuis dix ans, était sur la voie de ces infernales menées, Jacquet avait fini par deviner la vérité entière, mais il manquait de preuves ; il supposait.

La merveilleuse arrestation de Roquefort, qui avait mis cet homme entre les mains de l'habile agent de police, alors que, la veille, Mahurec et les matelots avaient conduit leur prisonnier dans la maison du *Fidèle-Berger*, avait mis Jacquet à même de compléter ses renseignements et d'éclaircir complétement ses doutes. Roquefort avait parlé ; il avait tout dit, tout révélé. Aussitôt, et pour les deux jeunes gens, avait brillé à l'horizon une même lueur d'espoir : ils entrevoyaient la réhabilitation. Brune, Augereau, Michel, Jean, devaient être autant de témoins chargés, en rappelant leurs souvenirs, de faire briller la vérité.

L'affaire de la *Jolie Mignonne* s'attachait par trop de liens à celle des assassinats commis sur la famille des Nierres pour que ceux qui avaient joué un rôle actif dans l'une ne pussent servir à éclaircir l'autre. Jacquet avait tout compris, tout calculé, mais le temps lui avait manqué pour donner des instructions détaillées aux deux jeunes gens. Les affaires politiques le réclamaient dans ce moment de crise.

— Ce soir, chez vous ! avait-il dit à Henri et à Charles en les quittant sur le seuil de la Convention. Que Mahurec veille sur les prisonniers !

A l'heure à laquelle nous pénétrons avec le lecteur dans la maison de la rue des Lombards, Jacquet n'était point encore arrivé. Tout à coup et comme chacun, confiant en l'avenir, entrevoyait le bonheur pour ceux qui avaient si longtemps souffert, s'empressait de rassaisir les souvenirs les plus fugitifs et de rétablir le passé dans sa vérité méconnue jusqu'alors, la porte d'entrée s'ouvrit violemment et un homme pénétra dans la première pièce déserte. C'était Jacquet.

Sans franchir le seuil de la seconde chambre, il appela du geste Henri et Charles, et comme ils hésitaient :

— Venez ! dit-il.

Jacquet était très pâle et paraissait, lui d'ordinaire si calme et si impassible, en proie à une violente agitation.

— Qu'y a-t-il ? firent à la fois Charles et Henri en se trouvant seuls avec Jacquet dans la première pièce.

Les autres personnes, inquiétées par cette arrivée soudaine, attendaient en silence.

— Les prisonniers ?... dit Jacquet d'une voix brève, ils sont ici ?

— Non, dit Charles.

Jacquet laissa échapper une sourde exclamation.

— Mais qu'est-ce donc ? demanda Henri.

— Les prisonniers, où sont-ils ? répéta Jacquet.

— Toujours à la garde de Mahurec.
— Mais ils ne sont pas dans cette maison ?
— Non !
— Où les a-t-on conduits ?
— Dans la maison de la rue aux Fèves.
— LÀ !... dit Jacquet avec violence.
— Oui !
— Malédiction sur nous !
— Mais qu'y a-t-il ? dirent les deux jeunes gens avec un même sentiment d'anxiété.

Jacquet serrait les poings et frappait du pied avec impatience.

— Prenez vos armes ! dit-il enfin, et venez avec moi.

— Où ? demanda Charles.

— Rue aux Fèves.

— Pourquoi ?

— Pour ne pas laisser échapper nos ennemis, pour ne pas voir s'anéantir encore nos espérances, pour sauver peut-être Mahurec et ses compagnons !

Les deux jeunes gens demeuraient foudroyés.

— Vos armes, répéta Jacquet.

Charles et Henri bondirent et furent prêts en un clin d'œil.

— Qu'est-ce donc ? demandèrent à la fois tous les assistants.

Mais Jacquet ne laissa pas le temps de formuler d'autres questions. Saisissant par le bras Charles et Henri :

— Venez ! dit-il.

Et il les entraîna rapidement.

XXIII

LA RECHERCHE

Une obscurité profonde envahissait Paris désert et silencieux. Les trois hommes avaient gagné rapidement le Pont-Neuf et continuaient, vers la Cité, leur course toujours soutenue.

— Un danger menace-t-il donc Mahurec ? dit Charles sans ralentir sa vive allure.

— Oui ! répondit Jacquet.

— Lequel ? demanda Henri.

— Celui d'être victime de son dévouement pour vous !

— Comment ? firent à la fois les deux hommes.

— Oh ! dit Jacquet, si j'avais tout su ! si le matelot m'avait confié son plan !... mais non, il a voulu agir seul... de son côté !...

Jacquet s'arrêta.

— Écoutez ! dit-il, avant d'aller plus loin, il faut que vous sachiez tout !... Mahurec et ses amis, si leurs forces physiques ne les ont pas suffisamment protégés, ont peut-être donné à cette heure dans le piège le plus habilement tendu dont une main d'homme ait jamais préparé les abords. A l'heure où je vous parle, ils sont peut-être les victimes du *Roi du bagne*, et ce héros du crime que nous croyions vaincre est peut-être plus puissant et plus terrible que jamais ! Oh ! vous ne comprenez pas ! vous ne pouvez comprendre ! Il faut connaître tout cet esprit de ruse pour deviner !

— Mais que craignez-vous ?

— J'ai appris ce soir, continua Jacquet, par l'un de mes agents, que Mahurec et ses amis avaient pénétré dans la Convention à la tête d'une bande de vingt hommes.

— Cela est vrai ! dit Charles.

— Quels étaient ces hommes ?

— Des gens que Mahurec avait déterminés à le servir.

— Vous savez tout cela ?

— Il nous l'a dit ce matin même, après que Roquefort eût parlé.

— Je venais de partir alors ?

— Vous veniez de nous quitter.

— Malédiction ! Pourquoi Mahurec n'a-t-il pas parlé plus tôt ?

— Mais que voulez-vous dire ?

— Ce que je veux dire ? s'écria Jacquet avec une extrême véhémence. C'est que le Roi du bagne avait tout calculé, tout compris, tout prévu ! Ce soir, des rapports incontestables m'ont éclairé sur sa conduite. Pâquerette a tout épié, et il ne m'a pas trompé. Voici ce qui a eu lieu. Camparini suivait dans l'ombre la conduite de Bamboula. Celui-ci ne faisait rien sans que Camparini sût tout ; il ne parlait pas sans que Camparini connût ses paroles ; il ne pensait pas même sans que Camparini devinât ses pensées ! Oh ! ce *Roi du bagne* est réellement le génie de l'intrigue ! Quel adversaire ! Tous ses plans ont réussi. Il avait compris les intentions de Bamboula, il les a toutes déjouées. Ce mariage même... il l'a rendu faux !

— Le mariage ! s'écria Charles.

— Oui, celui de Sommes et de Blanche !

— Il est faux ?

— Il a été signé sur un faux registre et célébré par un faux officier municipal : par un agent de Camparini.

— Oh ! fit Charles avec un élan de joie immense.

— Mais Mahurec ? Mahurec ? s'écria Henri.

— Les vingt hommes que Mahurec a déterminés à

le servir étaient tous des affidés du Roi du bagne, et ils n'ont agi probablement que d'après les ordres de leur chef.

— Mais ces hommes ont parfaitement combattu à la Convention ?

— La partie était bien organisée.

— Mais ils ont aidé à arrêter Camparini !

— Mieux vaut être arrêté par ses amis que par ses ennemis. Camparini avait tout prévu, vous dis-je encore, même la possibilité pour lui d'une défaite, et il avait voulu, en ce cas, avoir à ses ordres ses vainqueurs !

Charles et Henri se regardèrent, stupéfiés qu'ils paraissaient être. Cet infernal esprit d'intrigues dont on leur révélait une création nouvelle leur paraissait dépasser les limites du possible.

— Maburec ! Maburec ! s'écrièrent-ils.

— Dieu veuille que nous arrivions à temps ! Vous savez tout, venez !

Les trois hommes reprirent leur course furieuse.

— J'ignorais que Maburec eût recruté des hommes, continua Jacquet sans ralentir sa course, j'ignorais que les prisonniers eussent été conduits rue aux Fèves...

— Nous n'avons pas voulu les amener rue des Lombards, dit Henri, dans la crainte d'exposer Blanche et Léonore à voir encore ces hommes qui les avaient fait tant souffrir.

— Voici la rue aux Fèves ! fit Charles en s'arrêtant.

La cité était plongée dans une obscurité profonde. Pas une lumière ne brillait aux fenêtres des maisons ; le silence le plus absolu régnait dans ce dédale de ruelles immondes. Les trois hommes gagnèrent l'entrée de la rue indiquée et s'enfoncèrent résolûment dans la voie tortueuse et étroite. Ils avançaient tous trois de front. Tout à coup, Henri, qui suivait l'extrême gauche, trébucha, glissa et tomba. Il se releva vivement.

— Un corps ! dit-il.

Ses deux compagnons s'avancèrent et tous trois se baissèrent vers le pavé. Une masse noire gisait à leurs pieds, mais il était impossible d'en distinguer nettement les formes, tellement l'obscurité était intense.

Jacquet tira de son habit une bougie de poche et un briquet. Il fit du feu et obtint de la lumière. Tous trois se penchèrent de nouveau. Un cadavre était étendu au travers de la rue. Ce cadavre était celui d'un homme portant autour du cou les marques d'une strangulation violente.

— Un des hommes de Camparini ! dit Jacquet. Avançons.

Dix pas plus loin, on trouva un nouveau cadavre.

— Encore un homme du *Roi du bagne* ! dit Jacquet après avoir examiné le corps. Peut-être les matelots auront-ils triomphé !

Les deux tiers de la rue parcourus minutieusement n'amenèrent aucune autre découverte. On approchait de la maison où était situé le cabaret que nos lecteurs connaissent. Tout paraissait parfaitement calme.

— C'est là, dit Jacquet en désignant la boutique.

Cette boutique était fermée, et rien à l'intérieur n'attestait le moindre désordre. Jacquet s'avança vers la porte : cette porte n'était pas fermée. Jacquet la poussa et entra, sa lumière d'une main, un pistolet de l'autre. Ses deux compagnons le suivirent, mais ils n'avaient pas fait deux pas en avant, qu'ils s'arrêtèrent glacés d'horreur. Tout était brisé dans cette salle : pas un meuble, pas un ustensile n'étaient intacts. Tout attestait une lutte terrible, violente, formidable... Pas un être humain cependant n'était là. La porte de la cave était en pièces.

— Descendons ! dit Jacquet en s'avançant toujours le premier.

Tous trois s'engagèrent dans l'étroit escalier. Une fraîcheur humide leur monta au visage, en même temps que des exhalaisons nauséabondes venaient gêner leur respiration.

— Une odeur de sang ! murmura Henri.

Jacquet étendit la main qui tenait la lumière :

— Voyez! dit-il.

Charles et Henri frissonnèrent : une énorme mare de sang baignait la dernière marche de l'escalier. Tous deux se précipitèrent; Jacquet s'élança... Ils atteignirent le sol de la cave. Un monceau de corps humains gisaient entassés les uns sur les autres. Plus de douze hommes étaient là sans mouvement, sans vie !...

— Mahuroc ! Mahuroc ! s'écrièrent à la fois Charles et Henri.

Personne ne répondit.

— Ah! fit Jacquet en se baissant. Voici un matelot.

Les deux jeunes gens se précipitèrent : ils avaient en face d'eux le corps inanimé du Maucot. Tous trois se mirent fiévreusement à fouiller ce tas de cadavres. Tout à coup, Jacquet poussa un cri de rage :

— Pick ! fit-il en secouant un bras qui retomba inerte. Et il n'est pas mort par moi !

Puis s'arrêtant subitement, et se penchant sur le corps dont il interrogea la poitrine :

— Oh ! ajouta-t-il avec un regard triomphant, son cœur palpite encore !

En ce moment, Charles et Henri laissaient échapper un même cri de douleur. Ils venaient de retirer un corps enfoui complètement sous la masse des autres.

— Mahuroc ! s'écrièrent-ils.

ÉPILOGUE

LES CARAÏBES

I

SAINT-VINCENT

Il faisait nuit, comme il fait nuit aux Antilles : le ciel était pur, limpide, diaphane et parsemé à profusion d'astres lumineux qui scintillaient accrochés à la voûte céleste, comme des diamants pailletant une robe de satin azuré. L'air était tiède, embaumé par les parfums enivrants des plantes et rafraîchi par instants par les âcres émanations de la mer. Il était deux heures du matin, et l'on atteignait aux derniers jours de décembre. Au sud, la masse noire de Saint-Vincent se dessinait nettement sur le fond clair de l'horizon, et le cône aigu de la Soufrière se découpait, projetant sa cime vers les étoiles. Au loin, Sainte-Lucie et Grenade apparaissaient vaguement dans la pénombre.

Un navire était en panne à peu de distance de l'île, ce navire était une frégate. Elle ne portait aucun pavillon à sa corne, mais à sa poupe, à son gréement, à sa mâture, à son ensemble et à ses détails qui ne trompent jamais l'œil d'un marin exercé, il était facile de reconnaître un bâtiment français. Les matelots, sur le pont, s'occupaient à décrocher le grand canot de ses palans et à l'affaler à la mer. L'embarcation puissante glissa sur le flanc du navire ; son arrière s'enfonça dans l'eau transparente du golfe du Mexique, et son avant, en plongeant à son tour, fit jaillir des myriades d'étincelles de cette mer phosphorescente.

Le canot fut conduit au pied de l'escalier de tribord, ce qui indiquait qu'il allait être mis à la disposition d'officiers ou de passagers de distinction. Douze canotiers prirent place sur les bancs et assurèrent lestement les avirons. Trente hommes descendirent ensuite : ces trente hommes étaient régulièrement armés comme des soldats de marine. Ils s'établirent au centre du canot, leurs fusils entre leurs jambes, et se tinrent immobiles et silencieux. Un marin sauta en deux bonds à l'arrière et s'installa à la barre. Les deux bancs d'honneur du canot demeuraient inoccupés. Un petit groupe, formé de cinq ou six hommes, se tenait debout sur la plate-forme supérieure de l'escalier et paraissait s'entretenir avec animation. Enfin deux hommes se détachèrent de ce groupe et descendirent à leur tour dans l'embarcation.

— Tout est-il paré? demanda le matelot qui tenait la barre.

— Oui, répondit l'un des deux hommes qui, tous deux, avaient pris place côte à côte sur les bancs garnis de la couverture bleue aux ancres brodées en saillie.

— Pousse!

Le canotier de tête planta le fer de sa gaffe dans le flanc de la frégate et poussa. Le canot s'écarta du bâtiment, les avirons tombèrent d'un seul coup à la mer, le tranchant fendant l'eau avec une précision telle que pas une goutte ne jaillit.

— Nage ! reprit le patron. Avant partout !

Les canotiers redressèrent horizontalement leurs avirons, puis ils se courbèrent avec un ensemble parfait, et le canot, emporté par une force puissante, s'élança en avant, laissant après lui un léger sillage.

— Bonne chance ! cria dans le silence de la nuit, une voix partie du pont de la frégate.

En ce moment, et par deux sabords ouverts situés sous le couronnement apparurent deux têtes pâles et fines, encadrées de beaux cheveux, blonds sur l'une, bruns sur l'autre, puis deux petites mains passèrent par l'ouverture et agitèrent dans le vide deux mouchoirs blancs. Cet adieu fut sans doute compris comme il devait l'être, car deux hommes, assis à l'arrière du canot, y répondirent en agitant leurs casquettes d'officiers de marine. La lune s'était levée et la brise de mer avec elle. Le canot, poussé par le double effort de ses rameurs et du vent fraîchissant, était emporté rapidement. Bientôt les rochers qui entourent toute la côte orientale de Saint-Vincent, ces rochers qui forment comme une ceinture protectrice autour de l'île, apparurent dans toute leur aridité aux yeux de ceux qui avançaient vers eux.

A l'est, on découvrit bientôt l'ouverture cachée de cette petite baie servant de port aux Caraïbes et dans laquelle nous nous sommes introduits au début de ce récit. En face était le terrible écueil sur lequel s'était brisé, durant les heures de cet ouragan dévastateur que nous nous sommes efforcé de décrire, le navire contenant l'enfant que Charles d'Herbois avait sauvé par miracle, en risquant généreusement ses jours. Au loin, on pouvait distinguer, par un aperçu au milieu des rocs et des coraux, la luxuriante campagne de la partie caraïbe de l'île. Le canot rasait les écueils, se dirigeant vers la petite baie. Pas une parole n'avait encore été échangée entre ceux qui le montaient. Le ressac ballottait énergiquement l'embarcation et lui occasionnait des mouvements de roulis secs et brusques qui eussent promptement fatigué des cœurs non marins.

Le patron du canot, le nez au vent sifflant la brise, gouvernait d'une seule main, au milieu de cette passe dangereuse, avec un aplomb, une dextérité, une infaillibilité de doigt et d'œil décelant une science parfaite de la côte et une confiance absolue en lui-même. En passant au pied de l'écueil qui dominait un promontoire, le matelot tendit la main gauche et effleura légèrement, de l'extrémité de l'index, l'épaule de l'un des deux officiers ; puis reportant son doigt indicateur dans la direction de l'énorme bloc de corail :

— Hein ! fit-il, vous souvient-il, mon commandant, de ce gueusard d'ouragan qui soufflait pire qu'un cachalot harponné ? C'est là-dessus que vous vous êtes patiné au milieu des coups de mer, du mascaret, de la tempête, du tremblement déchaîné, quoi ! pour aller crocher sur son pont ce pauvre innocent que le bon Dieu nous a conservé !

— Oui ! répondit l'officier, je me souviens ; mais si je n'ai pas oublié cela, j'ai bonne mémoire aussi de ce que tu as fait toi-même. Quand je me dévouais pour l'enfant, tu te dévouais pour moi, et si j'ai sauvé le pauvre petit être, c'est toi qui m'as sauvé !

— Bah ! mon commandant, ne parlons pas de cela !

— C'est toi qui m'y fais penser, dit l'officier en souriant.

— Moi ? ah ! cette bêtise !... Non ! pardon, excuse, mon commandant, je voulais dire... ah ! cette... enfin, n'empêche ! c'est le relèvement de la côte qui me fait baler sur mes souvenirs de temps jadis. Ça me remémore tout, quoi ! En avons-nous eu du *tintouin* sur cette terre noire ! Quel guignon ! Et puis après, quelle *nopce* ! hein ? quand nous avons croché la corvette de sir... chose ! Et je te cours sur l'Anglais ! et je te l'accoste ! et je te le coule ! Tonnerre de Brest ! Ah ! ç'a été bien agréable tout de même durant un moment !... C'est que les Caraïbes, c'est des matelots ! Et mademoiselle Fleur-des-Bois ! quelle crâne fille ! et l'autre, Étoile-du-Matin ! et le père Illchubi... Tonnerre ! j'ai les écubiers humides rien que de me dire à moi-même que je vais les revoir tous !

— Bon Mahurec ! dit l'un des officiers.
— Quel dévouement ! ajouta l'autre.
— De quoi ! quel dévouement ? dit le patron ; c'est-il un reproche, mon commandant ?
— Trois fois tu m'as sauvé la vie ! tu as sauvé la vie à celles que nous aimons, tu nous les as rendues, tu as failli dix fois te faire tuer...
— Heist ! fit Mahurec avec un sifflement dédaigneux. Pour ce qui est de ma peau, elle est proprement tannée, que je dis, et si les terriens y font par-ci par-là une avarie, ils ne sont pas assez parés en grand pour la déralinguer au-dessous de la flottaison. Tonnerre ! vous avez bien vu, mon commandant. Dans cette soute à brigands de la rue aux Fèves, j'en avais étranglé cinq à moi tout seul, et, quand ils m'ont laissé abattu en carène, ils ont cru que j'avais filé mon câble par le bout ! mais, bernique ! pas si terrien ! Toujours solide, le gabier ! Un coup de radoube, et on est paré à reprendre la mer.
— Tu ne souffres plus de tes blessures ?
— Ni vu ni connu ! Or donc, pour ce qui est de l'obligation que vous m'avez, faut rayer cela de votre catalogue, mon commandant, et vous aussi, monsieur Henri.
— Mais en te consacrant à nous, en abandonnant tout pour nous, tu as sacrifié ton avenir ! Par le temps qui court, qui sait ce que tu aurais pu devenir ? Officier, comme tant d'autres qui n'étaient, comme toi, que maîtres d'équipage.

Mahurec secoua la tête.
— Les bras sont bons pour porter les galons, dit-il, mais quant aux épaules... trop carrées pour y placer l'épaulette. D'ailleurs, c'est pas mon idée !... mon idée, à moi, c'est de vous voir heureux. Eh bien !... un jour... quand le gabier sera dans les vieux pon-

tons et qu'il ne pourra plus se patiner à lui seul... Il demandera sa part de gamelle à ses commandants... et quand le bon Dieu lui tendra la gaffe... Il s'en ira en disant : J'ai payé la dette de la vieille mère !

Les deux officiers tendirent à la fois la main au gabier. Mais celui-ci, soit pour échapper à l'émotion qui le gagnait, soit qu'il fût tout entier à sa manœuvre, se redressa brusquement :

— Laisse aller tribord ! dit-il ; nage les bâbordais !... en douceur... là ! maintenant, avant partout !

Le canot, s'inclinant à gauche, contourna le récif qu'il venait de doubler, et, s'engageant dans la baie, avança rapidement vers la plage qui apparaissait argentée par les rayons de la lune. Le plus profond silence régnait sur la mer et sur la terre dont on distinguait nettement le paysage pittoresque. Enlevée par ses rameurs, l'embarcation courut droit vers la plage et y aborda bientôt. Les deux officiers sautèrent les premiers sur le terrain sablonneux ; Mahurec les suivit, puis les trente hommes armés débarquèrent à leur tour. Les canotiers demeurèrent à la garde de l'embarcation.

— Donne tes ordres, Charles ! dit l'un des officiers en s'adressant à l'autre. Tu connais le pays, tu dois être le chef de l'expédition, et moi et Mahurec serons tes lieutenants.

— Oh ! mon cher Henri, répondit Charles, l'expédition est bien facile ! Il s'agit de gagner tout simplement le carbet.

— Alors, marche ! nous te suivons.

— Cependant, reprit Charles après une minute de réflexion, il ne faut pas emmener avec nous tous nos hommes. Les Caraïbes ne s'attendent pas à notre arrivée, et, ne sachant à qui ils ont affaire, ils pourraient nous prendre pour des ennemis. Laissons nos hommes ici, sur la plage, et gagnons le carbet tous deux avec Mahurec. Illchûé leur enverra des provisions.

— Très bien !

Henri s'approcha des trente hommes et leur transmit l'ordre donné par Charles. Puis les deux officiers et Mahurec se mirent en route. Un morne silence régnait dans l'île : pas un cri, pas un souffle n'animaient cette partie de Saint-Vincent. Les trois hommes suivaient, à la base des rochers du rivage, un étroit sentier qui aboutissait à l'entrée du bassin. S'enfonçant sous les grands arbres qui couvraient cette entrée de leurs cimes touffues, ils s'engagèrent, à pas silencieux, dans cette trace qui conduisait à travers une savane fleurie, jusque parmi les cases du grand carbet. Le silence était de plus en plus solennel.

— C'est ici, gabiers, dit Charles en s'arrêtant ; je n'entends pas aboyer les lévriers, qui devraient cependant prévenir leurs maîtres de notre approche.

— Oh ! fit Mahurec, c'est qu'ils auront flairé de vieux amis.

— N'importe ! ce silence obstiné me paraît étrange !

— Y a-t-il donc un volcan dans l'île ? demanda tout à coup Henri.

— Oui, répondit Charles.

— Et il fait souvent irruption ?

— Jamais.

— Qu'est-donc que ces lueurs rougeâtres que j'aperçois là-bas, devant nous, sur la terre ? On dirait de la lave en fusion.

Charles et Mahurec se penchèrent pour regarder.

— C'est vrai ! dit le gabier ; je relève du rouge dans les herbes.

— Une fumée rougeâtre ! ajouta Charles.

— Mais, reprit Mahurec, c'est là où était le carbet !

— La place est nue !...

— Qu'est-ce que cela signifie ? dit Charles avec inquiétude.

II

LES INDICES

Les trois hommes reprirent leur marche, mais avec une certaine préoccupation. Ils avaient hâte de deviner l'espèce d'énigme qui s'offrait à eux. Maburec courut en avant. En ce moment, une rafale de vent fit courber les cimes des arbres, puis s'abattant vers la terre, elle fit voltiger la poussière ; à cette poussière se mêlèrent aussitôt des myriades d'étincelles qui voltigèrent dans l'espace en tourbillonnant.

— Le feu ! s'écria Charles.

Et, alarmé par cette vue, il s'élança vivement. Dépassant Maburec il allait gagner l'endroit où il pensait que devait être encore le carbet, lorsqu'il heurta brusquement un objet qui barrait la route. Il se baissa et poussa un cri d'horreur.

— Un cadavre de Caraïbe ! dit-il.

— Un autre !... dit Maburec en imitant le même mouvement.

— Un autre encore !... fit Henri.

Les trois hommes se regardèrent en frissonnant. La scène de la rue aux Fèves revenait en mémoire aux deux officiers. Là aussi ils avaient heurté des cadavres, et Camparini et Bamboula étaient derrière.

— Une femme ! dit Maburec en désignant un quatrième corps étendu sans mouvement.

— Un enfant !... un vieillard !... ajouta Henri, qui avançait toujours à demi courbé sur le sol.

— Des guerriers en costume de guerre ! dit Charles. Les Caraïbes auraient-ils donc été surpris et massacrés !

— Le carbet a été brûlé ! fit Mahurec ; voilà encore les cendres fumantes ! Il ne doit pas y avoir vingt-quatre heures que le désastre a eu lieu.

Effectivement, le gabier avait raison ; il ne restait plus de ce charmant village caraïbe aux fraîches maisons de roseaux et de feuillages que des cendres dont la brise faisait jaillir encore, de loin en loin, des flammes livides comme celles d'un bûcher qu'alimentent des ossements humains.

— Illebué !... Étoile-du-Matin !... Fleur-des-Bois !... et cet enfant !... cet enfant !... que sont-ils devenus ? s'écria Charles avec une extrême violence.

— Cherchons ! dit Henri, interrogeons ces cadavres !

Mahurec était déjà à l'œuvre.

La lune, cachée jusqu'alors derrière le piton de la Soufrière, se découvrait radieuse et projetait en plein sa lumière argentée. La clarté était plus que suffisante pour aider aux recherches entreprises. Charles et Mahurec se mirent à interroger les cadavres. Plus de trente corps couvraient la terre encore fumante, cette terre sur laquelle s'élevait jadis le carbet des Caraïbes rouges.

Une heure s'écoula dans cet horrible travail. Enfin, Mahurec et Charles, se redressant tous deux, revinrent l'un vers l'autre.

— Eh bien ? demanda Charles.

— Rien, mon commandant ! répondit Mahurec.

— Tu n'as trouvé aucune des traces de ceux que que nous cherchons ?

— Aucune !... et vous ?

— Pas davantage.

— Ils auront échappé alors !

— Où peuvent-ils être ? demanda Henri.

— Au carbet de la montagne, sans doute, chez les

Caraïbes noirs. Les Anglais auront pu forcer les passes ou déjouer la surveillance des sentinelles ; ils auront surpris le village, alors qu'il y avait peu de défenseurs, et ils auront impitoyablement massacré tous ceux qu'ils auront trouvés. Puis, pour compléter leur œuvre, ils auront mis le feu au carbet, et l'incendie aura achevé ce qu'avait commencé le meurtre.

— Qu'allons-nous faire alors ?

— Aller à la montagne.

— Mais il faut rassembler nos hommes et les emmener avec nous. Qui sait ?... si les Anglais ont surpris les Caraïbes, ils sont peut-être encore dans l'île, et nous pouvons les rencontrer.

— Tu as raison.

— Quand la frégate sera-t-elle à la Guadeloupe ?

— Demain soir.

— Le temps que Victor Hugues embarque les troupes et que le navire revienne, il ne faut seulement que trois jours.

— Qui sait si les troupes arriveront à temps !

— Crois-tu donc tout perdu ?

— Je le crains ! Je connais tes Caraïbes ; c'est une nation indomptable et capable de résister jusqu'au dernier homme.

— Eh bien ! alors...

— Oui, mais pour qu'un sauvage abandonne son carbet, il faut qu'il se sente à bout de forces et de courage. Et, tu le vois, le carbet des Caraïbes rouges a été incendié, et personne ne campe sur ses ruines.

— Si le village a été pris par surprise, si les Caraïbes étaient en ce moment à la poursuite de leurs ennemis?

— Nous allons tout savoir en gagnant la montagne. Mahurec, cours chercher nos hommes et ramène-les vivement!

Mahurec s'élança et disparut dans la direction du petit port. Une demi-heure après, il revenait conduisant au pas de course les trente hommes armés. Charles prit la direction de la petite troupe et l'on s'avança vers la montagne en parcourant un sentier sinueux qui courait entre d'épais fourrés de bois jusqu'à la haute région des mornes. Charles, en homme habitué à ces pays où se faisait une guerre d'extermination, Charles n'omettait aucune des précautions nécessaires pour garantir le détachement d'une surprise et pour se renseigner sur le point où pouvait être l'ennemi. Mais le silence était toujours lugubre, et aucun indice d'ami ou d'ennemi ne se révélait à lui ; aucun bruit lointain ne sortait de ces campagnes désolées.

Sans doute les soldats anglais, fatigués de carnage, les sauvages consternés par leur défaite, se reposaient sur leurs armes, dans leurs positions, en attendant, les uns avec impatience, les autres avec crainte, l'instant où le lever du soleil donnerait le signal de nouveaux combats. Bientôt les premières lueurs du jour apparurent rapidement à l'horizon, précédant de quelques secondes à peine les premiers rayons du soleil qui se levait radieux dans son manteau diamanté. L'air pur et embaumé du matin n'apportait d'autres sons que le chant matinal de quelques oiseaux qui saluaient le retour de la lumière et faisaient entendre les expressions harmonieuses de leur joie et de leur amour, comme si rien n'était changé autour d'eux, comme si la terre de l'île était vierge de sang versé.

La petite troupe avançait toujours d'un pas rapide en observant le plus religieux silence. Avec le premier rayon de soleil apparut au loin, dans la montagne, l'habitation des deux filles du chef rouge, cette case embellie à plaisir par les soins d'Étoile-du-Matin et par ceux de Fleur-des-Bois, ce palais des Caraïbes que Charles avait si longtemps habité.

Charles sentait son cœur dévoré par une anxiété mortelle. Il se rappelait tout ce que les Caraïbes avaient fait pour lui, l'amitié dont l'avait entouré Illebuë, le vieux chef, le dévouement fraternel dont Fleur-des-Bois lui avait donné des preuves si irrécusables, l'amour enfin qu'il savait avoir involontairement inspiré à Étoile-du-Matin. Il revoyait ses jours de malheurs et de souffrances adoucis par les soins de ses amis. Il se disait que, sans eux, il serait mort vingt fois, non seulement de cette mort horrible dont Illohus l'avait préservé en le recueillant dans sa pirogue alors que le navire qui les transportait, lui et Henri, avait fait naufrage, mais qu'il aurait succombé à la douleur, au chagrin, à la misère, sans l'affection du chef et de ses filles.

Et maintenant qu'il était heureux, lui, maintenant qu'il avait reconquis cette Blanche qu'il chérissait, cette Léonore, cet Henri qu'il aimait de toute son âme, il fallait que ceux-là qui avaient contribué à l'édification de ce bonheur fussent à leur tour menacés des plus grands désastres. En approchant de l'habitation, tous ces faits se retraçaient plus nettement à son esprit. Cependant, à mesure qu'il avançait, une lueur d'espérance brillait dans son cœur. Autant qu'il en pouvait juger, les ennemis n'avaient pas porté leurs pas dans les lieux qu'il parcourait. Tout y avait conservé le même calme et le même aspect que par le passé. Les passiflores, les jasmins, les phaséoles multicolores y formaient toujours d'admirables berceaux embaumés des plus suaves et des plus pénétrantes odeurs.

Une case s'ouvrait en face de lui : Charles, faisant signe de la main à ceux qui le suivaient de demeurer stationnaires, pénétra dans cette case ; c'était la sienne, celle qu'avaient parée Fleur-des-Bois et Étoile-du-Matin. Il entra : les nattes de latanier tapissaient toujours les murailles. Chaque chose y était rangée comme le jour de son départ. Son hamac à treillis élégant en fils d'agavé était tendu et paraissait préparé pour le recevoir.

Charles regardait autour de lui avec attendrissement ; il cherchait... Personne ne se présentait à ses regards. Le plus profond silence répondait seul aux soupirs qui s'exhalaient de sa poitrine oppressée. S'arrachant à ses poignants souvenirs, il allait sortir de la case, lorsqu'un hurlement sonore retentit brusquement, et un lévrier gigantesque s'élança dans l'habitation. En apercevant Charles, le chien fit un bond et poussa des cris joyeux.

— Coûma ! s'écria le jeune homme avec joie. Oh ! la maîtresse n'est pas morte, car tu ne serais pas si joyeux de me revoir !

Le chien bondissait, sautait, prodiguant ses caresses à Charles, mais faisant des efforts manifestes pour l'entraîner.

— Qu'as-tu donc? dit Charles, étonné de cette pantomime expressive.

Puis, connaissant la surprenante intelligence des lévriers caraïbes, il obéit aux efforts du chien et fit mine de le suivre. Coûma s'élança en avant, quitta la case et courut vers l'habitation principale. Charles y pénétra en même temps que le lévrier. Un homme était dans la première pièce : cet homme tout ensanglanté, les traits décomposés par l'approche de la mort, gisait étendu sur un lit de feuilles sèches. Charles s'avança vivement vers lui.

— Pakiri ! s'écria-t-il en reconnaissant le chef des Caraïbes noirs.

Le blessé fit un signe de bienvenue.

— Ulehtte? s'écria Charles.

Pakiri fit un effort.

— Il est mort ! dit-il.

— Mort !

— Tué par les Anglais.

— Étoile-du-Matin ?

— Elle est prisonnière.

— Et Fleur-des-Bois ?

— Elle combat avec nos guerriers pour délivrer sa sœur.

— Où est-elle?

— Sous les murs de Kingstown.

Charles fit un mouvement comme pour s'élancer au dehors, mais un sentiment d'humanité le ramena aussitôt vers le blessé.

— Ne t'occupe pas de moi, dit Pakiri de l'accent le plus simple, je vais mourir !

— Mais ne puis-je te porter secours ?

— Tu ne peux rien !
— Cependant...
— Ah ! fit le chef noir avec un accent de reproche, la France ne nous aime plus ! Elle est parmi les ennemis des Caraïbes, et cependant les Caraïbes étaient ses enfants ! Ce sont des Français qui nous ont livrés !

LI

LE CHEF NOIR

— La France ne vous aime plus ! elle est parmi vos ennemis ! ce sont des Français qui vous ont livrés ! s'écria Charles avec étonnement.
— Oui, dit le Caraïbe avec effort, car ses blessures le faisaient horriblement souffrir, et déjà la mort étendait ses bras osseux pour s'emparer de sa proie.
— Mais je ne comprends pas tes paroles, Pakiri ! Ou tu es fou en ce moment, ou toi et les tiens avez été indignement trompés. Jamais la France n'a songé à abandonner les Caraïbes. Elle est toujours en guerre avec l'Angleterre, et vous sera toujours une alliée fidèle ! A mon départ de Brest, j'ai emporté les ordres nécessaires pour vous conduire des secours. Victor Hugues va envoyer de la Guadeloupe deux bataillons et un parc d'artillerie. La frégate que je montais lui porte en ce moment des instructions à cet égard, et si j'ai débarqué en vue de l'île, c'est que j'avais hâte de

vous revoir, de vous annoncer la prompte venue de ces renforts.

Pakiri regarda Charles.

— Les Français sont parmi nos ennemis ! répéta-t-il.

— Mais, s'écria Charles, tu te trompes, je te le jure ! Ne me crois-tu pas ?

— Pourquoi les Français ont-ils livré alors le secret des passes ?

— Le secret des passes a été livré ?

— Oui.

— Par des Français ?

— Oui, dit encore Pakiri avec un nouvel effort.

Charles frissonna convulsivement.

— Ces Français, fit-il d'une voix frémissante, quels sont-ils ?

— Ceux qui sont venus ici en ton nom.

— Des Français sont venus en mon nom à Saint-Vincent, dis-tu ?

— Oui. Illehüe les a accueillis ; ses filles les ont fêtés, et, pour prix de l'hospitalité des Caraïbes, les Français ont livré aux Anglais le secret des passes ; ils ont tué le grand chef, amené les ennemis au carbet et mené Étoile-du-Matin prisonnière à Kingstown !

Charles était devenu d'une extrême pâleur.

— Ces Français, s'écria-t-il, combien étaient-ils ?

— Deux seulement.

— Quand sont-ils venus à Saint-Vincent ?

— Il y a un mois.

— Leur nom ?

— Je l'ignore.

— Oh ! fit Charles en étreignant la crosse de son fusil, nous sommes arrivés trop tard, les monstres nous ont devancés !

Puis, revenant vers Pakiri, qui se raidissait dans les convulsions suprêmes :

— Ne puis-je rien pour toi ? dit-il.

— Rien ! répondit le sauvage.

— Faut-il donc te laisser seul ?

12.

— Je vais mourir, va me venger.

— T'abandonner ainsi est impossible !

— Pourquoi ? Le grand esprit va venir chercher Pakiri ! Pakiri l'attend... Il le voit... Il l'appelle... Le voilà !...

Le Caraïbe se dressa sur son séant, ouvrit démesurément les yeux comme s'il eût voulu saisir quelque chose dans le vide, puis il demeura immobile. Charles se précipita vers lui ; sa main rencontra l'épaule du sauvage ; le Caraïbe retomba en arrière et demeura raide sur sa couche : il était mort ; Charles s'assura que le cœur ne battait plus, et convaincu qu'il ne laissait après lui qu'un cadavre, il quittait vivement la case.

— Coûma ! appela-t-il.

Le lévrier ne parut pas. Depuis le moment où Charles, cédant aux instances de l'intelligent animal, s'était laissé conduire dans la case où gisait le chef noir, Coûma avait cessé d'aboyer, et il avait bondi aux dehors dès que Charles s'était approché du mourant.

— Il sera retourné sur les traces de sa maîtresse, se dit Charles après un instant de silence.

Et l'officier rejoignit ceux qu'il avait laissés au dehors et qui attendaient toujours. Henri vint rapidement à sa rencontre.

— Eh bien ? demanda-t-il.

— Jacquet avait deviné juste, répondit Charles. Camparini et Bamboula nous ont précédés aux Antilles, et ce que nous contemplons depuis notre arrivée est le résultat de leur plan. Les monstres, en se présentant comme Français dans le pays où le nom de la France est adoré, se sont emparés de la confiance des Caraïbes, puis ils ont vendu l'île aux Anglais !

— Horreur ! s'écria Henri !

— Le carbet a été surpris et le massacre et l'incendie ont fait leur œuvre, continua Charles. Le secret des passes a été étudié et livré. Illebüe est mort !

Étoile-du-Matin est prisonnière et Fleur-des-Bois combat avec le reste de ses guerriers!

— Mais l'enfant, l'enfant?

— Pas de nouvelles! Pakiri est mort avant d'avoir pu m'en dire assez.

Et Charles raconta rapidement la courte scène qui venait d'avoir lieu. Mahurec s'était approché des deux officiers, et il ne perdit pas un mot des détails donnés par le marquis d'Herbois. En entendant ce récit animé des désastres des Caraïbes, le vieux gabier laissa échapper une série de jurons sonores.

— Tonnerre! s'écria-t-il sous forme de péroraison, il faut aller rallier mademoiselle Fleur-des-Bois, mon commandant, et, sans attendre les renforts de la Guadeloupe, aborder en grand les Anglais, reprendre Étoile-du-Matin et accrocher au bout d'une vergue ces deux chiens qui ont fait tant de mal à tout le monde.

— Mais nous n'avons que trente hommes! dit Charles.

— Possible, mais trente et douze canotiers, ça fait quarante-deux, et des vrais matelots, quoi! Ça compte triple, des cœurs à vous et à M. Henri, mon commandant!

— Oui, dit le vicomte, marchons!

— Soit! reprit Charles. Si les Caraïbes sont encore nombreux, la partie peut ne pas être désespérée.

— Filons par la montagne et le cap sur Kingstown!

— En avant! s'écria Charles en s'élançant.

La petite troupe, abandonnant l'habitation, reprit sa marche en suivant toujours le sentier des montagnes, afin de se tenir à l'abri des surprises et de dominer toujours le pays. Dans toutes les îles volcaniques du grand archipel des Antilles, les collines et les montagnes sont de hautes coulées de laves, qui partent d'un centre commun où gisait jadis le foyer ignivore. Elles se ramifient et diminuent d'élévation en se rapprochant du rivage de la mer. Ainsi, quand on est maître du point culminant, on a la clef de toutes les positions militaires de la côte et des environs : on les domine par un commandement avantageux et l'on peut les attaquer par des routes divergentes, sans craindre d'être attaqué soi-même à l'improviste. Charles, connaissant parfaitement le pays, se rendait trop bien compte de la situation pour négliger un pareil gage de succès ; aussi évitait-il les vallées pour suivre les sentiers des crêtes, marchant sur un terrain dénudé et dominant à droite et à gauche toute la campagne.

Bientôt il atteignit les abords de la Soufrière, et, franchissant les crevasses ouvertes dans les massifs des mornes par d'anciens tremblements de terre, il traversa une forêt épaisse nommée par les Caraïbes la *forêt Noire*, et les cols qui séparaient le territoire des sauvages de celui des Anglais, et il déboucha bravement dans la campagne de la colonie. C'était là qu'il espérait rencontrer Fleur-des-Bois et ses guerriers. Le jour se levait radieux, au loin la campagne était déserte, pas un être humain n'apparaissait à l'horizon. Charles s'arrêta ; ses hommes demeurèrent à distance, à demi-cachés derrière un bouquet de lataniers, et Henri et Mahurec se joignant à lui, tous trois tinrent une sorte de petit conseil de guerre.

La situation était effectivement des plus critiques. Les trois chefs se trouvaient avec trente hommes seulement au milieu d'un pays ennemi, ne possédant aucun renseignement précis sur la position que pouvaient occuper ceux qu'ils voulaient rejoindre ou ceux qu'ils devaient combattre. Fallait-il continuer à s'avancer au risque de tomber dans un parti d'Anglais et de sacrifier des hommes sans résultat ? Fallait-il retourner en arrière, rentrer sur les terres caraïbes et s'efforcer de trouver un sauvage qui pût les guider ?

Fleur-des-Bois devait être aux environs de Kingstown ; mais était-elle au nord, à l'est ou à l'orient ? De grandes forêts enceignaient la ville anglaise : explorer ces forêts demandait un temps assez long, et l'on risquerait à chaque pas de donner contre un poste avancé. Charles hésitait ; Henri, ne connaissant pas le pays, n'osait émettre aucun avis. Mahurec se creusait la cervelle pour faire jaillir une idée. Tout à coup une vive fusillade retentit dans la campagne. Tous prêtèrent une oreille attentive.

— C'est à l'est de la ville ! s'écria Charles. Marchons !

Tous firent un même mouvement dans la direction indiquée, mais au même instant des coups de feu retentirent à l'ouest. A ces coups de feu se mêlèrent des aboiements stridents.

— Les lévriers ! dit Maburec.

Tous s'étaient arrêtés.

— Que faire ? quelle route suivre ? s'écria Henri en frémissant d'impatience.

Charles réfléchissait.

— Les Caraïbes attaquent les faubourgs des deux côtés, dit-il. Sans doute, l'une de ces attaques est fausse et doit servir à protéger l'autre, celle sur laquelle on compte. Henri ! tu vas prendre le commandement de la petite colonne ; Maburec te guidera. Cours à l'ouest ! Prête secours à nos amis...

— Et toi ? dit Henri.

— Je vais dans la direction opposée, savoir quels sont ceux qui y combattent.

— Seul ?

— Sans doute !

— Mais partageons nos hommes !

— Non ! chaque troupe serait trop faible alors, et ne saurait résister. Seul, je pourrai me soustraire au danger...

— Je vous accompagne, dit Maburec.

— Et qui guidera Henri ?

— Cependant...

— Silence ! obéissez ! interrompit Charles. Toi, Henri, tu m'as reconnu pour chef de l'expédition, donc, ne discute pas mes ordres. Je connais la contrée ; si le danger est pressant, je me replierai sur vous... mais hâtez-vous !... n'entendez-vous pas ? la fusillade redouble. Songez qu'il faut sauver cet enfant !

Henri et Maburec hésitaient.

— Dès que j'aurai rejoint les Caraïbes de l'est, je vous enverrai de nouveaux ordres. En avant ! Je le veux ! Je l'ordonne !

Mahurec courut à ses hommes.

— Va ! ajouta Charles en poussant Henri.

Celui-ci obéit. Les trente hommes, commandés par Henri, guidés par Mahurec, s'élancèrent vers l'ouest. Les aboiements féroces des lévriers et le bruit des coups de feu éclataient avec une nouvelle fureur. La fusillade était moins vive à l'est. Charles s'enfonça dans la forêt.

IV

A KINGSTOWN

Nos lecteurs n'ont pas oublié Kingstown, la capitale de la colonie anglaise de Saint-Vincent. Ils se souviennent de cette ville, échantillon de la civilisation britannique implantée sur la terre des Antilles. Ils se rappellent sans doute aussi sir Henry Stephens, le gouverneur anglais de Saint-Vincent, sa fille, la romanesque miss Mary si miraculeusement sauvée à la *Trinidad*, lors du tremblement de terre de *Puerto Espana*, par ce sir Ewes qu'elle détestait si profondément et dont elle avait juré de se venger. Puis lord Ellen, le capitaine de vaisseau anglais, le fiancé de la jolie miss ; et lady Harriet, la gouvernante sèche, maigre et décharnée.

Ce sont ces personnages, dont nous sommes séparés depuis si longtemps, que nous allons retrouver en rentrant à Kingstown. C'était à l'heure même où Charles, Henri, Maharoc et leurs hommes franchissaient les passes des montagnes et pénétraient dans la partie anglaise de Saint-Vincent. C'était donc quelques heures avant que n'éclatât la double fusillade qui avait si fort inquiété la petite troupe des hardis aventuriers. Le jour venait de naître et le soleil s'élevait déjà radieux à l'horizon, inondant Kingstown d'un flot de lumière. Aux colonies, on dort toujours le jour, jamais le soir, fort peu la nuit et rarement le matin.

C'est que durant le jour la chaleur est écrasante, étouffante, irrésistible, tandis que le soir la brise de mer arrive toute chargée des âcres émanations salines de l'Océan, rafraîchie par le pulvérin des vagues, apportant avec elle un bien-être régénérateur. La nuit, la brise tombe, le calme est plat, mais la rosée est abondante et sa fraîcheur délicieuse fait trouver un charme de plus à la douce clarté des étoiles succédant aux feux dévorants du soleil. Le matin, le vent souffle de terre apportant sur ses ailes les parfums des plantes, les poétiques odeurs que dégage la nature à son réveil.

Aussi les heures du soir et celles du matin constituent-elles le temps de la vie réelle aux colonies. Les Anglais eux-mêmes qui cependant, importent et implantent partout, avec un acharnement comique, leurs habitudes, leurs usages et leurs mœurs, les Anglais ont plié leur raideur aux nécessités du climat.

Ainsi, miss Mary était-elle debout à cette heure matinale. Couchée dans un hamac, dans le jardin de l'habitation de son père, elle sacrifiait aux idées créoles, tout en préparant sur une table placée à sa portée le thé traditionnel et les tartines d'usage. Assis en face d'elle, était sir Henry, son père. Près de sir Henry, se tenait lord Ellen, et dans l'ombre on entrevoyait la silhouette de lady Harriet, laquelle marchant avec ce sautillement particulier aux femmes de son pays, qui ont toujours l'air de danser sur des œufs, s'avançait, venant de l'habitation, dans la direction où était accroché le hamac de la jeune fille.

— Ainsi, mon père, disait miss Mary, tout en étendant avec un soin religieux une couche de beurre sur la tartine qu'elle était en train de confectionner, ainsi, mon père, vous croyez que ces deux hommes sont deux grands seigneurs français?

— Je le crois, ma fille, répondit sir Henry.

Miss Mary se retourna vers lord Ellen :

— Ces deux hommes, vous les avez vus? demanda-t-elle.

— Oui, miss, dit Ellen.

— Et vous les tenez pour deux gentlemen?

— Ils sont aussi gentlemen que deux Français peuvent l'être.

— Ah!

— Ce n'est pas votre avis?

— Ces hommes me déplaisent plus que je ne saurais le dire, milord. Oh! ce ne sont certes pas là des héros!

— Non! dit sir Henry, mais ils nous ont été fort utiles.

— En quoi?

— Comment, en quoi? Ne vous souvenez-vous plus, miss, des services importants que ces hommes ont rendus à la cause de l'Angleterre? Depuis longtemps les Caraïbes, se défiant de nous, faisaient si bonne garde, que nos espions ne pouvaient même plus s'aventurer autour des passes. Ces stupides sauvages n'aiment pas l'Angleterre : ils aiment les Français et ils ne veulent pas comprendre tous les avantages qui résulteraient pour eux de nous abandonner l'île et de se laisser déporter. Il nous fallait des Français pour les tromper et la Providence nous a envoyé deux émigrés ennemis jurés des républicains. Ces deux hommes se sont introduits chez les Caraïbes : leur titre de Français a suffi pour captiver la confiance des sauvages. C'est par eux que nous avons connu le secret des passes, c'est par eux que nos troupes ont pu arriver jusqu'au carbet des Caraïbes rouges, incendier les cases, massacrer les populations et porter la terreur parmi nos ennemis ; c'est par eux, enfin, que nous sommes à la veille de triompher et de faire flotter le yacht anglais sur toutes les côtes de Saint-Vincent !... Et vous me demandez en quoi ces deux hommes nous ont été utiles !

— Qu'ils soient utiles, bien ! je ne le conteste pas, mon père, reprit miss Mary, mais pour honorables et pour gentlemen...

— Eh ! fit lord Elton, qu'importe ce qu'ils ne sont pas, pourvu qu'ils nous servent.

— Aôh ! dit miss Mary, ces hommes sont méprisables et je les méprise. Servez-vous-en, j'y consens ; mais me contraindre à dîner avec eux... n'y comptez pas ! shoking !...

Et la jeune miss accompagna ce mot si parfaitement dédaigneux du plus méprisant des gestes.

— Cependant, dit sir Henry, je les ai invités...

— C'est possible, mon père, mais je ne dînerai pas.

— Mais, insista Ellen, ces hommes servent l'Angleterre.

— Ils trahissent leur pays !

— Leur pays les repousse, les exile !

— De grands cœurs doivent souffrir avec patience.

— Il est évident, dit le gouverneur en souriant, que je ne les pose pas en héros.

Miss Mary sourit.

— Des héros ! fit-elle. Aôh ! qu'il y a peu d'hommes dignes de ce titre.

Lady Harriet arrivait en ce moment : un valet la suivait.

— Il y a au salon, dit le valet en s'inclinant devant le gouverneur, deux gentlemen français qui demandent à parler à Votre Honneur.

— Le comte de Sommes et le marquis Camparini ! dit sir Henry en se levant.

— Oui, Votre Honneur.

— Priez-les de m'attendre : je vais auprès d'eux.

Le valet s'éloigna.

— Venez-vous, milord ? ajouta sir Henry.

Lord Ellen quitta son siège et suivit le gouverneur.

Miss Mary accompagna d'un regard dédaigneux le départ de l'officier de marine.

— Un héros ! fit-elle en soupirant. Aôh ! Je n'en ai rencontré qu'un seul digne de ce titre, et celui-là était un Français !... shoking! Sir Ewes ! reprit-elle après un silence. Avoir été sauvée deux fois par cet homme qui s'est joué de nous !... aôh !... J'ai honte ! Je le hais ! Quel courage il a montré en combattant nos matelots !... De quelle énergie il a fait preuve en tuant cet horrible caïman ! Et dans ce tremblement de terre !... Sauvée ! sauvée encore par lui !.... Aôh ! pourquoi n'est-ce point lord Ellen, mon fiancé, qui soit un héros !...

— Faut-il faire le thé ? demanda lady Harriet.

— Oui, dit miss Mary.

Et la jeune fille se laisse glisser à bas de son hamac.

— Où est le docteur César ? demanda-t-elle.

— Avec la Caraïbe, répondit lady Harriet.

— Ah ! ma prisonnière ! Cette jeune femme que lord Ellen a ramenée du carbet et qu'il m'a donnée ?

— Oui, miss.

— Est-ce que son enfant est toujours malade ?

— Je ne sais.

— Où sont-ils, tous deux ?

— A la case de la fontaine.

— Près du salon où est mon père ?

— Oui, miss.

— Et le docteur est avec eux ?

— Oui.

— Eh bien ! prépare le thé, je vais revenir.

Et miss Mary s'éloigna à pas lents, prenant l'allée

que son père et lord Ellen venaient de parcourir. L'habitation de sir Henri Stephens était construite à l'extrémité de ce jardin sur lequel elle avait une façade. La luxuriante végétation des Antilles faisait de ce jardin soigné, et non par trop anglais, une sorte de paradis terrestre. Les tamarins, les palmiers, les bananiers se mêlaient aux cactus gigantesques, aux aloès majestueux. Les *orchidées*, ces admirables plantes qui commencent à être connues aujourd'hui chez nous, se balançaient en parasites qu'elles sont, aux troncs noueux des arbres et semaient dans les airs leurs fleurs étranges aux formes bizarres, aux couleurs féeriques. Le salon principal de l'habitation, situé au rez-de-chaussée, se trouvait occuper tout l'angle droit du bâtiment. Devant ce salon se dressait, touffu, un bouquet de verdoyants arbustes, et, à gauche de ce bouquet, construite dans un nid de feuillage, on apercevait une petite case de forme indienne, mais très coquette, admirablement soignée.

C'était miss Mary qui, pour contenter un caprice, avait fait élever jadis cette case, au pied de laquelle serpentait un petit ruisseau prenant sa source à une fontaine voisine. Pour atteindre la case, il fallait traverser le bouquet d'arbres plantés devant le salon. Mary, marchant toujours, rêveuse et languissante atteignit le bouquet d'arbres. Au travers des feuilles gigantesques, elle apercevait l'une des fenêtres ouvertes du salon. Comme la jeune fille passait devant cette fenêtre, sans pouvoir être vue de l'intérieur de l'appartement, protégée qu'elle était par un latania séculaire, elle entendit un grand bruit de voix arriver jusqu'à elle.

Si ce bruit ne résultait pas d'une dispute, il provenait au moins d'une conversation des plus animées. Mary s'arrêta et écouta. Tout à coup elle tressaillit : elle venait d'entendre son nom, à elle, prononcé distinctement par lord Ellen ; puis les éclats de voix redoublèrent.

— Que dit-on ? Pourquoi s'occupe-t-on de moi ? se demanda Mary.

Poussée par un sentiment de curiosité bien excusable, elle s'avança doucement, étouffant le bruit de ses pas. Écartant doucement les branches, elle glissa un coup d'œil rapide et elle aperçut debout dans le salon, discutant chaudement, quatre hommes très animés. Deux d'entre eux étaient bien connus du lecteur. Sir Henry et lord Ellen discutaient avec le comte de Sommes et le marquis Camparini.

V.

LA PRISONNIÈRE

— Milord, disait le comte de Sommes d'une voix élevée, vous avez trouvé juste jusqu'ici de profiter de notre bonne volonté à servir vos desseins, trouvez donc juste qu'à notre tour nous demandions la récompense de nos services.

— J'ai écrit au lord amiral, répondit Ellen, et Sa Grâce fera ce qu'elle jugera convenable.

— Il ne s'agit pas de ce que peut faire Sa Grâce, mais de ce que vous devez faire, vous.

— L'expédition n'est pas terminée, fit observer sir Henry ; les Caraïbes ne sont pas tous soumis.

— Qu'importe !

— Il importe beaucoup ; et aucune récompense ne peut être donnée tant que l'œuvre ne sera pas achevée.

Camparini n'avait rien dit jusqu'alors ; il avait abandonné la parole à Bamboula.

— Permettez ! dit-il en s'avançant, je crois que nous ne nous entendons pas ; car il est impossible qu'une discussion éclate entre nous à propos du sujet si misérable que nous traitons. De quoi s'agit-il en réalité ? D'une femme et d'un enfant ! Et quelle est cette femme ? Une sauvage, une Caraïbe, une ennemie de l'Angleterre ! Quel est cet enfant ? Un orphelin dont on ignore l'origine !... Quelle importance des hommes comme Votre Hauteur et comme milord peuvent-ils attacher à la conservation de cette femme et de cet enfant ?

— La femme est fille d'un chef et l'enfant est probablement son fils ! dit sir Henri. Cette double capture est importante en ce sens qu'elle peut plus tard faciliter un échange si l'un de nos officiers était fait prisonnier par les Caraïbes. Ensuite elle peut entrer en considération dans le traité que nous ferions avec les sauvages.

— D'ailleurs, dit lord Ellen, cette prisonnière est la mienne ; c'est moi qui l'ai faite.

— C'est-à-dire que le hasard vous a fait pénétrer le premier dans la case, fit observer de Sommes.

— C'est possible, mais elle est ma prisonnière.

— Cédez-nous-la, dit Camparini d'une voix insinuante.

— Impossible !

— Pourquoi ?

— Sir Henry vient de vous le dire.

— Si la prisonnière était Fleur-des-Bois, la raison donnée serait bonne ; car Fleur-des-Bois est un guerrier, elle ; mais Étoile-du-Matin n'est qu'une créature sans valeur.

— Alors, pourquoi tenez-vous à avoir cette prisonnière ?

Camparini sourit finement.

— Je devine votre pensée à tous deux, dit-il. Votre persistance à conserver la prisonnière augmente en raison de notre insistance à la réclamer. Vous pensez que cette capture doit avoir une grande valeur ignorée par vous, puisque nous voulons à toute force la faire nôtre, et, dans le doute, vous avez sagement résolu d'attendre ! Est-ce cela ?

— C'est possible, dit sir Henri.

— Alors, messieurs, nous pouvons nous entendre sans plus tarder. Je vous jure que cette femme n'a d'importance qu'aux yeux du comte de Sommes. Mon excellent ami est devenu, à tort ou à raison, amoureux de cette Caraïbe et il veut l'emmener en France, elle et l'enfant qu'elle élève ; cet enfant qu'elle adore et dont, par ce simple motif, il ne veut pas la séparer.

Sir Henri regarda Ellen et Bamboula.

— Foi de gentilhomme, dit le comte de Sommes, le marquis dit vrai.

— Eh bien ! fit sir Henri, nous pouvons tout concilier. Vous ne devez quitter Kingstown qu'après la prise complète de l'île et la soumission entière des Caraïbes ; d'ailleurs, aucun bâtiment n'est en partance et ne le sera d'ici là. L'île prise, la capture de la Caraïbe nous devient insignifiante, et dès lors nous vous la remettrons entre les mains à cette époque.

— Mais... fit Bamboula.

Camparini l'arrêta du geste.

— Sir Henri parle très bien, dit-il ; et jusque-là tu contiendras la passion qui te dévore. Que diable, mon très cher ! tu es plus amoureux à Saint-Vincent que tu ne le fus jamais à Versailles ! Est-ce la température qui te volcanise à ce point ? Ce que dit sir Henri est parfaitement raisonnable et il faut accepter ses conditions. Seulement, ce que je demanderai à sir Henri et à lord Ellen, c'est que d'ici à notre départ la prisonnière et l'enfant soient surveillés.

— Ils le seront, dit sir Henri.

— Et que ces gentlemen nous donnent leur parole que, le jour de notre départ, Étoile-du-Matin et l'enfant nous seront remis.

— Je... commença sir Henri.

— Ne donnez pas cette parole, mon père ! dit une voix sonore.

La tête de miss Mary apparaissait par l'encadrement de la fenêtre ouverte. Les quatre hommes se retournèrent étonnés.

— Vous ne pouvez donner cette parole, reprit miss Mary, non plus que lord Ellen ; car vous oubliez que cette prisonnière ne vous appartient plus ! Vous me l'avez donnée, tous deux, elle et son enfant.

— Cela est vrai, dit lord Ellen.

— Alors, s'écria Camparini en saisissant par le bras le comte de Sommes qui s'avançait violemment, alors, miss, ce sera avec Votre Grâce que nous négocierons le rachat de la prisonnière ; mais, lorsque l'on a le bonheur de rencontrer un adversaire tel que vous, c'est directement que l'on traite et non pas par intermédiaire. Demain, j'aurai l'honneur de solliciter une audience, afin de poser les premières conditions du traité.

Miss Mary se pinça les lèvres.

— Il est inutile, monsieur, que...

Une fusillade très nourrie et éclatant subitement interrompit la jeune fille. Cette fusillade provenait de la droite de la ville.

— Les Caraïbes attaquent nos retranchements ! s'écria sir Henri.

— Oh ! fit lord Ellen, nous avons deux bataillons là-bas !

Il n'achevait pas que le bruit d'une seconde fusillade éclatait du côté opposé. C'était cette double fusillade qu'avaient entendue également Charles et Henri.

— Aux armes s'écria sir Henri ; milord et messieurs, à vos postes !

Les quatre hommes s'élancèrent à la fois hors de l'appartement. Des officiers accouraient au-devant du gouverneur.

— Lord Ellen ! dit vivement sir Henri, prenez le bataillon nègre et portez-vous à la porte de la savane.

Puis s'adressant à ses officiers :

— Au camp retranché ! ajouta-t-il.

Lord Ellen et sir Henri étaient dans la cour de l'habitation. Des valets leur amenaient des chevaux ; ils s'élancèrent en selle.

— Nous allons vous rejoindre, milord ! dit Camparini à l'officier de marine.

Puis, prenant le bras de Bamboula, il l'entraîna rapidement dans la direction de la porte de la savane, tandis que lord Ellen et sir Henri partaient au galop. Arrivés tous deux derrière les grands arbres de la promenade, Bamboula s'arrêta.

— Allons-nous risquer de servir de but aux flèches des sauvages ? dit-il.

— Il le faut ! répondit Camparini.

— Pourquoi ?

— Parce qu'il faut que nous inspirions confiance aux Anglais.

Bamboula secoua la tête.

— Depuis que nous sommes ici, dit-il, tu nous as fait faire sottises sur sottises !

Camparini haussa les épaules.

— Niais ! dit-il.

— Allons donc ! dit Bamboula avec impatience, me prends-tu pour un enfant ? Je dis que nous n'avons fait que des sottises, et, pardieu ! je dis juste ! Quel était notre but en venant aux Antilles ? Nous emparer de cet enfant, héritier des Niorres, et accaparer enfin, en nous emparant de lui, cette fortune qui sans cesse nous échappe. Eh bien ! qu'avons-nous fait ?

Camparini regarda Bamboula.

— Peste ! dit-il, tu demandes ce que nous avons fait ? Nous savions que le petit-fils du conseiller était aux Antilles, mais nous ignorions absolument dans quelle partie des Antilles il se trouvait. Depuis deux mois que nous sommes ici, nous avons tout découvert. L'enfant était chez les Caraïbes ; nous nous sommes introduits, en faisant appel à notre qualité de Français, chez la peuplade sauvage. Nous leur avons inspiré la plus grande confiance...

— Nous eussions dû nous emparer aussitôt de l'enfant et fuir avec lui, interrompit Bamboula.

— Le moyen d'exécuter un pareil plan? répondit Camparini. Avions-nous d'autre voie que celle de la mer, et qu'aurait pu le canot qui nous avait amenés contre les pirogues des Caraïbes? La violence était impossible; les Caraïbes faisaient bonne veille, et ces oreilles de sauvages sont plus sensibles que celles des Européens. Il fallait donc attendre, patienter, ruser...

— Et nous avons perdu un mois!

— Comptes-tu pour perdu le temps pendant lequel nous avons visité et étudié les passes, et cette étude ne doit-elle pas nous rapporter vingt mille livres sterling, cinq cent mille francs de France?

— Mais la fortune des Niorres vaut des millions!

— Eh bien! nous l'aurons!

— Mais Étoile-du-Matin et l'enfant ne se quittent pas une seconde?

— C'est bien pour cela que j'ai toujours réclamé la femme, et non l'enfant. En ayant l'une nous aurons l'autre; et nous n'aurons éveillé aucun soupçon. Crois-moi, Bamboula, mon plan est bon et d'une réussite infaillible; il faut savoir attendre, voilà tout. Durant toute cette affaire, je n'ai que deux fautes à déplorer: la première, c'est moi qui l'ai commise, la seconde a été faite par toi.

— Comment?

— J'aurais dû profiter de l'insurrection du 12 germinal pour nous débarrasser des deux jeunes gens. Rien n'était plus facile que de les faire tuer dans la bagarre... mais on ne pense pas à tout, malheureusement. J'étais occupé alors à déjouer les plans de Fouché, ceux de Jacquet, ceux de Mahurec, les tiens même, et la masse l'a emporté sur le détail. Quant à l'autre faute, elle retombe sur toi. Comment as-tu laissé lord Ellen s'emparer d'Étoile-du-Matin? Tout n'était-il pas convenu dans notre plan, lors de l'incendie du carbet?

— Eh! pouvais-je prévoir qu'Étoile-du-Matin serait dans la case de sa sœur? Le hasard m'a mal servi, voilà tout!

— D'ailleurs, les reproches seraient inutiles à cette heure. La situation est assez belle pour que nous ne puissions nous plaindre. L'enfant est en sûreté ici, à notre disposition, et les Anglais nous doivent cinq cent mille francs! Il faut donc emporter l'argent et le petit. Or, nous sommes dans une île, mon cher; et pour sortir de cette île, il nous faut absolument un navire : les Anglais seuls peuvent nous en fournir un. Donc, nous avons besoin des Anglais, donc il faut les ménager : cela t'explique ma conduite de ce matin.

— Maintenant, qu'allons-nous faire?...

— Je vais rejoindre la compagnie nègre que j'ai organisée, soldée et armée, et qui nous attend derrière ce bouquet de palmiers, dans les hautes herbes de la savane. Je m'élancerai avec elle dans la campagne et j'étudierai la situation. Les Caraïbes sont nombreux encore et braves : la lutte n'est pas terminée. Si les Anglais étaient battus (il faut tout prévoir), une balle envoyée à sir Henri et une attaque à l'improviste sur les bataillons de lord Ellen me remettraient au mieux dans l'esprit des sauvages, auxquels j'expliquerais notre conduite passée par la ruse. Si, au contraire, les Anglais ont l'avantage, je leur apporte un secours efficace. Dans tous les cas, je suis certain d'être victorieux, tu comprends?

— Et moi, que ferai-je?

— Toi?...

Camparini lança un regard railleur à son compagnon; puis, le prenant par le bras, il le contraignit doucement à se retourner vers le port que l'on apercevait à peu de distance. Quelques navires de léger tonnage se balançaient sur les eaux bleues du petit golfe.

— Vois-tu ce sloop? reprit Camparini en désignant du geste un mince bâtiment à la mâture élancée.

Bamboula regarda et pâlit légèrement.

— Ce sloop, continua le terrible personnage de sa voix mordante et incisive, vient de la *Trinitad* ; il appartient à un contrebandier espagnol... Il est monté par vingt-cinq hommes, tous gens de sac et de corde et qui finiront infailliblement au bout d'une vergue. Ce sloop, le patron et son équipage ont été achetés la nuit dernière par mon ami Bamboula... Bah ! ne cherche pas à te défendre. Tu me croyais endormi, et j'étais sur tes pas : donc, j'ai tout entendu. Le patron doit, la nuit venue, mettre à la voile, filer au large, puis revenir clandestinement derrière la montagne, là... sous la corniche. Un canot sera sur un point désigné et attendra... A deux heures, tandis que tout dormira, mon excellent ami, qui n'aura plus besoin de mes services, quittera furtivement notre demeure commune. Il escaladera la haie de l'habitation de sir Henri, et, aidé du jardinier noir, qui lui appartient également, il tuera Étoile-du-Matin et il enlèvera l'enfant. Au lever de l'aurore, le sloop sera loin et Camparini demeurera seul avec les Anglais... Est-ce bien cela, Bamboula ? Ai-je bien deviné ton plan ?

Bamboula ne répondit pas, mais il lança à son railleur compagnon un regard de vipère.

Camparini haussa les épaules.

— Tu trahiras donc toujours, dit-il, et faudra-t-il que j'en arrive à te planter trois pouces de fer dans le cœur pour ne plus être gêné par toi ? C'est la dernière fois que je te pardonne, je le jure !

— Si tu ne m'as pas tué, dit Bamboula, c'est que tu as besoin de moi.

— Naturellement ! fit Camparini avec un effroyable cynisme. Nous obéissons, vis-à-vis l'un de l'autre, tous deux au même motif. Mais je suis le plus fort, et je ne te crains pas. Donc, tu vas appeler tout à l'heure quelqu'un des hommes du sloop, qui doit t'attendre quelque part, et tu lui transmettras de nouveaux ordres. Que le bâtiment ne bouge pas la nuit prochaine, mais que, l'autre nuit, il fasse la ma-

mœuvre indiquée... Tu comprends? Maintenant...
écoute, Bamboula !

Et le *Roi du bagne*, saisissant les poignets de son
interlocuteur qu'il étreignit énergiquement, le con-
traignait à le regarder face à face :

— Ecoute ! reprit-il d'un ton plus lent, nous tou-
chons au but ! Nous réussirons, je te l'affirme, mais
si je surprenais désormais une mauvaise pensée,
fût-ce même dans tes regards, tu mourrais sans avoir
le temps de pousser un cri !... Tu as compris encore ? Tu me connais ! Ecoute mes ordres et courbe
la tête !

Camparini demeura quelques instants en silence,
les rayons étincelants de ses noires prunelles plongés
dans les yeux ternes du comte de Sommes. On eût
dit qu'il cherchait à dominer cet homme de toute sa
puissance magnétique. Puis, sans ajouter un mot,
sans dessiner un geste, il quitta brusquement Bamboula et s'élança dans les hautes herbes. La fusillade
éclatait plus vive, plus nourrie, plus rapprochée.
Bamboula demeurait immobile : il était livide.

— Comment peut-il tout savoir, tout deviner, tout
comprendre ? s'écria-t-il en grinçant des dents avec
rage. Oh !.... c'est un démon !... Et je courberais la
tête ! Et je me condamnerais au rôle secondaire ! Et
je continuerais à être son esclave ! Non ! non ! mille
fois non ! Dussé-je tout risquer dans une dernière
lutte... je me battrai encore !

Bamboula jeta autour de lui un regard rapide : il
était absolument seul sur la promenade. Le bruit
des combats qui se livraient sur deux points différents de la campagne arrivait incessamment jusqu'à
lui. Bamboula quitta la promenade et descendit rapidement vers le port, gagnant l'endroit où nous avons
vu jadis Mahurec se préparer à l'attaque des sentinelles anglaises, il se glissa dans les hautes herbes qui
là encore bordaient le pied du rocher. Se couchant
légèrement au-dessus de lui, il siffla doucement et à
plusieurs reprises, puis il attendit. Un mouvement se

fit dans les herbes, et une tête d'homme apparut en face de celle de Bamboula.

— Tous les hommes sont-ils à bord ? demanda le comte de Sommes.

— Oui, répondit l'autre.

— Le sloop est prêt à appareiller ?

— Tout est paré.

— Ton chargement ? ta patente ?

— Fait, signée. Cette nuit nous pourrons filer avec la marée.

— Il faut appareiller avant cette nuit !...

— Quand cela, alors ?

— Sur l'heure même !

— C'est facile, mais ce sera plus cher !

Bamboula fouilla dans sa poche et prit une bourse qu'il tendit à son interlocuteur.

L'homme prit le sac de peau, le soupesa et poussa un sourd grognement de satisfaction.

— Dans une heure, dit-il, je serai en haute mer, si Votre Seigneurie le désire.

— Ton sloop prend peu d'eau ? demanda Bamboula.

— Très peu : il naviguerait dans une rivière.

— Bien ! Tu vas appareiller sans perdre une minute, quitter le port et doubler la pointe de l'Est, puis tu longeras les côtes jusqu'à la baie des Caraïbes. Les sauvages sont trop occupés en ce moment par les Anglais pour veiller à la baie ; d'ailleurs le carbet est détruit. Tu jetteras l'ancre dans la baie et tu attendras. A quelle heure mouilleras-tu ?

— A cinq heures ce soir, au plus tard.

— Parfaitement ! Tu auras soin de demeurer en vue des côtes tout le temps de la navigation, et tu auras constamment un canot à la mer, afin d'obéir à mon premier signe si je t'en fais un de terre.

— Cela sera fait.

— Alors, ne perds pas un instant, va !

L'homme recula dans les hautes herbes et disparut. Bamboula se redressa et écouta attentivement. La fusillade éclatait de plus en plus vive dans la campagne ; on devait se battre avec acharnement aux portes mêmes de la ville. Tous les habitants avaient pris les armes ; la ville était à peu près déserte.

— Allons ! dit Bamboula en s'élançant, de l'audace, de la promptitude et une seule chance favorable, et tout est dit. Ah ! Camparini, tu ne me tiens pas encore ! A toi les guinées des Anglais, mais à moi les millions des Nierros !

Bamboula traversa la ville comme une flèche et gagna le mur qui entourait le jardin de sir Henri. Une petite porte était pratiquée à l'extrémité de cette muraille. Bamboula atteignit cette petite porte et y heurta d'une façon mystérieuse : la porte s'ouvrit presque aussitôt. Un nègre, vêtu en jardinier, s'effaça pour laisser entrer le comte.

— Pablo, dit Bamboula, je t'ai promis cent livres, en veux-tu gagner deux cents ?

Les yeux du nègre étincelèrent.

— Oui, dit-il.
— Tes fils sont là ?
— Mes trois enfants sont dans la case.
— Cent livres à chacun !
— Oh ! fit le jardinier en donnant tous les signes d'une joie folle.
— Et la liberté pour tous, ajouta le comte.
— La liberté ?
— Oui.

Le jardinier demeura muet ; tant de bonheur l'étouffait.

— Quand l'argent ? quand la liberté ? dit-il enfin.
— L'argent ce matin, la liberté ce soir !
— Oh ! vite, nous sommes prêts !
— Il n'y a plus aucun homme à l'habitation ?
— Aucun ; les soldats et les valets sont avec sir Henri.
— Et le docteur César ?
— Il vient d'aller aux nouvelles.
— La Caraïbe ?
— Elle est dans la case de la fontaine avec l'enfant.

— Et miss Mary?

— Elle est avec la Caraïbe.

— Oh! fit Ramboula, j'aurai peut-être aussi les guinées des Anglais.

Puis s'adressant à Pablo :

— Tu m'as dit, reprit-il, que tu connaissais une route pour sortir de la villa et gagner les crêtes, route ignorée des Anglais?...

— Moi seul l'ai découverte, dit le jardinier.

— D'où part cette route?

— C'est une fissure située dans la montagne, là, au bout du jardin. C'est en chassant des serpents qui abîmaient mes fruits que j'ai découvert cette route.

— Elle passe dans la montagne?

— Oui.

— Et elle aboutit?

— Sur la crête de la falaise; mais le chemin est mauvais et noir.

— Appelle tes fils, reprit Ramboula d'une voix fiévreuse; apporte des cordes et des couvertures de laine et obéissez-moi tous sans hésiter et sans réfléchir. Voici de l'or; tu prendras toi-même la liberté.

Et Ramboula jeta une lourde bourse aux mains du nègre. Le jardinier lui fit signe de l'attendre et s'élança vers sa case.

VI

LA GUERRIÈRE

Tandis qu'Henri, Mahurec et les soldats couraient vers l'extrémité orientale de Kingstown, se rapprochant des falaises près desquelles étaient embusqués les nègres de Camparini, Charles, se précipitant vers un point opposé, s'engageait résolument dans les hautes herbes, à travers lesquelles il se frayait un chemin, comme s'il eût eu à traverser sans danger les foins de quelque prairie de France. Bientôt, coupant la savane dans toute sa largeur, il atteignit les pentes rapides des montagnes de l'ouest, dernières ramifications de la *soufrière*. C'était de l'autre côté de cette montagne que retentissaient les coups de feu. Voulant, avant de s'engager, connaître la situation des deux partis combattants, il résolut d'escalader les roches arides afin de dominer la scène du haut de leur sommet. S'accrochant aux lianes, aux racines, aux herbes, Charles, avec l'habileté du marin et l'adresse du sauvage, atteignit, après une heure d'efforts surhumains, la crête qui devait lui servir d'observatoire.

Il y arrivait à peine que plusieurs Caraïbes, venant du côté de Kingstown, passèrent devant lui en désordre et comme des gens en proie à une terreur panique. Il voulut les arrêter; mais aucun ne l'écouta et tous continuèrent leur fuite précipitée vers la partie caraïbe de l'île. Charles s'élança en avant; comme il atteignait l'extrémité du rocher, le bruit des coups de feu cessa subitement. Des cris furieux, des aboiements sinistres retentirent seuls, déchirant les airs avec des accents féroces. Charles demeura immobile, attendant... hésitant. Tout à coup il vit s'élancer sur le roc, qui s'enfonçait à pic sous ses pieds, un jeune Caraïbe rouge, qui, à en juger par la longue plume rouge fixée sur sa chevelure, ne pouvait être qu'un chef de tribu.

Ce guerrier, couvert de ses nattes de combat, portant à la ceinture sa hache d'armes, et, en bandoulière, une magnifique carabine damasquinée d'or, ce guerrier gravissait le rocher avec une agilité merveilleuse et une hardiesse effrayante.

— Fleur-des-Bois! s'écria Charles avec un élan de joie.

— Toi!... fit la jeune fille en reculant de surprise.

C'était effectivement l'héroïne de Saint-Vincent, la valeureuse fille du vieux chef qui venait d'apparaître sur le plateau. Charles et Fleur-des-Bois demeurèrent quelques instants en présence l'un de l'autre sans prononcer une parole.

— Oh! fit enfin la jeune fille en secouant la tête, tu viens bien tard? Le vieux chef est mort, la jeune sœur est prisonnière, et Fleur-des-Bois voit ses guerriers fuir devant les fusils anglais! Les Caraïbes sont perdus!

— Non, non, s'écria Charles, je viens les sauver. Espoir! Les secours vont venir! Nous pleurerons ensemble la mémoire du chef et nous délivrerons Étoile-du-Matin!

Fleur-des-Bois ne répondit pas; ses regards hardis interrogeaient l'horizon. Charles se retourna dans la direction de ses regards. Au-dessus des halliers qui les entouraient, apparaissaient les figures hâves des soldats anglais, dont l'uniforme rouge se découpait sur le fond vert des feuilles. Vingt fusils s'abaissèrent à la fois, couchant en joue les deux jeunes gens. Vingt doigts pressèrent en même temps la détente de l'arme meurtrière, et une traînée de feu déchira le nuage de fumée qui entoura les soldats.

Mais, aussi prompte que l'éclair, Fleur-des-Bois avait saisi fortement Charles par le bras, et, l'entraînant avec elle par un élan irrésistible, elle se précipita du haut du rocher dans la profondeur d'un ravin qui gisait à leur droite, à plus de six cents pieds au-dessous de leur tête, et quand les soldats, furieux, firent sur eux une nouvelle décharge, leur chute, presque verticale, les avait fait arriver d'un seul bond à une distance qui, jointe à l'abri des lianes appendues sur l'escarpement, les mettait hors de tout danger.

Ils étaient arrêtés sur une saillie du roc, située au premier tiers de l'abîme. Quelques soldats firent mine de s'aventurer jusqu'à eux.

Fleur-des-Bois, devinant le danger, saisit de nouveau le bras de son compagnon et s'élança une seconde fois, franchissant, d'un seul élan, quarante à cinquante pieds. Dix fois, tous deux recommencèrent cette terrible et périlleuse descente. Enfin, ils atteignirent le fond du précipice. Sans aucun doute, ils se fussent brisés sur les rugosités des rochers, si un immense tapis de plantes saxatiles ne les eût préservés de ce dangereux contact.

Sans doute ils fussent tombés tout d'une pièce, comme d'une haute tour, dans cette chute effroyable, si un réseau de lianes et de rameaux touffus à travers lesquels ils passaient, les trouant par leur propre poids, n'eût amorti la violence et la rapidité de la descente. Quelques secondes avaient suffi, grâce à la présence d'esprit de la jeune fille, pour les mettre hors de portée de fusil. Tous deux avaient atteint le pied des falaises sur une belle pelouse d'herbe fleurie, sans autre mal que quelques égratignures aux lianes de cette route aérienne.

Le ravin était étroit et enserré, devant et derrière, entre deux hautes murailles de rocher : c'était du haut de l'une de ces murailles escarpées que Fleur-des-Bois s'était précipitée, entraînant Charles avec elle. A gauche, serpentant entre ces murailles, le ravin descendait dans la direction de Kingstown. A droite, il remontait en se rétrécissant dans la direction de la soufrière.

— Si nous descendons, dit Fleur-des-Bois en examinant les lieux, nous allons nous rapprocher des postes de l'ennemi et tomber très certainement en leur pouvoir.

— Si nous remontons, dit Charles, comment pourrons-nous franchir ces escarpements qui s'exhaussent et se resserrent à mesure que le ravin pénètre dans le massif des volcans de l'île.

Ce ravin était le lit d'un torrent, mis à sec par les chaleurs, très étroit et semé çà et là d'énormes blocs de basalte. Fleur-des-Bois interrogeait le ciel d'un regard anxieux. La traînée lumineuse qui se découpait en bande limpide au-dessus du précipice, avait changé d'aspect. De bleu foncé, elle était devenue grisâtre.

— Un orage peut survenir, dit la jeune fille, le vent est du nord-ouest et il y a une vapeur dans l'air.

— L'énorme torrent qui a charrié ces blocs de lave, fit Charles, pourrait à chaque instant nous surprendre comme une avalanche.

Effectivement, il suffisait, pour submerger les deux jeunes gens, qu'une nuée orageuse crevât sur les montagnes et versât sur la source des rivières ses eaux diluviennes. Or, pour qu'il pleuve et pour former un torrent furieux là où tout à l'heure s'étendait une fraîche prairie, que faut-il, aux Antilles? Souvent moins de dix minutes par le ciel le plus beau et le plus pur.

— Rester ici est impossible! dit Fleur-des-Bois.

En ce moment de grands cris retentirent au-dessus d'eux, sur les crêtes des murailles. Les soldats anglais, auxquels Charles et la Caraïbe avaient échappé, ne pouvant les poursuivre, venaient d'appeler une troupe de soldats nègres qui s'avançait de l'autre côté du ravin. Les noirs, mis sur la piste d'ennemis à traquer dans le lit desséché du torrent, gagnèrent rapidement un sentier situé sur le versant qu'ils occupaient et se mirent à descendre avec une rapidité de singes.

— Remontons vers la soufrière ! s'écria Charles en faisant signe à sa compagne de le suivre.

Les soldats nègres arrivaient au pas de course. Les fugitifs atteignaient la partie la plus reculée du ravin : là une muraille à pic se dressa devant eux. L'enceinte où Charles et sa compagne se trouvaient alors était fermée de tous côtés par les falaises sur lesquelles le ciel semblait s'appuyer et qui étaient verticales comme d'immenses murailles. Composées de couches superposées, d'éruptions boueuses, leurs parois étaient totalement dépouillées de végétaux et n'offraient aucun moyen de les escalader ou seulement de s'y cacher pour fuir un moment l'œil de l'ennemi. La situation était horrible. Les cris de joie féroce des nègres, les menaces furieuses arrivaient jusqu'à eux... leurs ennemis n'étaient plus qu'à cent pas, mais ils ne tiraient pas : ils voulaient prendre vivants leurs prisonniers afin de leur faire subir ces traitements ignominieux et barbares qui font le bonheur de ces peuples sauvages.

Charles était en proie à un accès de rage folle. Il voyait en face de lui cinquante hommes armés et pas une issue pour fuir, pas une chance de salut. Il fallait mourir et mourir honteusement par la main d'ignobles ennemis, mourir sans vengeance, sans pouvoir soustraire à la furie des nègres cette belle Caraïbe, qui demeurait près de lui calme et résolue. Il fallait mourir quand Blanche et Léonore vivaient, quand Henri était là, de l'autre côté de la montagne. Les nègres avançaient rapidement et se groupaient pour atteindre tous ensemble les deux fugitifs et se ruer à la fois sur eux...

Tout était perdu... il fallait mourir...

Tout à coup, Fleur-des-Bois, qui s'était avancée plus loin, appela Charles.

— Viens ! dit-elle vivement.

Charles s'élança : la jeune fille lui désigna du doigt

un lieu de refuge que sa sagacité sauvage lui avait fait découvrir. C'était une sorte de caverne dont l'entrée avait été agrandie par les éboulements ou par l'action des eaux. Elle formait une espèce de vestibule obscur où venait s'ouvrir, au-dessus d'un seuil élevé, une fissure prolongée et encore plus ténébreuse qui s'enfonçait dans les entrailles de la montagne. Sans hésiter, Charles et Fleur-des-Bois s'enfoncèrent en rampant dans cette fissure et se retournant, après y avoir pris place, ils se tinrent immobiles, le fusil au poing, prêts à recevoir leurs ennemis. Les nègres arrivaient à l'entrée de la caverne qu'ils entourèrent d'un demi-cercle en poussant des hurlements furieux. Puis, armant leurs fusils tous à la fois, ils commencèrent une fusillade nourrie dans la direction de l'ouverture de la crevasse.

Heureusement pour les fugitifs, les saillies de rocher superposées leur faisaient un abri et les balles s'aplatissaient sur le roc sans parvenir jusqu'à la fissure. Charles et Fleur-des-Bois, au contraire, ayant en face d'eux leurs ennemis à découvert, répondaient au feu impuissant de ceux-ci par des balles habilement dirigées et qui arrivaient à coup sûr. Cinq ou six nègres jonchèrent bientôt la terre et firent reculer les plus entreprenants. Cependant, revenant après un moment d'hésitation, ils recommencèrent leur attaque sans s'engager dans la caverne.

Les petits blocs de rocher tombaient détachés sous l'effort réitéré des balles. Charles et Fleur-des-Bois durent s'enfoncer davantage dans l'étroite ouverture, mais la fissure faisait un coude et s'ils se trouvaient alors hors de vue de leurs ennemis, ils ne pouvaient plus les voir eux-mêmes et ils étaient au milieu d'une obscurité profonde.

Tous deux demeurèrent ainsi, haletants, anxieux, frémissants, écoutant ce qui se passait au dehors. Sans doute les nègres s'étaient retirés, soit qu'ils eussent renoncé à poursuivre leurs ennemis, soit qu'ils se fussent placés à l'écart pour tenir conseil, car le plus profond silence régnait dans le lit du torrent. Charles étreignait son front, s'efforçant de faire jaillir l'idée rebelle et de trouver le moyen d'échapper au danger. Tout à coup le bras de Fleur-des-Bois passa rapide devant lui; le fer de la hache de la jeune fille brilla dans l'ombre et un cri déchirant retentit accompagné d'un coup sonore.

Un nègre, qui avait eu l'audace de s'introduire, en rampant, dans le souterrain, venait de rouler sous la hache de la guerrière. Fleur-des-Bois avait aperçu dans l'ombre le scintillement d'un œil!... Des hourras de rage retentirent au dehors, puis à ces hourras se joignirent de nouveaux cris. C'étaient les soldats anglais qui, venant se joindre aux soldats nègres, apportaient leur contingent de moyens efficaces pour s'emparer des deux fugitifs. Au reste, Charles et Fleur-des-Bois étaient, pour le présent, à l'abri de toute attaque: l'entrée de la fissure était tellement étroite qu'un homme seul pouvait s'y introduire en rampant, et le coude brusque fait par le couloir souterrain empêchait les balles d'arriver jusqu'à eux. Mais combien devait et pouvait se prolonger cette situation pleine d'angoisses? Rien n'égale l'opiniâtreté de la race nègre, surtout lorsqu'il s'agit de poursuivre un ennemi. Le temps et le travail ne leur comptent pour rien: il y a des nègres qui, pour arriver à une vengeance jurée, en ont poursuivi le dessein pendant plus de vingt années. Espérer lasser la patience de tels hommes, qui s'attachent à leur proie jusqu'à ce qu'il n'en reste plus un seul lambeau, est chose impossible. Charles et Fleur-des-Bois connaissaient bien l'esprit de ceux qui voulaient s'emparer d'eux: aussi attendaient-ils les événements avec une sombre inquiétude. On devinait au dehors une grande agitation: on eût dit que tous ces hommes se livraient à des travaux inconnus avec une activité fievreuse. On les entendait aller, venir, porter, traîner des fardeaux qu'ils déposaient avec un grand bruit sur le seuil de la caverne.

— Viennent-ils fermer l'ouverture et nous ensevelir ci tout vivants? dit Charles à voix basse.

— C'est possible ! dit Fleur-des-Bois.

— Mais, reprit Charles après un silence, ne connais-tu pas cet endroit dans lequel nous sommes ?

— Si fait ! répondit la jeune fille.

— Ce couloir à l'entrée duquel nous nous tenons, doit se prolonger dans la montagne ?

— Sans doute.

— N'a-t-il pas une autre issue ?

— Peut-être en a-t-il une, en effet.

— Comment ?

— On prétend que la caverne dont l'ouverture est voisine du carbet détruit communique avec celle-ci.

— Mais si cela est, nous sommes sauvés !

Fleur-des-Bois secoua négativement la tête.

— Cependant, dit Charles, il y a à peu près une lieue et demie d'ici au carbet, et si ce couloir perfore durant cet espace le milieu de la montagne...

— C'est le *chemin maudit !* murmura Fleur-des-Bois en frissonnant.

— Pourquoi ?

— On l'ignore, mais tous ceux qui se sont engagés dans ce chemin n'en sont pas sortis.

— Qui le prétend ?

— Moi. J'ai vu, par cinq fois, dix hommes vouloir explorer ce souterrain, aucun d'eux n'a reparu à la lumière du soleil.

— Cache-t-il donc des abîmes ?

— On l'ignore. Personne, je te le répète, n'a pu le parcourir en entier.

— Mais, toi, crois-tu qu'il communique réellement avec la caverne du carbet ?

— Je le crois, mais je crois aussi que ce séjour est celui des esprits méchants.

Charles réfléchissait. Il connaissait la bravoure extraordinaire de sa compagne, son audace dans les excursions les plus aventureuses ; il la savait trop intelligente et trop civilisée (relativement au moins) pour penser qu'elle pût ajouter foi à des contes ridicules. Sans doute, il existait sur ce sentier souterrain des traditions mystérieuses, des superstitions effrayantes; mais pour que Fleur-des-Bois crût à ces traditions, partageât ces superstitions, il fallait qu'elles fussent basées sur un fond de vérité. D'ailleurs elle disait avoir vu, par cinq fois différentes, dix hommes s'aventurer dans cette caverne, et pas un d'eux en ressortir. Quel parti fallait-il donc en prendre ?

L'animation extérieure continuait toujours et semblait même s'accroître de minute en minute. Tout à coup, une lueur rougeâtre, qui grandit rapidement, éclaira l'intérieur de la caverne. Cette lueur provenait d'un vaste bûcher dont les tisons enflammés roulèrent jusqu'aux pieds des deux jeunes gens.

— Ils agissent avec nous comme avec les serpents ! s'écria Fleur-des-Bois avec un accent de terreur profonde.

Elle n'achevait pas, que des centaines de fagots de bois vert étaient lancés sur le feu et l'étouffaient à moitié. Ce bois vert était la *sterculia fetida*, si parfaitement décrite par Linnée, et qui dégage en s'embrasant la fumée la plus nauséabonde, surchargée des miasmes les plus délétères. C'est avec la *sterculia fetida* que les nègres enfument les serpents les plus venimeux, le crotale notamment, et les plongent dans un engourdissement qui les conduit à la mort. Charles avait à peine compris le danger qui le menaçait ainsi que sa compagne, qu'une fumée bleue, épaisse et d'une infection que rien ne saurait exprimer, s'engagea aussitôt dans la fissure et l'inonda de ses tourbillons poussés par le vent de l'extérieur. Charles et Fleur-des-Bois, suffoqués à l'instant, furent pris aussitôt d'une toux violente qui dégénéra en râle épouvantable.

Des cris de joie et de triomphe répondirent à ces cris d'agonie. Les nègres dansaient, les soldats anglais chantaient !...

VII

LE SOUTERRAIN

Charles fut le premier qui parvint à s'arracher au supplice qui les menaçait, lui et sa compagne, d'une mort horrible et prompte. Saisissant Fleur-des-Bois à demi évanouie, il l'entraîna, et, sans hésiter, il s'avança dans le souterrain ténébreux qui s'ouvrait devant lui. La fumée, poussée par la brise, les poursuivait de ses tourbillons empestés et mortels, quand, heureusement, un trou pratiqué dans toute l'épaisseur de la montagne, sorte de puits dont l'orifice était au sommet du rocher, vint livrer passage à cette colonne épaisse qui s'engagea dans l'étroit conduit comme dans un tuyau de cheminée. Charles et Fleur-des-Bois purent respirer plus à l'aise. Ils marchaient depuis plus de dix minutes, et ils s'étaient enfoncés profondément dans le souterrain.

— Il ne faut plus reculer ! s'écria Charles. Que Dieu nous guide !... marchons en avant ! Les nègres n'abandonneront pas l'ouverture : si la fumée ne nous asphyxie pas, ils nous condamneront à mourir de faim. Cherchons à fuir, à nous faire un passage. Marchons ! D'ailleurs, mort pour mort, celle que nous trouverons en luttant contre quelque péril inconnu ne vaut-elle pas mieux que ce trépas honteux et déshonorant que nous imposeraient nos ennemis ?...

— Tu as raison ! dit Fleur-des-Bois avec une énergie sublime. Marchons ! Ce qu'un guerrier peut faire pour un autre homme, je le ferai pour toi.

— Eh bien ! prions le Dieu de miséricorde, Fleur-des-Bois, ce Dieu des chrétiens qui, en quelque langue qu'on lui parle, entend la prière de ceux qui souffrent.

Charles s'agenouilla... Fleur-des-Bois le considéra en silence... puis, cédant à cet élan de l'âme auquel aucune organisation généreuse ne résiste, elle s'agenouilla à son tour...

— Je prie le Dieu que tu pries !... dit-elle d'une voix émue et forte. Je le prie, non parce que j'ai peur, mais parce que c'est celui des blancs qui te ressemblent et que tu as toujours été l'ami des Caraïbes !

Charles répéta à haute voix les prières...

C'était un beau et touchant spectacle que ne pouvait contempler aucun œil humain, que celui de cet homme qui avait tant souffert, de cette femme qui avait toujours vécu de la vie sauvage, priant ensemble, au fond d'un souterrain, entourés des périls les plus effrayants, ce Dieu dont le fils était mort sur la croix dans un autre hémisphère. Tous deux se relevèrent, forts du courage qu'ils avaient puisé dans la prière ; puis, par un même élan, ils se jetèrent dans les bras l'un de l'autre et s'étreignirent convulsivement, non comme deux amoureux qui cèdent à l'entraînement de la passion, mais comme deux hommes de cœur résignés à mourir ensemble. Ensuite, ils se mirent en route. Les ténèbres qui les entouraient étaient d'une opacité telle qu'ils ne pouvaient même distinguer les pierres que heurtaient leurs pieds.

Le passage était devenu tellement bas, qu'il fallait marcher en se courbant ; tellement étroit, qu'ils durent se suivre l'un l'autre. Par moments même, les deux parois se rapprochaient à tel point qu'il fallait se glisser de côté entre elles. Charles s'avançait le premier, interrogeant le sol avec la crosse de son fusil. Quand les murailles s'éloignaient brusquement et formaient de longues chambres, les malheureux, plongés dans les ténèbres les plus opaques, marchaient anxieusement, craignant de manquer la direction du prolongement de la fissure, ou de prendre pour elle quelque couloir sans issue. Le sol lui-même semblait entasser obstacles sur obstacles. Il était hérissé de laves détachées des escarpes et qui déchiraient les pieds. Parfois, le sentier ténébreux descendait rapidement et semblait devoir conduire dans des régions situées au-dessous du niveau de la mer ou dans quelque foyer mal éteint du volcan. Personne ne doutait qu'il y eût sous la soufrière une fournaise prête à se rallumer, et cette fournaise devait être voisine.

Parfois aussi, le sentier, au lieu de continuer sur le même plan, s'élevait par une pente abrupte et difficile à gravir. Alors un espoir subit rentrait au cœur des deux infortunés. Le sentier montait si haut, qu'il devait forcément atteindre à l'orbe de la fissure... Mais à son point le plus élevé, ils se trouvaient, comme au plus bas, emprisonnés étroitement entre deux murailles centuples de la hauteur des plus grandes qu'aient jamais construites les hommes.

Une fois, cependant, ils aperçurent au-dessus de leur tête, dans un immense lointain, une lumière bleue, et un rayon de soleil brilla à travers une crevasse... Puis... tout rentra dans les ténèbres. Où conduisait cette route qu'ils suivaient si péniblement? Nul ne le savait, nul n'aurait pu le dire. Ceux qui avaient entrepris de la parcourir étaient morts victimes de leur entreprise.

Cette obscurité effrayante qui les entourait, cette incertitude poignante qui torturait leur âme, cette anxiété constante qui surexcitait leur esprit, finirent peu à peu par troubler leurs sens, et une sorte de vertige s'empara de leurs cerveaux. A chaque pas, ils s'arrêtaient, épouvantés par quelque bruit sinistre ou par quelque fantastique vision. Tantôt ils croyaient entendre des rugissements lointains qui ressemblaient à ceux des flots... tantôt c'étaient des sifflements aigus et modulés qui déchiraient leurs oreilles, tels que ceux des fumeroles volcaniques... ou bien le bruissement des eaux tumultueuses d'une cataracte souterraine... puis des bruits sourds d'éboulements sinistres... celui d'un serpent se glissant dans les fentes des rochers... l'apparition de quelque animal inconnu qui fuyait à leur approche.

Et tout cela était supposable !... et tout pouvait être vrai !... Il devait y avoir, dans une coupe de souterrain aussi étendue, des cours d'eau s'ouvrant des routes caverneuses, et peut-être formant des lacs, des torrents, que l'obscurité empêcherait de reconnaître, qui engloutiraient les deux fugitifs ou qui leur barreraient la route d'une manière infranchissable. Les gaz qui s'échappaient perpétuellement de la *soufrière* devaient avoir leurs réservoirs dans ces sombres lieux de désolation et, à l'approche de ces grands laboratoires du volcan, l'asphyxie n'était-elle pas certaine? Un précipice ne pouvait-il s'ouvrir sous leurs pas? Le bruit de leur marche, en déplaçant l'air de ce sentier qu'aucun pied humain n'avait parcouru dans son entier, ne pouvait-il déterminer un éboulement subit qui les ensevelirait sous des masses de décombres?

Charles avait rencontré des morceaux de lave, chaude encore, il avait respiré des courants de gaz délétère... Ces effrayants témoignages d'une épouvantable réalité, dont il avait dérobé l'existence à sa compagne, ne lui faisaient-ils pas comprendre que les Caraïbes avaient raison d'affirmer que ceux qui étaient entrés dans cette caverne n'en étaient jamais sortis. L'agitation de leur esprit, plus encore que les fatigues du corps qu'il avait fallu subir, avait épuisé leurs forces. Il y avait trois heures déjà qu'ils marchaient au milieu des ténèbres, entourés de dangers inconnus, en proie aux appréhensions les plus effrayantes... ils pouvaient à peine se soutenir.

Charles fit asseoir sa compagne sur un quartier de

rocher, et lui-même se coucha sur le sol. Vaincus par la fatigue, tous deux s'endormirent... Ce sommeil dura une heure à peine ; mais Dieu, en le leur envoyant, leur avait permis de prendre un repos moral nécessaire. Bientôt ils se sentirent l'esprit plus calme et le corps moins harassé. Reprenant leur marche avec une espérance moins flottante, ils s'avancèrent... La fissure s'élargissait au point qu'ils pouvaient marcher de front. Il y avait aussi moins d'éboulements à gravir et à descendre, et ils purent activer leur marche.

Déjà l'espérance leur rentrait au cœur, et ils commençaient à croire à leur salut, quand Fleur-des-Bois, qui avait, comme tous les sauvages enfants de la nature, une acuité de perception extraordinaire, s'arrêta soudain.

— J'entends le brisement des flots de la mer ! dit-elle.

Charles écouta ; il lui sembla effectivement qu'un bruit de vague parvenait jusqu'à lui. Ils redoublèrent de vitesse autant que les ténèbres le leur permettaient.

— Je vois la lumière du jour ! reprit Fleur-des-Bois, et j'entends toujours le bruit des vagues...

— Cette route souterraine aboutirait-elle sur les falaises à pic sur la mer ? dit Charles saisi par une nouvelle terreur.

Ils avancèrent encore : bientôt le bruit signalé devint plus distinct, et une lueur lointaine apparut à leurs yeux éblouis. Le cœur palpitant, ils oublièrent tout, et les fatigues et le mauvais état du chemin pour courir en avant. Tous deux s'arrêtèrent en poussant un cri de joie et de surprise : à l'endroit où ils se trouvaient, la caverne était très large ; à son extrémité, un vaste arceau se découpait, et à travers cet arceau très élevé, on découvrait la perspective d'une campagne verdoyante éclairée par un flot de lumière. Mais à peine le cri de joie s'échappait-il de ces poitrines oppressées, qu'un cri de rage et d'horreur lui succéda rapidement. Le bruit qui avait éveillé leur attention était celui d'une chute d'eau considérable, formée par un ruisseau souterrain sortant d'un des flancs de la caverne.

La force du courant avait creusé un bassin circulaire qui occupait tout le vestibule de la fissure et qui en défendait absolument la sortie. Sa largeur était au moins de quarante pieds, et sa profondeur ne pouvait être appréciée, attendu que l'eau qui le remplissait était sans cesse agitée comme celle d'une fontaine en ébullition, et qu'il s'en dégageait une vapeur pesante, rampant à sa surface et paraissant ne pouvoir s'élever plus haut. Ce bassin avait véritablement un aspect infernal : il ressemblait à ces cuves d'eau bouillante où jadis on jetait les martyrs pour éprouver, par un affreux supplice, la constance de leur foi. C'était la vue de ce bassin, obstacle effrayant qu'il fallait cependant franchir pour retourner au monde, qui avait arraché le cri de rage succédant au cri de joie.

Charles s'avança et plongea la main dans le bassin ; l'eau était brûlante : c'était une source d'eau chaude !... Cependant on pouvait peut-être, en s'y habituant peu à peu, supporter cette température élevée, mais un autre danger se révéla soudain. Charles, qui s'était baissé, se recula vivement, suffoqué et manquant de respiration. Il fut pris d'une toux convulsive telle qu'il dut s'éloigner de plusieurs pas. Des vapeurs délétères s'échappaient de cette eau en ébullition et en rendaient la traversée impossible. S'y aventurer c'était aller chercher une mort hideuse. Charles leva sur sa compagne un regard empreint du plus sombre désespoir.

— Il faut retourner sur nos pas, dit-il.

— Et nous livrer aux nègres et aux Anglais ! s'écria Fleur-des-Bois. Mieux vaut mourir !

— Quoi ! fit Charles en proie à un paroxysme de rage, ne trouverons-nous aucun moyen de surmonter cet obstacle, de franchir cette chaudière ?... Quoi ! là-bas est la vie, et ici serait la mort ?...

En ce moment, Fleur-des-Bois saisit Charles par le bras et lui désignant la campagne :
— Regarde! dit-elle.

VIII

LES VAUTOURS

A travers l'arceau formant l'ouverture de ce côté, on apercevait, avons-nous dit, la campagne verdoyante. Les vapeurs lourdes se dégageant de l'eau et demeurant en couche peu élevée à sa surface, ne s'opposaient pas à ce que le regard embrassât l'horizon. La partie de l'île que l'on avait en perspective était celle appartenant aux Caraïbes rouges. C'était toute cette admirable savane au centre de laquelle s'élevait, quelques jours auparavant encore, le charmant carbet où Charles et Mahurec avaient trouvé jadis une hospitalité si généreuse, ce carbet qu'avaient livré Camparini et Bamboula, ce carbet qu'avaient incendié et détruit les Anglais.

Charles, suivant des yeux le geste indicateur de Fleur-des-Bois, contemplait cet admirable coup d'œil, mais il ne voyait rien cependant qui pût particulièrement attirer son attention. Tout à coup son regard vague s'anima ; il venait de découvrir dans les hautes herbes une petite troupe d'hommes qui s'avançait vers la mer. Cette petite troupe se composait de quatre hommes. Le premier, celui qui marchait en tête et qui paraissait être le chef, était vêtu en gentilhomme français du précédent régime. A ses allures, à sa démarche vive, il semblait être jeune. Ses trois compagnons s'avançant à distances inégales, étaient trois nègres. Tous trois portaient sur leurs épaules un fardeau dont il était impossible, à cause de la distance, de deviner la forme précise ; mais, cependant, on eût dit des corps humains enveloppés dans de longues couvertures.

Les quatre hommes marchaient précipitamment vers le petit port où les Caraïbes avaient jadis leurs pirogues amarrées, pirogues que les Anglais avaient eu grand soin de détruire en détruisant le carbet.

— Quels sont ces hommes ? dit Charles. Que veulent-ils ? d'où viennent-ils ?

Fleur-des-Bois ne répondit pas. Charles se retourna vers la jeune fille ; celle-ci avait les yeux enflammés, les prunelles dilatées, les narines gonflées... Une colère violente faisait bouillonner son sang. Sa main frémissante était toujours étendue dans la direction de la campagne.

— Celui-là... ce blanc... murmura-t-elle comme si elle ne pouvait parler.

— Quel est cet homme ? s'écria Charles étonné de la pantomime expressive de la jeune fille et de l'agitation extrême qu'elle manifestait.

— Cet homme, fit Fleur-des-Bois avec un éclat terrible, c'est celui qui a massacré le grand chef !

— Celui qui a tué ton père ?

— Oui.

— Celui dont m'a parlé le chef noir, et qui, avec un autre, a livré les passes aux Anglais et le carbet aux flammes ?

— C'est lui !

Et, mus par un même sentiment de vengeance, les deux jeunes gens bondirent en avant. Le lac empesté les arrêta comme une barrière infranchissable. Charles recula. Fleur-des-Bois voulut se pencher ; mais elle s'affaissa sur elle-même. Elle avait respiré les vapeurs mortelles. Charles la saisit dans ses bras, l'enleva et la transporta hors des atteintes du terrible phénomène.

Fleur-des-Bois se ranimait lentement. Charles avait saisi son fusil et l'épaulait dans la direction du premier des quatre hommes, celui qu'avait désigné la Caraïbe. Il appuya le doigt sur la détente; mais l'humidité qui régnait avait détrempé la poudre. Le fusil fit long feu.

Charles se détourna, saisi par un accès de folie. Durant quelques secondes, les pensées les plus horribles se heurtèrent dans son esprit en délire. Les fatigues éprouvées, les angoisses supportées, le sentiment de son impuissance en face de l'ennemi, noyaient sa raison et menaçaient son cerveau d'une terrible congestion; il poussait des cris sourds et se tordait les mains. Les quatre hommes s'éloignaient de plus en plus, gagnant le sentier qui aboutissait au rivage. Encore quelques instants, et ils allaient disparaître derrière les touffes des hautes plantations. Tout à coup, et comme le premier touchait déjà au rideau de lataniers qui bornait l'horizon, une détonation retentit.

Le dernier nègre s'arrêta, chancela, tourna sur lui-même et s'abattit sur le sol en laissant échapper le paquet qu'il portait sur l'épaule. Les trois hommes s'arrêtèrent à la fois et se retournèrent d'un même mouvement. Une seconde détonation déchira l'espace et un second nègre tomba près du premier. Le troisième jeta à terre le fardeau qu'il soutenait et s'enfuit à toutes jambes.

Le blanc, demeuré seul, fit un geste de rage, bondit vers les paquets étendus, s'empara du plus petit des trois et s'élança pour fuir, mais un homme accourut plus rapide que la pensée, son fusil fumant d'une main, un pistolet menaçant de l'autre. Cet homme était de haute taille et costumé à peu près comme le premier. Les deux hommes demeurèrent immobiles à dix pas l'un de l'autre, se menaçant mutuellement de leurs armes, et paraissant en proie tous deux à la plus terrible exaltation. Charles demeurait haletant et fasciné par ce singulier spectacle. Fleur-des-Bois reprenait ses sens et commençait à respirer librement.

Tout à coup le premier blanc, celui qui tenait sur son bras gauche le plus petit des trois paquets, arracha les couvertures qui l'enveloppaient, et un enfant, jeune encore, apparut les bras attachés et un bâillon sur la bouche. En accomplissant cette action, l'homme parut lancer des paroles de défi à son adversaire, et il tourna la gueule du pistolet qu'il tenait sur la poitrine du pauvre petit être. Charles poussa un cri d'horreur; mais il n'eut pas le temps de faire un mouvement. Deux mains crispées se cramponnèrent à ses vêtements; c'était Fleur-des-Bois qui, haletante et affolée, se redressait en étreignant Charles. C'est qu'un incident, que Charles n'avait pu remarquer, venait cependant de se produire.

Les deux autres paquets rejetés par les nègres, ou échappés de leurs mains défaillantes, gisaient toujours sur l'herbe. Ces deux paquets, d'abord immobiles, s'étaient bientôt agités avec des mouvements convulsifs, et les couvertures qui les entouraient, se déroulant subitement, deux femmes s'étaient dressées en même temps. L'une de ces deux femmes appartenait à la race européenne; elle en avait la peau blanche et le costume élégant. Ses grands cheveux dénoués flottaient sur ses épaules; l'autre était une Caraïbe. La femme blanche battait l'air de ses bras et semblait pousser des cris aigus, comme si elle eût perdu la raison. La Caraïbe s'élança vers l'enfant que menaçait l'un des deux hommes, et saisit le canon de l'arme meurtrière. Le second personnage arrêta par sa chevelure flottante l'autre femme qui cherchait à fuir, et la renversa sur le sol.

Sans doute elle tomba évanouie, car elle ne fit plus un seul mouvement. La Caraïbe luttait avec le premier et cherchait à lui arracher l'enfant. Le pistolet dégagé se tourna vers la poitrine de la femme de couleur. Tout cela s'était accompli avec la rapidité de l'éclair. Fleur-des-Bois s'était à peine redressée,

Charles avait à peine étouffé un cri de rage que lui avait arraché cette scène si profondément émouvante.

— Ma sœur ! s'écria Fleur-des-Bois.

Et elle bondit en avant, s'élançant sans se préoccuper du danger. Elle avait franchi le bord du bassin et était retombée dans l'eau chaude qui lui monta jusqu'à la poitrine. La température de l'eau n'était pas assez vive pour déterminer une brûlure ; mais les vapeurs empestées qui s'en dégageaient étouffèrent la courageuse enfant.

Charles la vit faire un effort... il vit ses doigts crispés se tendre vers le bord opposé... Il la vit faiblir et s'affaisser. Il ne calcula plus le danger... Retenant fortement sa respiration, il s'élança à son tour au milieu de ces gaz délétères qui s'échappaient en sifflant... Il saisit Fleur-des-Bois par ses nattes de combat, l'enleva avec une force extraordinaire, traversa le bassin par un élan désespéré, gagna l'orbe extérieur, et laissa retomber sur l'herbe fleurie, à l'air pur et vivifiant, le corps inanimé de sa compagne.

Puis, saisissant la hache que Fleur-des-Bois avait à sa ceinture, il bondit en avant... Les fusils étaient demeurés dans la caverne... A peine redressait-il la tête pour mieux aspirer l'air qui lui avait manqué, qu'un coup de feu retentissait... Un homme tombait, c'était celui qui tenait l'enfant et qui menaçait Etoile-du-Matin...

L'autre rejeta son arme inutile, se précipita, enleva l'enfant et courut vers la mer... Etoile-du-Matin s'élança, atteignit le fugitif et se cramponna à ses vêtements... Charles dévora l'espace... mais il arriva trop tard !... Un coup de poignard, traversant la poitrine d'Etoile-du-Matin, lui faisait lâcher prise, et l'homme reprit sa fuite en emportant sa proie...

Charles fit un nouvel effort... il effleurait à peine la terre... mais cependant, plus rapide qu'une flèche, une ombre passa devant lui... C'était Fleur-des-Bois, qui, revenue à elle, voyant sa sœur menacée... volait, sans armes, au secours d'Etoile-du-Matin... Elle aussi venait trop tard !... La guerrière poussa un hurlement sinistre et bondit avec une vélocité telle qu'il était évident qu'elle devait rejoindre celui qu'elle poursuivait... Charles atteignait l'endroit où venait de tomber la Caraïbe.

— Charles ! fit-elle en l'apercevant. Ah ! ton Dieu est le seul vrai Dieu, car il me permet de te voir avant de mourir...

Charles se pencha, la rage au cœur et des larmes plein les yeux... La jeune fille lui prit les mains et les baisa.

— Je meurs, dit-elle d'une voix éteinte, je meurs sans avoir pu tenir mon serment !... Ne me maudis pas !... Cet enfant que j'avais juré de conserver jusqu'à ton retour, je l'ai laissé arracher de mes bras... Ne me maudis pas ! Charles... Tu n'as jamais su mon secret, je t'ai...

Le râle de l'agonie interrompit la jeune fille... un flot de sang s'échappait de sa gorge... la mort raidit ses beaux bras et fit frissonner le corps en emportant l'âme... Charles, ivre de douleur, de rage folle, de colère, Charles, qui n'avait plus conscience de ce qui se passait autour de lui, Charles entendit des hurlements furieux... Il se redressa : Fleur-des-Bois avait rejoint le fugitif : une lutte horrible s'engageait... Charles abandonna le cadavre pour s'élancer au secours de la Caraïbe.

L'homme avait jeté l'enfant à terre. Lui aussi, sans doute, n'avait plus d'armes... La lutte corps à corps était affreuse... On devinait tout ce que chacun mettait d'énergie et de force à terrasser son ennemi... Ce combat si terrible devait être court... Charles, cette fois encore, comme si une fatalité se fût attachée à lui, Charles devait venir trop tard... toujours trop tard !...

Fleur-des-Bois, malgré sa force, était enlevée de terre par les bras herculéens de son adversaire et, lancée en arrière, elle allait tomber sur un rocher aigu... son crâne s'entr'ouvrit... le sang jaillit... L'homme avait repris l'enfant... il atteignait le rivage et s'élançait dans un canot qui paraissait attendre, au moment où Charles, lui, bondissait dans la mer...

Le canot, enlevé par de vigoureux rameurs, laissait après lui un rapide sillage. Charles jeta un regard désespéré autour de lui : pas une embarcation, pas une seule n'était dans la baie !... Les Anglais avaient tout détruit !... L'homme fuyait emportant l'enfant, et un sloop se dessinait au large... Mais, tout à coup, un nouvel incident survint : le canot, comme s'il eût fait eau subitement, s'enfonça brusquement sous les vagues. Tous ceux qui le montaient disparurent... Charles poussa un cri et voulut s'élancer, mais, entre lui et les naufragés, il y avait la barre des brisants... puis, derrière lui, il y avait des blessés qui attendaient ses secours.

. . . .

Quand Charles revint vers le rocher au pied duquel gisait Fleur-des-Bois, il se pencha, examina le corps, posa la main sur la poitrine... Il poussa un cri de joie... le cœur battait encore ! D'autres cris répondirent au sien. Une troupe d'hommes armés accourait vers Charles : parmi ces hommes étaient Henri et Maburec... Henri saisit Charles, et l'entraîna vers le blessé qui se raidissait dans des convulsions horribles.

— Le comte de Sommes, dit M. de Renneville. Regarde !...

Charles se pencha avidement... Bamboula, car c'était lui, ouvrit les yeux. Ses regards vagues rencontrèrent le visage du marquis. Aussitôt son œil vitreux s'anima, et une légère coloration reparut sur ses joues pâles.

— Ah ! fit-il d'une voix éteinte. Vengeance !... Je meurs... assassiné... par... le *Roi du bagne !*...

Le râle qui déchirait sa gorge l'empêcha de continuer. Cependant il fit un nouvel effort :

— Ven... geance... reprit-il, les dents serrées et le corps convulsivement raidi. Cet... homme... ennemi... Paris... moi... papiers... Beaujolais... Roque... fort... le... perdre... Veng...

Bamboula se redressa violemment, battit l'air de ses mains... et retomba...

Un soldat avait relevé le corps de l'autre jeune fille évanouie : cette jeune fille était miss Mary...

* * * * * * * * * *

Trois mois après, à *Puerto-España*, cette capitale de la *Trinitad*, que nous avons vue l'année précédente si brusquement détruite par un épouvantable phénomène, s'accomplissait une cérémonie touchante dans la nouvelle église bâtie sur les ruines de celle qui servait de chapelle au couvent de l'Annonciade. La ville était à peu près rebâtie, et avait repris une partie de son ancienne splendeur, mais elle souffrait encore cependant des suites du tremblement de terre qui l'avait ruinée jusque dans ses fondations. Néanmoins, la richesse énorme des principaux habitants n'avait pas tardé à rendre la vie à la cité agonisante; et, si le deuil était encore dans bien des cœurs, la ville avait repris en partie ses airs de fête.

Ce jour-là, où nous revenons à *Puerto-España*, une cérémonie touchante, disons-nous, avait lieu dans la chapelle de Notre-Dame. Cette cérémonie, qui avait commencé par un double mariage célébré par le prêtre espagnol, se terminait par la conversion d'une jeune Indienne caraïbe, laquelle, renonçant au culte de ses pères, entrait dans le giron de la foi chrétienne.

Peu de personnes, mais des personnes d'élite, assistaient à cette triple cérémonie. Parmi les témoins des mariages figuraient deux de nos anciennes connaissances : le bon docteur César et don José, ce noble Espagnol qui avait voulu prêter un secours si efficace au corsaire français. Les cérémonies religieuses accomplies, on se rendit chez l'excellent docteur. Les deux couples que la loi divine venait d'unir semblaient émus par la plus douce des joies. Allant alternativement de l'un à l'autre, se remuant, se trémoussant, le visage rayonnant, les coudes en dehors, on voyait un matelot dans toute l'expansion d'un bonheur sans mélange.

Ce matelot, c'était Mahurec, c'était le Roi des gabiers. Quand on fut dans le salon du docteur, Mahurec s'approcha des mariés, et saisissant respectueusement les mains des deux hommes qu'il pressa dans les siennes :

— Monsieur Charles et monsieur Henri, fit-il d'une voix émue, dites-moi que vous êtes heureux !

— Nous le sommes, matelot ! dirent à la fois les deux jeunes gens en regardant les jeunes femmes qui s'étaient rapprochées doucement.

Le matelot soupira joyeusement.

— Ça fait du bien au cœur, ces paroles-là ! murmura-t-il.

Puis, reprenant à voix haute

— Pour lors, mes commandants, puisque le bonheur est avec vous, Mahurec peut vous laisser sur charge et filer son écoute !

— Tu veux nous quitter ? dit Charles.

— Oui, je veux retourner en France... j'ai tiré mon plan.

— Ne peux-tu nous confier tes projets ?

Mahurec se recula avec un embarras visible.

— As pas peur ! répéta-t-il, j'ai mon plan !

Henri l'entraîna à l'écart.

— Je t'ai deviné ! dit-il. Tu veux retrouver cet enfant que nous avons perdu ?

— Oui ! fit le matelot.

— Eh bien ! attends, Mahurec, et demeure avec nous. Dans cinq mois nous serons en France.

Mahurec regarda son officier.

— Vous aussi, dit-il, vous croyez qu'il vit encore ?

— Je ne sais ; répondit le vicomte, mais quand le canot a sombré, des embarcations se détachaient du sloop. Qu'était-ce que ce sloop ? nous l'ignorons ; mais il faut espérer encore.

— Ainsi, vous voulez retourner en France ?

— Oui, continua le vicomte, ce plan que tu as formé est aussi le nôtre. Nous faisons partie maintenant de la famille des Niorres, et le dernier descendant de cette famille si malheureuse a droit à toute notre affection, à toute notre protection s'il a pu s'échapper, s'il vit encore. Dans cinq mois nous serons à Paris, portant haut la tête, car notre réhabilitation sera prononcée. Fouché m'en a donné la nouvelle. Dans cinq mois nous reverrons la terre natale, qui a besoin, contre ses ennemis, des bras de ses enfants. Par les soins du docteur et de don José, nous allons armer un corsaire à la Trinitad, nous embarquerons : Fleur-des-Bois nous accompagne. Maintenant que sa patrie est devenue anglaise, elle abandonne les Antilles. Viens avec nous, matelot : tu seras notre maître d'équipage !

— Tonnerre de Brest ! hurla Mahurec en battant un entrechat, il y aura donc encore du nanan !... Et je te croche l'Anglais !... C'est dit, mon commandant, mais à une condition, c'est que les amis, le Maucot, Petit-Pierre et La Rochelle, qui ont la vie dure, seront mes gabiers de choix. As pas peur ! ceux-là seront gardes-pavillon et ils cloueront la flamme le jour où un boulet ennemi coupera la drisse ! Tonnerre ! Mahurec a juré dans les temps de se faire tuer pour vous, et il n'y manquera pas !

Léonore et Blanche s'étaient rapprochées : elles unirent leurs mains pour serrer dans une même étreinte les doigts rudes du brave gabier ; elles savaient tout ce qu'il y avait de dévouement pour ceux qu'elles aimaient dans ce cœur si loyal qui battait sous une écorce de fer.

— Dieu est avec nous ! dit une voix douce, espérons en sa bonté pour récompenser ceux qui ont souffert !

Et Fleur-des-Bois, passant ses bras autour de la taille des deux jeunes femmes, les rapprocha de sa poitrine.

— Mes sœurs ! fit-elle en les embrassant.

FIN

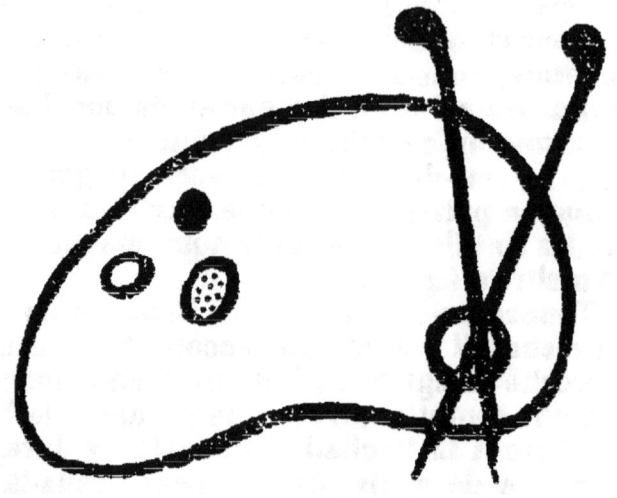

Original en couleur

NF Z 43-120-9

www.ingramcontent.com/pod-product-compliance
Lightning Source LLC
Chambersburg PA
CBHW050349170426
43200CB00009BA/1799